Südwesteuropa

Süd- und Südosteuropa

Nordwest-europa

»Die Vorstellung ist wundervoll, aber noch wundervoller ist das Erlebnis!«

Oskar Wilde

01 Dublin

Dublin, das ist Irland wie man es sich vorstellt – und eine moderne Metropole von außergewöhnlichem Charme. Von Meer und Bergen eingerahmt, liegt die irische Hauptstadt am Fluss Liffey, der sie untergliedert in einen eher proletarischen Nord- und den wohlhabenderen Südteil mit dem Regierungs- und dem alten Univiertel. Dort sind auch die wichtigsten »sights« zu finden: Dublin Castle, das

Trinity College mit seinen Bibliotheksschätzen, St. Patrick's Cathedral oder die Nationalmuseen. Am Südufer des Liffey erstrecken sich auch die engen, kopfsteingepflasterten Gassen von »Temple Bar«, dem Kultur- und Ausgehviertel. 1742 wurde hier Händels »Messias« uraufgeführt; heute kann man zu trendigen Beats die Nacht durchtanzen oder in uralten Pubs traditionelle irische Musik hören.

Leicht kommt man an der Theke mit Einheimischen ins Gespräch. Die »Dubs« – wie sie sich selbst nennen – begegnen Touristen mit großer Herzlichkeit. Es kann gut sein, dass man im Pub über die Verhältnisse zwischen Dubliner »Northside« und »Southside« aufgeklärt wird oder lohnende Tipps für Ausflüge ins Umland bekommt. Das eine oder andere Pint und ein Irish Stew gehören dann dazu.

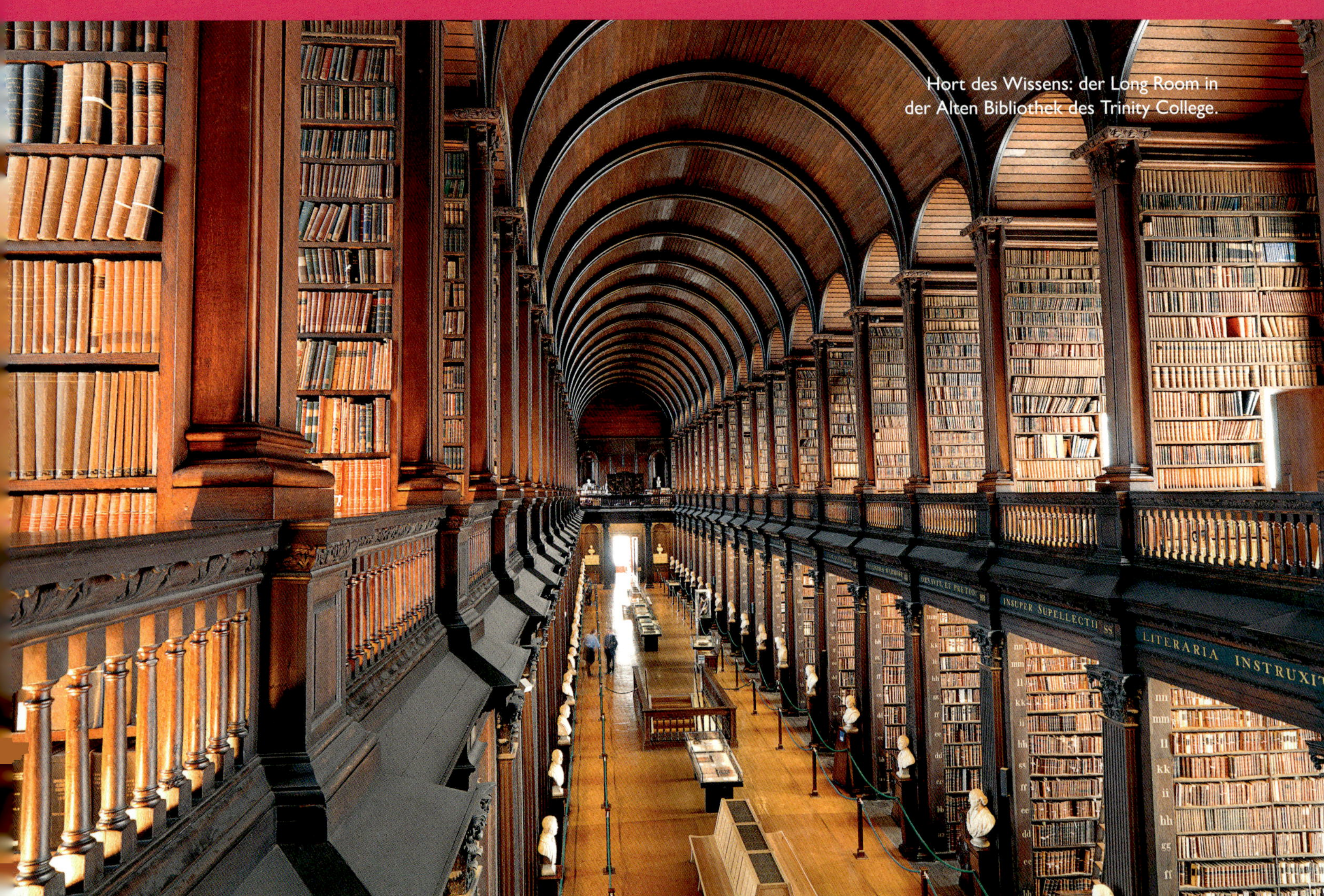

Hort des Wissens: der Long Room in der Alten Bibliothek des Trinity College.

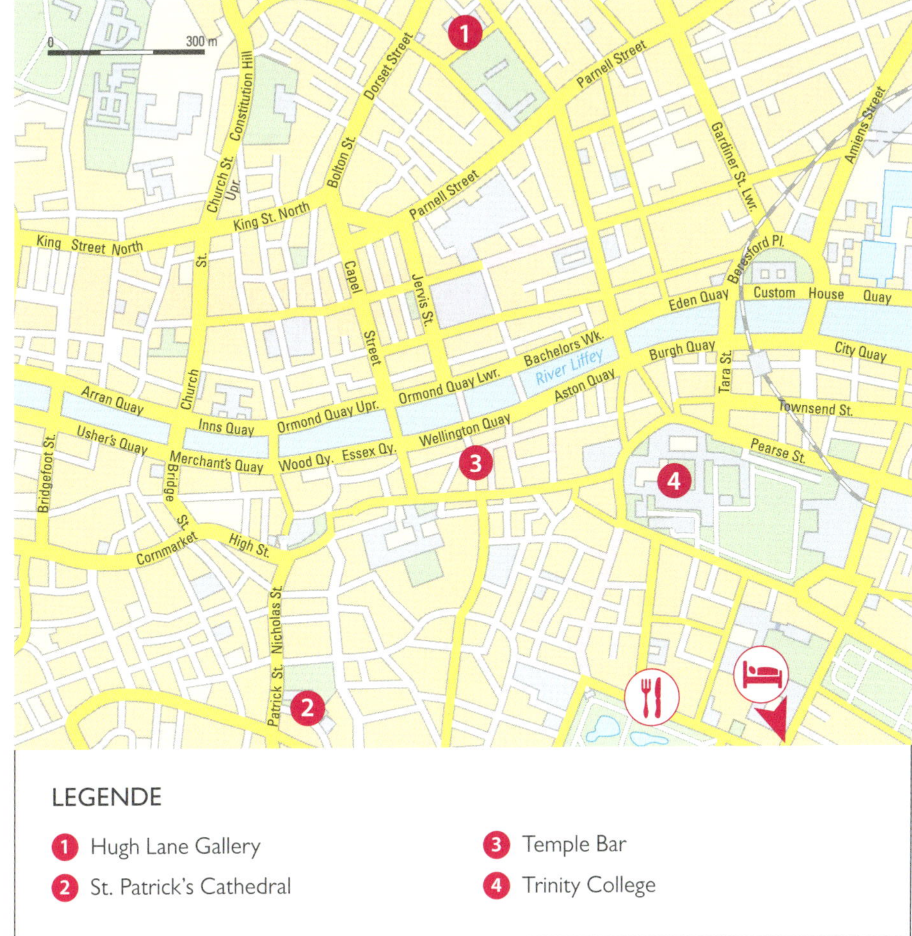

LEGENDE

1 Hugh Lane Gallery
2 St. Patrick's Cathedral
3 Temple Bar
4 Trinity College

»Sundays at Noon« heißen die beliebten Gratis-Konzerte im Museum – das Spektrum reicht von Klassik bis Jazz.

Parnell Square North, Di–Do 10–18, Fr/Sa 10–17, So 11–17 Uhr, www.hughlane.ie

2 Saint Patrick's Cathedral

Das größte Gotteshaus Irlands stammt aus dem 13. Jh., wurde aber auf einem Vorgängerbau errichtet, der auf das 5. Jh. und damit auf den Hl. Patrick zurückgeht: An einer Quelle soll er damals Heiden getauft haben. Die Kirche war – mehr noch als Christ Church Cathedral – der Mittelpunkt der anglo-irischen Gemeinde, daran erinnern auch zahlreiche Grabsteine und Plaketten, u. a. das Grab des Schriftstellers Jonathan Swift: Er war 1713–1745 Dekan von St. Patrick's, in dieser Zeit schrieb er auch »Gulliver's Reisen«.

Saint Patrick's Close, Mo–Fr 9–17, So 9–10.30, 12.30–14.30, März–Okt. Sa 9–18, So 16.30–18, So 16.30–18, Nov.–Feb. Sa 9–17 Uhr, www.stpatrickscathedral.ie

Beste Reisezeit

Mai bis September gilt als wettermäßig ideal, aber auch ein Besuch zum Saint Patrick's Day (17. März) ist reizvoll: Während des Festivals zu Ehren des Nationalheiligen gibt es Konzerte, Ausstellungen, Theater, Straßenkünstler, Feuerwerk und natürlich viel, viel zu trinken …

1 Hugh Lane Gallery

Eine der umfangreichsten Sammlungen Irlands für moderne und zeitgenössische Kunst umfasst rund 2000 Arbeiten – darunter Franzosen wie Claude Monet, Pierre-Auguste Renoir und Edgar Degas, aber auch zahlreiche angesehene irische Künstler wie Walter Osbourne, Roderic O'Conor oder Francis Bacon, dessen komplettes Londoner Studio hinter Glas originalgetreu wieder aufgebaut wurde.

Hatch & Sons

In diesem Lokal, im Parterre des Little Museum of Dublin, stehen irische Gerichte mit Produkten von ausgewählten irischen Farmern auf der Speisekarte.
15 Saint Stephens Green, Mo–Fr 7.30–17, Mi/Do bis 21, Sa 9–18, So 10–17 Uhr, www.hatchandsons.co, Tel. +353 1 661 00 75

Mehr »Temple Bar« geht nicht: Im Pub The Temple Bar in der Temple Bar Straße im Stadtteil Temple Bar.

③ Temple Bar

Das alte Temple Bar mit seinen engen Gassen ist heute ein quirliges, junges Kreativ- und Kulturquartier, berühmt für seine zahlreichen Pubs. Die Kunst, ein perfektes Pint Guinness zu zapfen, beherrschen die Barkeeper also auch: Das Bier läuft aus dem Hahn, bis zur Harfe wird das Glas schräg gehalten, dann kommt es in die Vertikale. Besonders gut beobachten lässt sich dieser Vorgang etwa im »Porterhouse« und »The Stag's Head« – mit etwas Glück sogar bei Livemusik.

am Südufer des Liffey

④ Trinity College

Die Old Library der 1592 gegründeten Universität birgt im Long Room die größten Schätze des Colleges wie die berühmte, 1200 Jahre alte Handschrift des Book of Kells, das Book of Durrow and Armagh, etwa 200 000 kunstvoll gebundene alte Bücher und eine uralte irische Harfe.

College Street, Mo–Sa 9.30–17, Mai–Sept. So 9.30–16.30, Okt.–Apr. So 12–16.30 Uhr, www.bookofkells.ie

🛏 Number 31

Der Architekt Sam Stephenson hat dieses georgianische Stadthaus mit ruhigem Garten nach eigenen Vorstellungen umgewandelt und geschmackvoll mit alten Möbeln eingerichtet.
31 Leeson Close, www.number31.ie, Tel. +353 1 676 50 11, DZ ab 190 €

⑤ Newgrange

Das grüne Farmland am Fluss Boyne birgt die größte und bedeutendste Stätte antiker Kulturdenkmäler Europas, insbesondere die jungsteinzeitlichen Ganggräber in Newgrange, Dowth und Knowth mit einem geschätzten Alter von 5000 Jahren. Newgrange ist nach einem ähnlichen Prinzip wie die ägyptischen Pyramiden errichtet: Eine Grabkammer ist von einem Tumulus überwölbt und nur durch einen langen Gang erreichbar. Newgrange hat eine Höhe von 12 m und einen Gesamtdurchmesser von 85 m. Welchem Zweck es diente, weiß man bis heute nicht: Möglicherweise wurde es für religiöse oder Begräbniszeremonien genutzt.

51 km nördlich von Dublin an der M 2, Feb.–Apr. tgl. 9.30–17.30, Mai 9–18.30, Juni–Mitte Sept. 9–19, Mitte–Ende Sept. 9–18.30, Okt. 9.30–17.30, Nov.–Jan. 9–17 Uhr, www.newgrange.com

Anreise

Berlin:	2:15 h	✈
Frankfurt:	2:00 h	✈
München:	2:25 h	✈
Zürich:	2:10 h	✈
Wien:	2:50 h	✈

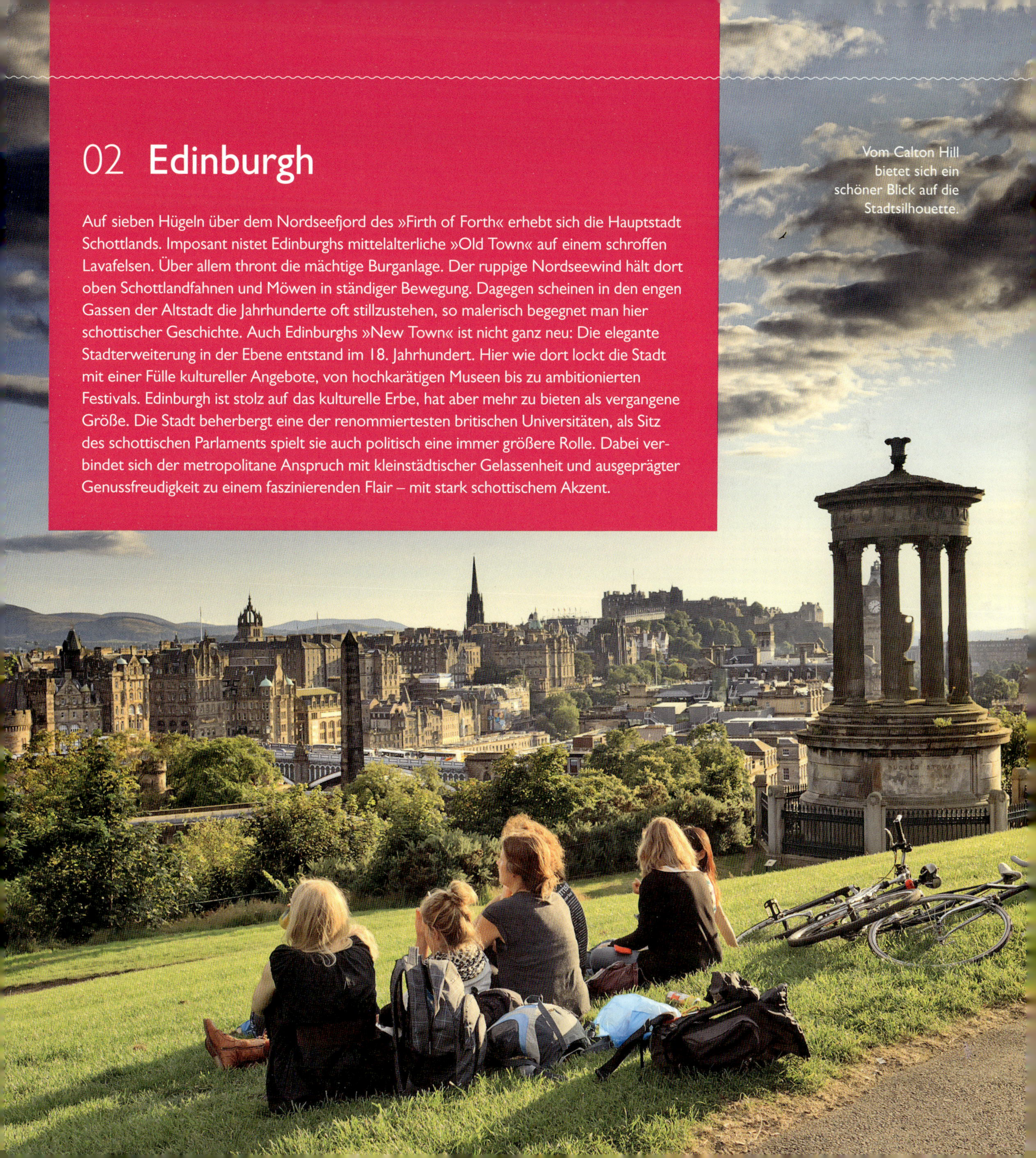

02 Edinburgh

Auf sieben Hügeln über dem Nordseefjord des »Firth of Forth« erhebt sich die Hauptstadt Schottlands. Imposant nistet Edinburghs mittelalterliche »Old Town« auf einem schroffen Lavafelsen. Über allem thront die mächtige Burganlage. Der ruppige Nordseewind hält dort oben Schottlandfahnen und Möwen in ständiger Bewegung. Dagegen scheinen in den engen Gassen der Altstadt die Jahrhunderte oft stillzustehen, so malerisch begegnet man hier schottischer Geschichte. Auch Edinburghs »New Town« ist nicht ganz neu: Die elegante Stadterweiterung in der Ebene entstand im 18. Jahrhundert. Hier wie dort lockt die Stadt mit einer Fülle kultureller Angebote, von hochkarätigen Museen bis zu ambitionierten Festivals. Edinburgh ist stolz auf das kulturelle Erbe, hat aber mehr zu bieten als vergangene Größe. Die Stadt beherbergt eine der renommiertesten britischen Universitäten, als Sitz des schottischen Parlaments spielt sie auch politisch eine immer größere Rolle. Dabei verbindet sich der metropolitane Anspruch mit kleinstädtischer Gelassenheit und ausgeprägter Genussfreudigkeit zu einem faszinierenden Flair – mit stark schottischem Akzent.

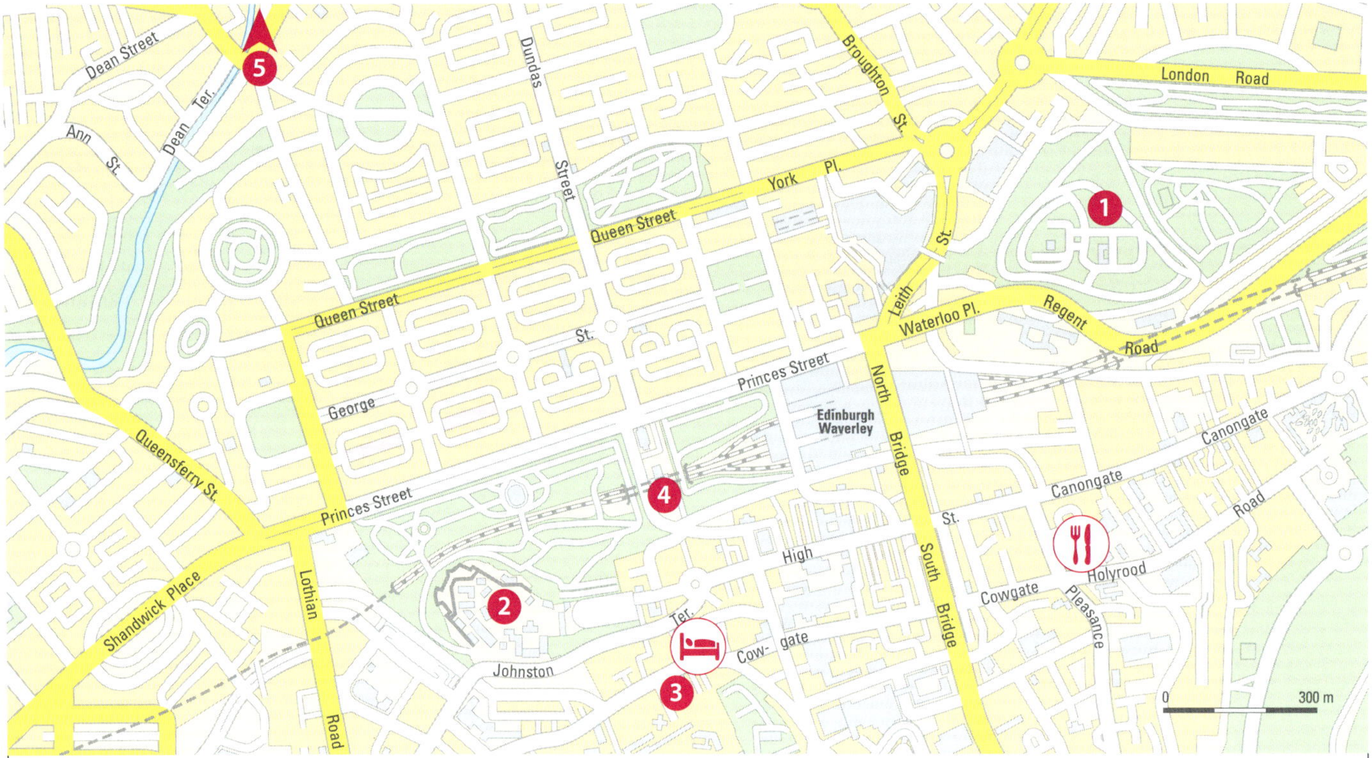

LEGENDE

1 Calton Hill

2 Edinburgh Castle

3 Grassmarket

4 National Galleries of Scotland

5 Royal Botanic Garden

 **The Holyrood 9A**

Burger in 17 verschiedenen Variationen kann man in diesem gemütlich-trendigen Gastropub essen. Dazu gibt es eine stattliche Auswahl an heimischen und kontinentalen Zapf- und Flaschenbieren.

9a Holyrood Rd., tgl. 9–21 Uhr, www.fullerthomson.com, Tel. +44 131 556 50 44

1 Calton Hill

Der Aussichtsberg sollte im 19. Jh. Edinburghs Ruf als »Athen des Nordens« manifestieren. 1826 begann man mit dem Bau der schottischen Akropolis, doch drei Jahre später musste die Arbeit wegen Geldmangels gestoppt werden. Bis heute ragen die Säulen zusammenhanglos in den Himmel. Den Touristen gefällt es, sie bewundern von hier die grandiose Aussicht. Sehenswert ist das Nelson Monument. Jeden Tag fällt der Zeitball auf dem Dach Punkt 13 Uhr synchron zur »one o'clock«-Kanone an der Burg hinunter.

Oberhalb des Bahnhofs Waverley Station

2 Edinburgh Castle

Auf dem vor 340 Mio. Jahren erloschenen Vulkan wurde im 7. Jh. die Din Eidyn (Gälisch: Burg Eidyns) gebaut, die im

Die Nationalgalerie wirkt auf viele Besucher wie ein Museum aus dem Bilderbuch.

4 National Galleries of Scotland

Die schottische Nationalgalerie beherbergt die größte Sammlung europäischer Kunst des Landes – von der Renaissance bis zum Post-Impressionismus – auf einer gewaltigen Ausstellungsfläche, die sich auf drei Häuser in verschiedenen Stadtvierteln verteilt. Das Haupthaus befindet sich in der Stadtmitte an der Princes Street.

The Mound, tgl. 10–17, Do bis 19, Aug. bis 18 Uhr, www.nationalgalleries.org

Grassmarket Hotel

Das Design des traditionsreichen Hauses hebt sich kontrastreich von den typischen Altstadthotels ab: Comic-Tapeten, Metallmöbel und spleenige Accessoires ziehen ein stylishes Publikum an.
94–96 Grassmarket,
www.thegrassmarkethotel.co.uk,
Tel. +44 131 220 22 99, DZ ab 75 €

Beste Reisezeit

Zum Wandern und Entdecken ist es im Mai, Juni und September am schönsten in Edinburgh. Aber Schottland im Winter? Klar doch! Hogmanay, das schottische Pendant zum New Year (Silvesterfeier), wird besonders ausgelassen gefeiert.

12. Jh. unter König Malcom III. und seiner Frau Margaret zur Hauptfestung der schottischen Monarchie avancierte. Im herrschaftlichen Kronsaal sind die schottischen Throninsignien, die ältesten Kronjuwelen Europas, ausgestellt.

Castlehill, Apr.–Sept. tgl. 9.30–18, Okt.–März tgl. 9.30–17 Uhr, www.edinburghcastle.gov.uk

3 Grassmarket

Bis in die Achtzigerjahre gehörte der Grassmarket zu den Slums von Edinburgh, dann avancierte er zum quirligen Ausgehviertel. Urige Pubs und Restaurants, kleine Boutiquen und ausgefallene Secondhandläden reihen sich heute aneinander. Am Abend gibt es oft Livemusik.

Zwischen King's Stables Road und George IV Bridge

5 Royal Botanic Garden

Der Botanische Garten ist wissenschaftliche Institution, Touristenattraktion und Erholungsraum für Familien und Anwohner zugleich. Das neue Besucherzentrum hat zahlreiche Preise gewonnen.

Inverleith Row, März–Sept. tgl. 10–18, Okt. und Feb. bis 17, Nov.–Jan. bis 16 Uhr, www.rbge.org.uk

Anreise

Berlin:		2:10h ✈
Frankfurt:		1:50h ✈
München:		2:20h ✈
Zürich:		2:15h ✈
Wien:		3:50h ✈

Die Tower Bridge imponiert
seit über 120 Jahren zu
jeder Tages- und Nachtzeit.

03 London

London eine Weltstadt zu nennen, wäre eine Untertreibung. Von hier wurde einst das weltumspannende Britische Empire gelenkt, heute sind es globale Finanzströme. Doch London ist selbst schon eine Welt für sich: 8,3 Millionen Menschen aus aller Herren Länder leben hier. Sie verteilen sich auf 32 »boroughs«, die im Lauf der Jahrhunderte aus etlichen Dörfern zusammengewachsen sind, mit jeweils eigenen Identitäten. »Wer London sieht, hat alles vom Leben gesehen, was die Welt einem zeigen kann«, formulierte der Gelehrte Samuel Johnson vor 300 Jahren. Und die Liste weltberühmter Sehenswürdigkeiten ist in London länger als in jeder anderen Stadt. So bekannt die Wahrzeichen der Stadt und des Königsreiches sind – seien es der Tower, die Tower Bridge, Big Ben und die Houses of Parliament, die großen Kirchenbauten oder der Buckingham Palace – ihre Magie entfalten sie erst, wenn man sie persönlich erlebt. An diesen Orten wird (Welt-)Geschichte lebendig, ohne dass sich das alltägliche Leben davon aus der Ruhe bringen ließe oder die – zu allen Zeiten heiß umstrittene – Weiterentwicklung der Stadt einen Moment innehalten würde. Augenfälligstes architektonisches Beispiel der jüngsten Zeit ist Norman Fosters »Gherkin«-Hochhaus, jene grüne Stahl-und-Glas-Gurke, die nun St. Paul's Cathedral überragt. London steht nie still. London wird nie langweilig. So viel hat die kosmopolitische Megacity zu bieten, dass jeder Besuch zwangsläufig mit der Erkenntnis endet, wiederkommen zu müssen, um noch mehr von dieser Welt zu entdecken.

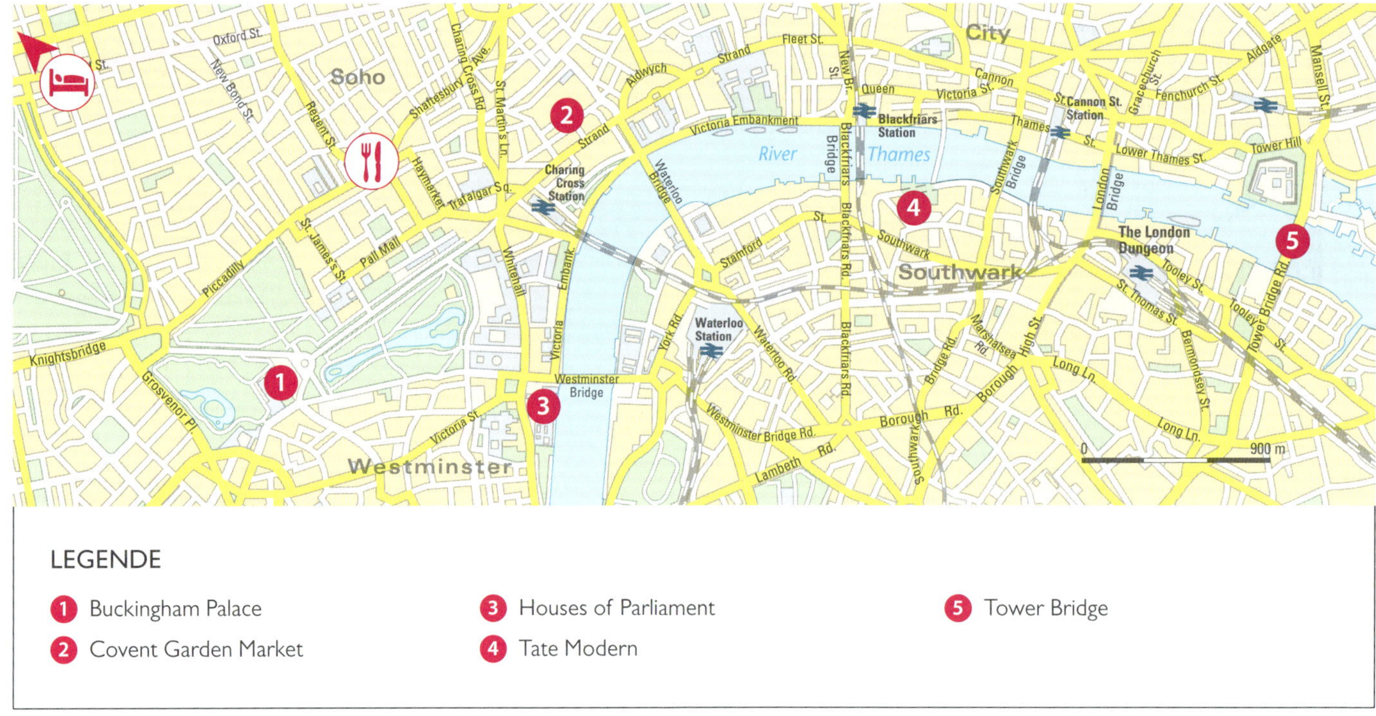

LEGENDE

1. Buckingham Palace
2. Covent Garden Market
3. Houses of Parliament
4. Tate Modern
5. Tower Bridge

1 Buckingham Palace

Das Regierungsviertel Westminster steht für Macht und Politik, zu viktorianischen Zeiten stand es gar für Weltpolitik, als England über ein Empire herrschte. Buckingham Palace gilt als offizielle »Stadtwohnung mit Büro« der königlichen Familie und entstand aus dem 1703 für den Herzog von Buckingham erbauten Buckingham House.

SW1A, Besichtigung nur Aug./Sept., Wachablösung Mai–Juli tgl., Feb./März an geraden Tagen, 11.30 Uhr, www.royal.gov.uk

Beste Reisezeit

Warm wird es ab Mai, aber selbst im Winter ist es relativ mild – dann lohnt sich die Reise zu Chinese New Year (Ende Jan./Anfang Feb.), wenn man einen farbenfrohen Umzug, Musik, Drachentänze und Feuerwerk erlebt.

2 Covent Garden Market

Wo man heute zwischen Restaurants und Cafés bummelt, in kleinen Läden stöbert und vorbei an Straßenkünstlern schlendert, bauten Nonnen vor etwa 1000 Jahren Obst und Gemüse an und gaben der Gegend mit jenem »Convent«-Garten ihren Namen. Am bekanntesten ist das Royal Opera House mit dem wunderschönen Glasbau der ehemaligen Floral Hall. Aber auch die Fülle an Theatern zeichnet diesen Stadtteil aus, wie z. B. das älteste Theater Londons, das Theatre Royal Drury Lane.

WC 2, www.coventgardenlondonuk.com

 Cafe Royal – Grill Room

Ein Stück alter Londoner Geschichte ist mit dem 1865 entstandenen Grill Room im noblen Cafe Royal verbunden: Oscar Wilde gehörte hier zu den Stammgästen, die Beatles führten diese Tradition fort. 68 Regent Street, W 1, tgl. 14–17.30, Di–Sa ab 18.30 Uhr, www.hotelcafe royal.com, Tel. +44 20 74 06 33 33

Postkartenreif: Ablösung der Wachen in ihren knallroten Uniformen und schwarzen Bärenfellmützen am Buckingham Palace.

4 Tate Modern

Das Tate-Museum der modernen Kunst am Südufer der Themse, ein Ableger der Tate Britain, entstand aus einem stillgelegten Kraftwerk und bietet weltweit einen der umfangreichsten Schätze zeitgenössischer Kunst, von Cézanne bis Warhol.

Bankside, SE 1, So–Do 10–17.15, Fr–Sa 10–21.15 Uhr, www.tate.org.uk

5 Tower Bridge

Die Tower Bridge ermöglicht einen Blick über die Themse aus 42 m Höhe. Sie wurde 1894 eröffnet und gilt als Meisterstück viktorianischer Ingenieurskunst. Die gewaltige Zugbrücke kann innerhalb von 90 Sekunden geöffnet werden, was etwa 1000-mal im Jahr erforderlich ist.

Tower Bridge Rd, Apr.–Sept. tgl. 10–18, Okt.–März 9.30–17.30 Uhr, www.towerbridge.org.uk

3 Houses of Parliament

Das prächtige Parlamentsgebäude, das offiziell Palace of Westminster heißt, ist eine Mischung verschiedener Baustile. Der älteste Teil des Gebäudes ist die Westminster Hall, die neben der Krypta der St. Stephen's Chapel und dem Jewel Tower den Brand von 1834 überstand. Die riesige Halle wurde 1097 errichtet. Sie war mit 1547 m² die größte Versammlungshalle Englands. Ihre Mauern sind 2 m dick. Heute wird sie für zeremonielle Staatsereignisse genutzt und zur Aufbahrung von Monarchen oder ihren Angetrauten, so wie der Queen Mutter im Jahr 2002. Im Victoria Tower hat die Queen ihren eigenen Eingang, groß genug für die goldverzierte Kutsche, in der sie für die jährliche Parlamentseröffnung vorfährt. Der 96 m hohe Clock Tower mit der riesigen Glocke Big Ben, nach ihrem Erbauer Benjamin Hall benannt, heißt seit dem diamantenen Thronjubiläum der Queen im Jahr 2012 »Elizabeth Tower«.

Parliament Square, SW 1, Besichtigung nur mit Führung Sa 9.15–16.30 Uhr, Sitzungen können von der Besuchergalerie verfolgt werden, wenn das Unter- und Oberhaus tagt, www.parliament.uk

 **Pavilion Hotel**

Bunter geht's nicht – wer das Ausgefallene sucht, ist hier genau richtig. Zimmer mit Namen wie »Better Red Than Dead« oder »Enter The Dragon« geben einen Hinweis auf ihre fantasievolle Gestaltung. 34–36 Sussex Gardens, Hyde Park, W 2, www.pavilionhoteluk.com, Tel. +44 20 72 62 09 05, DZ ab 140 €

04 Südengland (östlicher Teil)

In der Grafschaft Kent erwarben Vita Sackville-West und ihr Gatte Harold Nicolson 1930 einen maroden Burgturm. Drum herum schufen sie den berühmtesten Garten des Landes, Sissinghurst Castle, zu dem heute Gartenliebhaber aus aller Welt pilgern. Englands historische Gebäude, Parks und ländliche Idyllen zu erhalten, darum kümmern sich Privatleute und Organisationen wie »National Trust« und »English Heritage«. Viele dieser Schätze sind für Besucher geöffnet, Meisterwerke der Gestaltung, gehegt und gepflegt mit dem Ehrgeiz, dass alles noch so aussieht wie auf den überlieferten Abbildungen. Außer pittoresken Dörfern und traumhaften Gartenanlagen findet man in Südengland auch eine der schönsten Städte des Landes: Als romantisches Schmuckstück mit mittelalterlicher Kathedrale schlägt Canterbury jeden in seinen Bann. Ganz anderen Charme zeigt Brighton mit seinem ins Meer reichenden Pier. Noch immer eines der beliebtesten britischen Seebäder, kehrt man gern in den verwinkelten Gassen des alten Fischerviertels »The Lanes« ein. Nahe Brighton liegt übrigens Monk's House, wo zuletzt Vita Sackville-Wests berühmte Freundin lebte, die Schriftstellerin Virginia Woolf. Klar, dass auch dieser Ort bestens erhalten ist und Besuchern offen steht.

Auf 524 m Länge Brighton Pier lässt es sich schön flanieren.

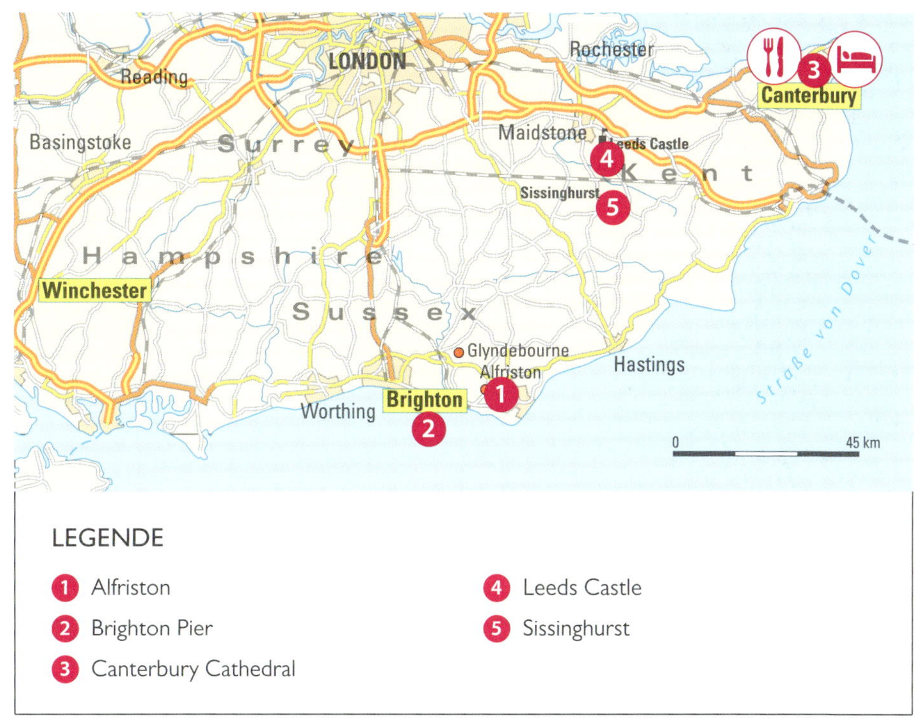

LEGENDE

1 Alfriston

2 Brighton Pier

3 Canterbury Cathedral

4 Leeds Castle

5 Sissinghurst

1 Alfriston

Das typisch englische Dorf Alfriston liegt eingebettet zwischen sanften Hügeln am Fluss Cuckmere. Fachwerkhäuser reihen sich aneinander, und teilweise lässt sich auch ein Blick hinter deren Kulisse wer-

fen: Wenn nämlich eines der ehrwürdigen Gebäude heute ein Pub oder ein Hotel beherbergt. Die Gemeindekirche aus dem Jahr 1350 ist im Perpendicular-Stil errichtet und lohnt mit ihrem Fachwerk und dem im Original erhaltenen Kalksteinfußboden eine Besichtigung. Das daneben liegende ehemalige Wohnhaus eines Geistlichen, Clergy House, enthält viele dekorative Holzschnitzarbeiten, die z. B. am schweren Firstbalken zu bestaunen sind. Es war 1896 der erste Besitz des Vereins »National Trust«, der sich bis heute den Schutz historischer Objekte und landschaftlich reizvoller Gebiete zum Ziel gesetzt hat.

30 km östlich von Brighton,
www.alfriston-village.co.uk

Beste Reisezeit

Durch das wechselhafte maritime Klima ist ganzjährig mit Wind und Regen, aber auch milden Temperaturen, die der Golfstrom bringt, zu rechnen. Interessant ist auch das Glyndebourne Festival mit Opern und Picknicks in den Pausen (Mai–Aug.).

2 Brighton Pier

Den besonderen Reiz Brightons bilden nicht nur die im 19. Jh. errichteten Plätze und Arkaden im Regency-Stil und die prachtvollen Villen, sondern auch das pulsierende Leben in den verwinkelten Gassen des einstigen Fischerviertels The Lanes. Ihren guten Ruf als Kur- und Seebad erlangte die Stadt bereits im 18. Jh., spätestens als der 21-jährige Prince of Wales, der spätere König George IV., sich hier niederließ. Die englische High Society zog nach, errichtete ihre Sommerresidenzen und bald folgten die Bürger, um hier in aristokratischem Ambiente Erholung zu finden. Der 1899 gebaute Landungssteg Brighton Pier trägt ebenfalls zur bis heute ungebrochenen Beliebtheit der Stadt bei und lädt auf einer Länge von über 500 m zum Flanieren ein. Mit seiner verspielten Architektur aus gusseisernen Bögen und Rosetten gehört das Bauwerk zu den Glanzpunkten britischer Badeorte. Ein mit Zwiebeltürmchen überdachter Gebäudekomplex beherbergt Cafés und Boutiquen.

Madeira Drive, www.brightonpier.co.uk

 Tiny Tim's Tearoom

Im 400 Jahre alten Gebäude mit seinen von Kronleuchtern erhellten Teeräumen lässt man sich typisch englische Spezialitäten wie »cream tea« schmecken.
34 St. Margaret's Street, Canterbury,
Di–Sa 9.30–17, So 10.30–16 Uhr,
www.tinytimstearoom.com,
Tel. +44 1227 45 07 93

Inbegriff eines englischen Schlosses und ehemaliger Königssitz: Leeds Castle

③ Canterbury Cathedral

Die berühmteste Kirche Großbritanniens ist ein »must« jeder Canterbury-Besichtigung. Erst ein Besuch im Inneren vermittelt die Schönheit und Spiritualität des Bauwerkes. Seit dem Mittelalter ist die Kathedrale Ziel zahlreicher Pilger, hier verbinden sich Geschichte, Baukunst und Glaube auf unnachahmliche Weise. Um 1070 begann man auf den Ruinen der von Augustinus errichteten und durch einen Brand zerstörten Christ Church mit dem Bau. Ausgetreten sind die Stufen, die zur Dreifaltigkeitskapelle, Trinity Chapel, führen: Bis zur Zerstörung durch Heinrich VIII. im Jahr 1538 befand sich hier der vergoldete Schrein des Erzbischofs. Ein besonderes Erlebnis ist es, den mehrmals pro Woche auftretenden Chor zu hören.

11 The Precincts, Winter Mo–Sa 9–17, Sommer 9–17.30, So 12.30–14.30 Uhr, www.canterbury-cathedral.org

 Sun Hotel

In diesem Inn aus dem 15. Jh. wohnte schon Charles Dickens. Neben der zentralen Lage gegenüber dem Cathedral Gate punktet die Unterkunft mit behaglichen, antik möblierten Zimmern.
7–8 Sun Street, Canterbury, www.sunhotel-canterbury.co.uk, Tel. +44 1227 76 97 00, DZ ab 125 €

④ Leeds Castle

Idyllisch auf zwei kleinen Inseln inmitten eines Sees gelegen, war das im Jahr 857 erbaute Leeds Castle im Mittelalter bevorzugtes Domizil der englischen Königinnen. 1926 avancierte das Schloss zum feudalen Wohnsitz eines britischen »upperclass«-Paares, das die Zimmerfluchten und Salons im französischen Country-Look einrichtete. Zum Anwesen gehört ein 200 ha großer Park, u. a. mit Irrgarten, Teichen, den historischen Culpeper Gardens und Restaurant.

6,5 km östlich von Maidstone an der M 20, Apr.–Sept. tgl. 10.30–18, Okt.–März 10.30–17 Uhr, www.leeds-castle.com

⑤ Sissinghurst

Als Victoria Sackville-West und ihr Ehemann Harold Nicholson 1930 das Anwesen erwarben, gab es zunächst nur einen verwahrlosten Garten. Die passioniert gestalteten Gartenräume ziehen bis heute Gartenliebhaber aus ganz Europa an: etwa der »Weiße Garten«, eine Symphonie aus weiß blühenden Blumen in allen Größen und Formen, oder der Rosengarten. Besichtigt werden kann auch das Arbeitszimmer der Schriftstellerin und in einem restaurierten Hopfenturm ist eine Ausstellung über die Familie untergebracht.

Bei Cranbrook an der A 229, Mitte März–Okt. tgl. 11–17.30, Nov.–Mitte März 11–15 Uhr, www.nationaltrust.org.uk/sissinghurst-castle

Anreise (über Gatwick)

Berlin:	1:50 h	✈
Frankfurt:	1:25 h	✈
München:	1:50 h	✈
Zürich:	1:35 h	✈
Wien:	2:15 h	✈

05 Brüssel

Dass Brüssel mit seinem Image als Fritten- und
Pralinenmetropole kokettiert, zeugt von Selbst-
ironie. Wie die Figur des Petit Julien, des berühm-
testen Stehpinklers der Welt. Als Hauptstadt und
Regierungssitz Belgiens, Wohnsitz der Königs-
familie, Verwaltungszentrum der Europäischen
Union sowie der NATO ist Brüssel (eine Million
Bewohner aus 149 Ländern) nicht provinziell,
sondern voller Leben: unberechenbar, verwir-
rend, chaotisch. Und ein ständiges Provisorium.
Trotz aller Neubauten wahrt die Stadt ihr Erbe
aus 1000 Jahren: Mittelalter im Zentrum um die
Grand-Place, Belle Époque in den Quartieren von
Ixelles und Etterbeek, wiederbelebte Fabrikpa-
läste am Canal de Charleroi und den Marolles,
Postmoderne im Europaviertel, Multikulti in
der Südstadt und dazwischen grüne Idylle für
gestresste Großstadtseelen. Auf engstem Raum
drängen sich skurrile, köstliche und originelle
Sehenswürdigkeiten. Von den bedeutenden
Museen des Kunstbergs bis zum Schlemmer-
viertel nördlich der Grand-Place, wo sich Berge
aus Meeresfrüchten türmen, sind es nur wenige
Hundert Meter. Haushohe Comicfiguren, von
Künstlern gestaltete Metrostationen, übermütige
Modedesigner, ambitionierte Chocolatiers, der
Flohmarkt in den Marolles: Überall beflügelt
Brüssel die Sinne.

Futuristisch und strahlend
dient das Atomium als
Wahrzeichen Brüssels.

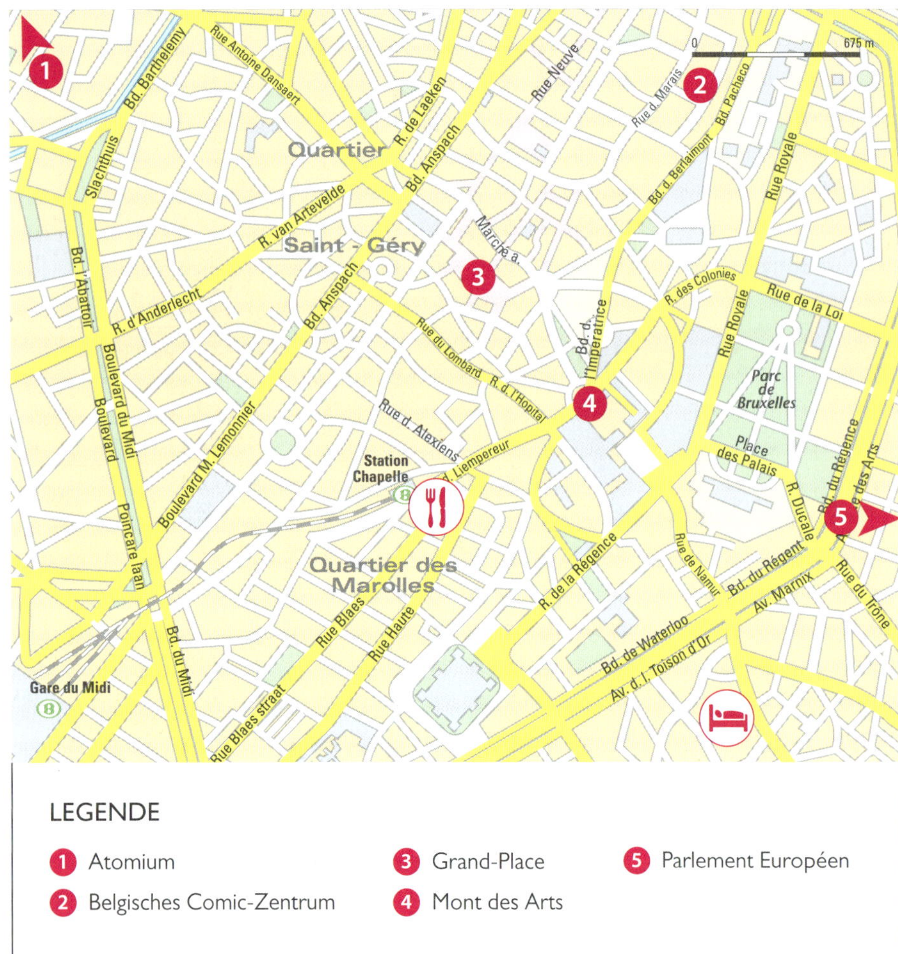

LEGENDE

1 Atomium
2 Belgisches Comic-Zentrum
3 Grand-Place
4 Mont des Arts
5 Parlement Européen

Geliebte Frittensünde

Die krossen Stäbchen sind der ideale Snack beim Bummeln: frisch, günstig und lecker! Die besten »Frittures« stehen auf der Place de la Chapelle, der Place Flagey sowie der Place Jourdan. Stellen Sie sich einfach zur Mittagszeit hinten an der langen Warteschlange an …

tgl. ca. 11–18 Uhr

1 Atomium

Der 102 m hohe Koloss aus Stahl und Aluminium stellt als Symbol für das Atomzeitalter die 165-milliardenfache Vergrößerung eines Eisenkristallmoleküls dar. Die Rolltreppen in den Verbindungsrohren zwischen den neun Kugeln sind die längsten Europas. Durch das Zentralrohr führt der schnellste Lift Belgiens mit einer Geschwindigkeit von 5 m/sec in die obere Kugel mit Aussichtsplattform. Seit seiner

Beste Reisezeit

Am ersten Donnerstag im Juli findet der Ommegang statt, ein prachtvolles Historienfest mit rund 1500 Darstellern, das an den Einzug Kaiser Karls V. und seines Gefolges im Jahr 1549 erinnert.

umfassenden Renovierung glänzt der Bau mit interaktiven Ausstellungen und einer eigenen Kugel für Kinder. Spaß macht es auch, sich unter das Atomium zu stellen, um in den hochglänzenden Kugeln seine verzerrten Spiegelbilder zu suchen.

Avenue de l'Atomium, tgl. 10–18 Uhr, www.atomium.be

2 Belgisches Comic-Zentrum

In dem von Jugendstilbaumeister Horta erbauten ehemaligen Warenhaus werden neben einer gezeichneten Zeitreise von den ersten Höhlenmalereien bis zu japanischen Mangas aus dem 19. Jh. die kreativen Prozesse und Produktionsschritte erläutert. Wechselnde Ausstellungen widmen sich den Stars der belgischen Comic-Zeichner, etwa Morris, dem Erfinder von Lucky Luke, oder Hergé, der Figuren wie Tim & Struppi erschuf. Die Bibliothek des Centre Belge de la Bande Dessinée verleiht ca. 25 000 Bände und im Museumsshop gibt es originelle Mitbringsel.

20, Rue des Sables, Di–So 10–18 Uhr, www.cbbd.be

Auf dem prachtvollen Marktplatz, eingerahmt von filigranen Zunfthäusern mit barockem Zierrat, ist immer Hauptsaison.

③ Grand-Place

Geschaffen wurde der Platz, der zum UNESCO-Weltkulturerbe zählt, Ende des 10. Jh., als man die sumpfigen Wiesen der Senne trockenlegte. Brüssel entwickelte sich zur bedeutenden Handelsstadt, sodass nach dem Bau des Rathauses (Hôtel de Ville) im Jahr 1402 nach und nach Zunft- und Gildehäuser den Platz einrahmten. Ein verheerendes Bombardement durch französische Truppen zerstörte 1695 fast alle historischen Gebäude, doch schon drei Jahre später wurden sie in neuer Pracht wieder aufgebaut. So prägen heute barocke, klassizistische und neogotische Elemente das opulente Bild.

④ Mont des Arts

Auf Geheiß von König Leopold II., der sich als kultivierter Förderer der nationa-

 **Le Berger**

Wer opulentes Ambiente und nostalgischen Flair liebt, fühlt sich in diesem kleinen renovierten Hotel mit seinem eigenwilligen Jugendstildesign aus den 1930er-Jahren wohl. 66 plüschig nostalgische Zimmer.
24, Rue du Berger, www.lebergerhotel. be, Tel. +32 (2) 510 83 40, DZ ab 55 €

len Künste inszenierte, entstanden Ende des 19. Jh. am steilen Osthang der Senne prachtvolle Parkanlagen und Kulturtempel, von der Nationalbibliothek an der Place de l'Albertine bis zu den Musées des Beaux Arts an der Place Royale. Hell und mondän begrüßt der »Berg der Künste« alle Besucher, die auf breiten Steinstufen vom historischen Zentrum heraufsteigen, um den alten flämischen Meistern, den Surrealisten, dem Königtum und den Stars des Jugendstils zu huldigen.

www.montdesarts.com

⑤ Parlement Européen

Die futuristische Fußgängerbrücke an der Place du Luxembourg bringt Tag für Tag Tausende von Abgeordneten, Lobbyisten, Eurokraten und Besucher hinein in das glasverkleidete Doppel-Oval des Europä-

ischen Parlaments. »Größenwahnsinniges Ufo« und »Doppelter Camembert« sind nur einige Koseworte für das ehrgeizige architektonische Projekt. Hier tagen die Abgeordneten des supranationalen Parlaments von derzeit 28 Ländern alternierend zum Parlament in Straßburg.

43, Rue Wiertz, Multimedia-Führungen: Mo–Do 10 und 15 Uhr, Fr 10 Uhr (außer in Sitzungswochen), www.europarl.europa.eu

Anreise

Berlin:		1:20 h ✈
Frankfurt:		3:11 h 🚆
München:		1:20 h ✈
Zürich:		1:10 h ✈
Wien:		1:35 h ✈

Aussichtsreiches Antwerpen: Die
Außengalerie des MAS ist sogar
ohne Museumsbesuch zugänglich.

06 Antwerpen

Sonnenstrahlen tauchen die prächtigen Gildehäuser mit ihren reich verzierten Fassaden in ein warmes, goldenes Licht. Der Groote Markt ist eine Wucht. Wie der Brabobrunnen, der mit seinem makabren Handwurf an die Namenslegende Antwerpens erinnert. Weniger makaber erscheint das »bolleke« auf dem Tisch. Es schmeckt, flämisch gesprochen, »lekker« und ist das hier typische Bier in bauchigen Gläsern. Es mundet nach einem »Rubensspaziergang« durch die Altstadt, der interessant ist und intensiv. Intensiv der kulturellen Eindrücke wegen, weniger wegen des Geländes. Antwerpen ist flach wie eine Flunder. Die einzigen Berge, sang Jaques Brel auf französisch, das sind hier die Kathedralen – wie die gotische Kathedrale, die mit gleich vier Meisterwerken von Rubens aufwartet. Die vielen Belfriede mit ihren gotischen Glockentürmen machen ihnen oft ganz frech und direkt daneben weltliche Konkurrenz. Antwerpen besteht aber nicht nur aus Gotik. Der Stadtteil Zurenborg zeigt sich in prächtigstem Jugendstil und das Hochhaus Boerentoren in perfektem Art déco. Und das Museum an der Stroom imponiert als hochmoderner Bau, dessen rote Sandsteinfassade mit (man denke an den Brabobrunnen) 3000 Händen versehen ist.
Antwerpens elftes Gebot lautet übrigens »Gij zult genieten!«. Der Aufforderung, zu genießen, lässt sich in der Stadt mit Europas zweitgrößtem Hafen bestens in einem (Fisch)Restaurant nachkommen. Auch daran herrscht kein Mangel.

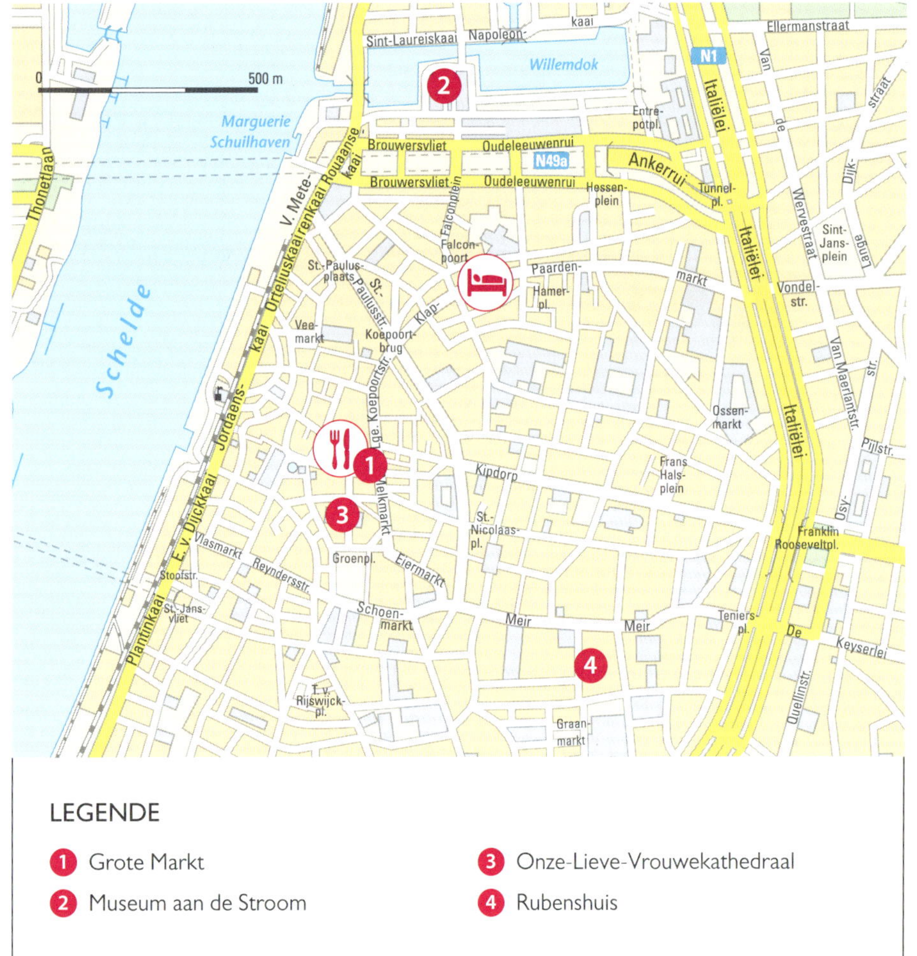

LEGENDE

1 Grote Markt

2 Museum aan de Stroom

3 Onze-Lieve-Vrouwekathedraal

4 Rubenshuis

Schelde wirft: Glaubt man der Legende, hat Brabo, der ein Neffe von Julius Cäsar gewesen sein soll, Antwerpen auf diese Weise vom Terror dieses Riesen befreit, denn Antigonius blockierte die Schelde und forderte von jedem, der vorbei wollte, einen Tribut oder er hackte ihm die Hand ab. Der Ort des Geschehens heißt seitdem »Handwerfen« – Antwerpen.

Grote Markt

2 Museum aan de Stroom

Das MAS erzählt die Geschichte der Stadt und des Hafens und beherbergt verschiedene städtische Sammlungen, u. a. vom Völkerkunde- und Schifffahrtsmuseum. Es besteht aus zehn Ausstellungssälen, die wie gigantische Koffer übereinandergestapelt sind – und zwar versetzt, jeweils um 90 Grad gedreht. Dadurch bietet jeder Saal einen anderen prachtvollen Ausblick über die Hafenstadt. Das gilt auch für die verglaste Galerie, die sich spiralförmig wie eine gigantische Wendeltreppe außenherum nach oben schraubt. In die Fassade des

Beste Reisezeit

Am sonnigsten und wärmsten ist es von Juni bis Sept., dafür ist die Stadt im Winter weitaus weniger überlaufen. Das Summerfestival Ende Juni ist eine Attraktion für Liebhaber elektronischer Musik, dann ist das Beste zu sehen und zu hören, was die internationale Szene zu bieten hat.

1 Grote Markt

Das 78 m breite Stadhuis, das Rathaus, und die prachtvollen goldverzierten Gildehäuser am Grote Markt zeugen vom Ruhm des Goldenen Zeitalters, das die Scheldestadt im 16. Jh. erlebte. Vor dem Rathaus steht der 1887 entworfene Brabobrunnen, ein barocker Springbrunnen. Er zeigt den auf einem Felsen stehenden römischen Krieger Sylvio Brabo, wie er die Hand des Riesen Antigonius in die

D'aa Toert

Altmodisch eingerichtetes Kaffeehaus mit herrlichen Waffeln und Pfannkuchen. »Aa Toert« ist übrigens ein Synonym für »ältere Dame«. Auf Deutsch würde man wohl »alte Schachtel« sagen.
Oude Beurs 46, Mo/Mi/Do 10–18, Fr–So 9–19 Uhr, www.daatoert.be, Tel. +32 (499) 41 14 87

Alles echt: Der Grote Markt sieht aus
wie ein Zuckerbäckerwunderland.

eigenwilligen Backsteinbaus wurden Tausende von kleinen glänzenden »antwerpse handjes« eingearbeitet: das Symbol der Stadt, das an den römischen Krieger Brabo erinnert.

Hanzestedenplaats 1, Apr.–Okt. Di–Fr 10–17,
Sa/So 10–18, Nov.–März Di–So 10–17 Uhr,
MAS-Boulevard Apr.–Okt. Di–So 9.30–24,
Nov.–März 9.30–22 Uhr, www.mas.be

❸ Onze-Lieve-Vrouwekathedraal

Die siebenschiffige Pfeilerbasilika ist die größte gotische Kirche der Benelux-Länder. 1521 wurde sie vollendet, nach einer Bauzeit von 170 Jahren. Ihr filigraner, 123 m hoher Noordertoren, der Nordturm, ist das Wahrzeichen der Scheldestadt und fast überall als Orientierungspunkt sichtbar. Innen ist die Kathedrale trotz mehrerer Brände und Plünderungen immer noch mit hochkarätigen Kunstwer-

home@feek

Drei komfortable Suiten mit viel Design und Jacuzzi, gestaltet von Frederik van Heereveld, einem jungen niederländischen Designer, der mit seinem Label »feek« international Erfolge feiert.
Klapdorp 52, www.feeksuites.com,
Tel. +32 (479) 27 98 42, DZ ab 150 €

ken ausgestattet, die kostbarsten sind die vier Rubensgemälde die »Auferstehung«, »Mariä Himmelfahrt«, die »Kreuzaufrichtung« und die »Kreuzabnahme« sowie die »Madonna mit Kind« von Michelangelo.

Groenplaats 21, Mo–Fr 10–17, Sa 10–15, So
13–16 Uhr, www.dekathedraal.be

❹ Rubenshuis

Im Quartier Latin, dem Theaterviertel, liegt ein stattliches Patrizierhaus mit angrenzendem Ateliergebäude, das der berühmte Malerfürst bis zu seinem Tod 1640 bewohnte. Rubens erwarb es 1610, im Jahr seiner Vermählung mit seiner ersten Frau Isabella Brant. Das Wohnhaus ist im flämischen Stil gehalten, mit Backstein, Kreuzfenstern und Treppengiebel und immer noch originalgetreu eingerichtet. Viele Gemälde hingen bereits zu Rubens'

Zeiten an den Wänden und gehörten zu seiner Privatsammlung. Das rechts daneben liegende Atelier hingegen erinnert mit seinem weißen Sandstein und den Rundbogenfenstern an einen italienischen Palazzo, wo der Maler seine hohen Gäste aus dem In- und Ausland angemessen empfangen konnte. Nirgendwo kommt man dem großen Meister so nahe wie hier!

Wapper 9–11, Di–So 10–17 Uhr,
www.rubenshuis.be

Anreise (über Brüssel)

Berlin:	1:10 h	✈
Frankfurt:	4:00 h	🚗
München:	1:20 h	✈
Zürich:	1:10 h	✈
Wien:	1:35 h	✈

07 Amsterdam

Amsterdam ist gut zu Fuß zu erobern. Bei einem romantischen Spaziergang entlang der Grachten kann man die Besonderheiten bestaunen: die Giebelsteine, die etwas über die ersten Bewohner verraten, oder die traumhaften Interieurs in den historischen Kaufmannshäusern. Zum Glück haben Amsterdamer nur selten Gardinen, man kann und darf also ruhig hineinschauen. Diese Stadt ist eine Stadt der Gegensätze. Studentengruppen mit Ghettoblastern und Bierkisten bilden einen Kontrast zu melancholischer Ruhe, im Viertel Plantage etwa mit seinen alten Bäumen. Der Grachtengürtel versetzt zurück in das Goldene Zeitalter und auf den Inseln im Osten findet sich spektakuläre moderne Architektur. Von den Brücken dort lässt es sich stundenlang auf das weite IJmeer und die großen Kähne schauen und der Melodie dieser Stadt lauschen: dem Quietschen der Straßenbahnen, den Glockenspielen der alten Kirchen, dem Geschrei der Möwen. Wer anders lebt, denkt, glaubt oder liebt als der Durchschnittsbürger, wird hier in Ruhe gelassen. Früher wie heute. Menschen aus fast 180 Kulturen machen die Straßen und Märkte bunt. Das ungeheure Freiheitsgefühl, die Lockerheit und Toleranz, aber auch die historische Innenstadt und die Kunstschätze ziehen Jahr für Jahr viele internationale Besucher an. Wer nur ein Wochenende in der Stadt ist, braucht dennoch keine Angst vor den klassischen Sehenswürdigkeiten haben. Die Grachten, das Reichsmuseum, das Anne Frank Haus und das Rotlichtviertel lieben auch Amsterdamer an ihrer Stadt. Am Abend lässt sich bei »biertje« und »bitterballen« in einem der »bruin Cafés« die berühmte Geselligkeit erleben. Und wer zurück ins Hotel schlendert, die vielen Lichter im Wasser der Grachten glitzern und die Stadt in ein magisches Licht gehüllt sieht, summt vielleicht auch schon die heimliche Hymne der Stadt: »An den Amsterdamer Grachten habe ich für immer mein Herz verloren.«

Amsterdam-Klischee an der
Keizersgracht: Brücken, Fahrräder
und schmucke Bürgerhäuser.

Beste Reisezeit

Im Mai, Juni und Aug. darf man auf viel Sonne und wenig Regen hoffen. Ein Erlebnis ist aber auch der Koningsdag am 27. Apr.: Am Geburtstag von König Willem-Alexander wird die ganze Stadt zu einem einzigen Flohmarkt mit fröhlichem Geschiebe und Gedränge.

1 Anne Frank Huis

In das dunkle Kapitel der deutschen Besatzung im Zweiten Weltkrieg und der Judenverfolgung kann man sich hautnah und ergreifend im Anne Frank Huis hineinversetzen. Das Hinterhaus an der Prinsengracht ist weltweit Symbol gegen Rassismus. Hier war Anne Frank bis 1944 vor den Deutschen untergetaucht und schrieb ihr weltberühmtes Tagebuch. Hinter einem Regal war die steile Stiege zum Versteck verborgen. Oben in dem engen Kämmerchen wird jeder still.

Prinsengracht 267, 15. März–Okt. tgl. 9–21, Nov.–14. März tgl. 9–19 Uhr, www.annefrank.org

2 De Wallen

Dieses Viertel rund um die Straße Zeedijk ist typisch für Amsterdam. Denn die offene Prostitution und die Coffeeshops, in denen man Haschisch legal kaufen kann, beruhen auf der pragmatischen Einsicht, dass Verbote und Restriktionen nur zu gesellschaftlicher Unruhe führen, die dem Handel schaden würde. Und Amsterdam ist schließlich eine Kaufmannsstadt. Doch außer Freudenmädchen gibt es auch Haute Couture. Im Kampf gegen Frauenhandel und Geldwäsche wurden viele Fenster an junge Designer vermietet, darunter auch Lieblingsschneider von Königin Máxima.

www.1012.amsterdam.nl

Moeders

Gemütlich, lecker und leicht chaotisch: Bei Moeders isst man wie bei Muttern. »Stamppot« und Fleischklops. Fast jeder setzt sich dazu, vom Hausfrauenclub bis zu mondänen Managern. Und Hunderte von Müttern schauen wohlwollend von Fotos an den Wänden zu.

Rozengracht 251, tgl. 17–1 Uhr, www.moeders.com Tel. +31 20 626 79 57

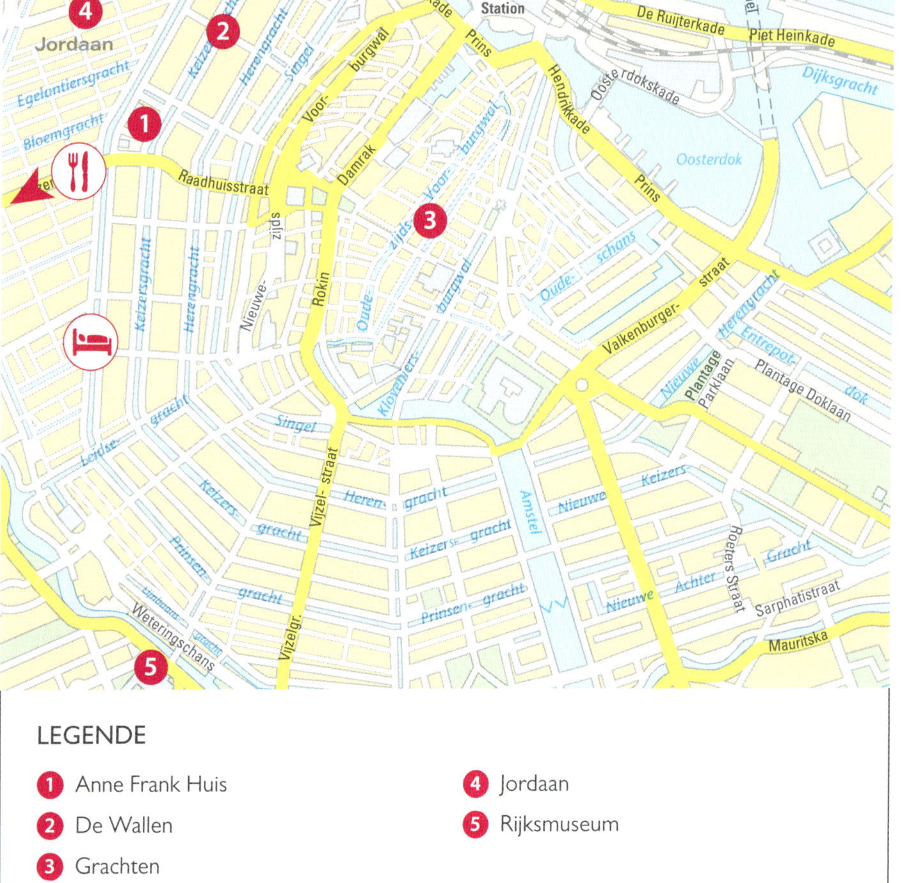

LEGENDE

1 Anne Frank Huis
2 De Wallen
3 Grachten
4 Jordaan
5 Rijksmuseum

 ## Hotel Wiechmann

Frühstücken mit Blick auf die Gracht: Stilvoller kann ein Tag kaum beginnen. Die Zimmer und Dachstübchen mehrerer alter Grachtenhäuser sind sehr liebevoll ausgestattet. Über Generationen hat die Inhaberfamilie das Hotel mit ihren Privatsammlungen eingerichtet.
Prinsengracht 328–332, www.hotel wiechmann.nl, Tel. +31 20 626 33 21

Wiege der berühmten niederländischen Toleranz: De Wallen, das älteste Viertel der Stadt mit Rotlichtbezirk, Coffeeshops und Chinatown.

 ## Grachten

Amsterdam ist eine Stadt des Wassers. Die berühmten Grachten machen die besondere und leichte Atmosphäre der Stadt aus. Singel-, Prinsen-, Heren- und Keizersgracht sind die Hauptgrachten, die sich wie ein Gürtel um das Zentrum winden. Dazwischen bilden kleinere Grachten ein sehr romantisches Netz von Wasserstraßen. Als vor 400 Jahren die schnell wachsende Bevölkerung Platz brauchte, wurden die Grachten gegraben, um das Bauland zu entwässern und so Wohnungen errichten zu können. Direkt an den Grachten entstanden Lager- und Kaufmannshäuser. Der Grachtengürtel gehört zum Welterbe der UNESCO. 165 Grachten hat die Stadt heute, 90 Inseln und 1300 Brücken – das sind weit mehr, als es in Venedig gibt.

Im Zentrum von Amsterdam

 ## Jordaan

Das vielfach besungene Kleine-Leute-Viertel ist fast schon eine Stadt an sich. Die engen Gassen, Vorgärtchen und hutzeligen Häuschen haben sich viel von ihrem alten Charme bewahrt. Der Jordaan ist der Kern des Ur-Amsterdams. Die Menschen hier sind für ihre freche Schnauze und ihr großes Herz bekannt. Heute ist es mit vielen kleinen schicken Boutiquen und Galerien sehr trendy. Sowohl Amsterdamer als auch Besucher lieben das gesellige Treiben.

Im nordwestlichen Zentrum von Amsterdam

 ## Rijksmuseum

Die atemberaubende Kathedrale für Rembrandt wurde 2013 traumhaft und teuer restauriert. Ein passender Rahmen für die großen holländischen Meister aus dem Goldenen Zeitalter: Rembrandt, Jan Steen, Vermeer. Durch die verglaste Eingangshalle steigt man empor zur Ehrengalerie. Gewölbte Decken, zarte Ornamente, bleiverglaste hohe Fenster, und am Ende strahlt von mitternachtsblauer Wand das Juwel: »Die Nachtwache«. Und es gibt noch viel mehr zu bestaunen in der Schatzkammer der Niederlande: Porzellan, Möbel, Schmuck.
Besonders stolz sind die Amsterdamer auf den Fahrradtunnel unter dem »Rijks«, in dem man unter dem Reichsmuseum hindurch von der alten Stadt bis auf den Museumsplatz radeln kann. Die verglasten Seitenwände geben den direkten Blick in die Eingangshalle frei und kurz vor dem Ende fährt man genau unter Rembrandts »Nachtwache«. Dazu gibt es gratis Musik: Unter dem alten Gewölbe spielen Musiker mal Jazz, mal Klassik.

Museumstraat 1, tgl. 9–17 Uhr, www.rijksmuseum.nl

Nordeuropa

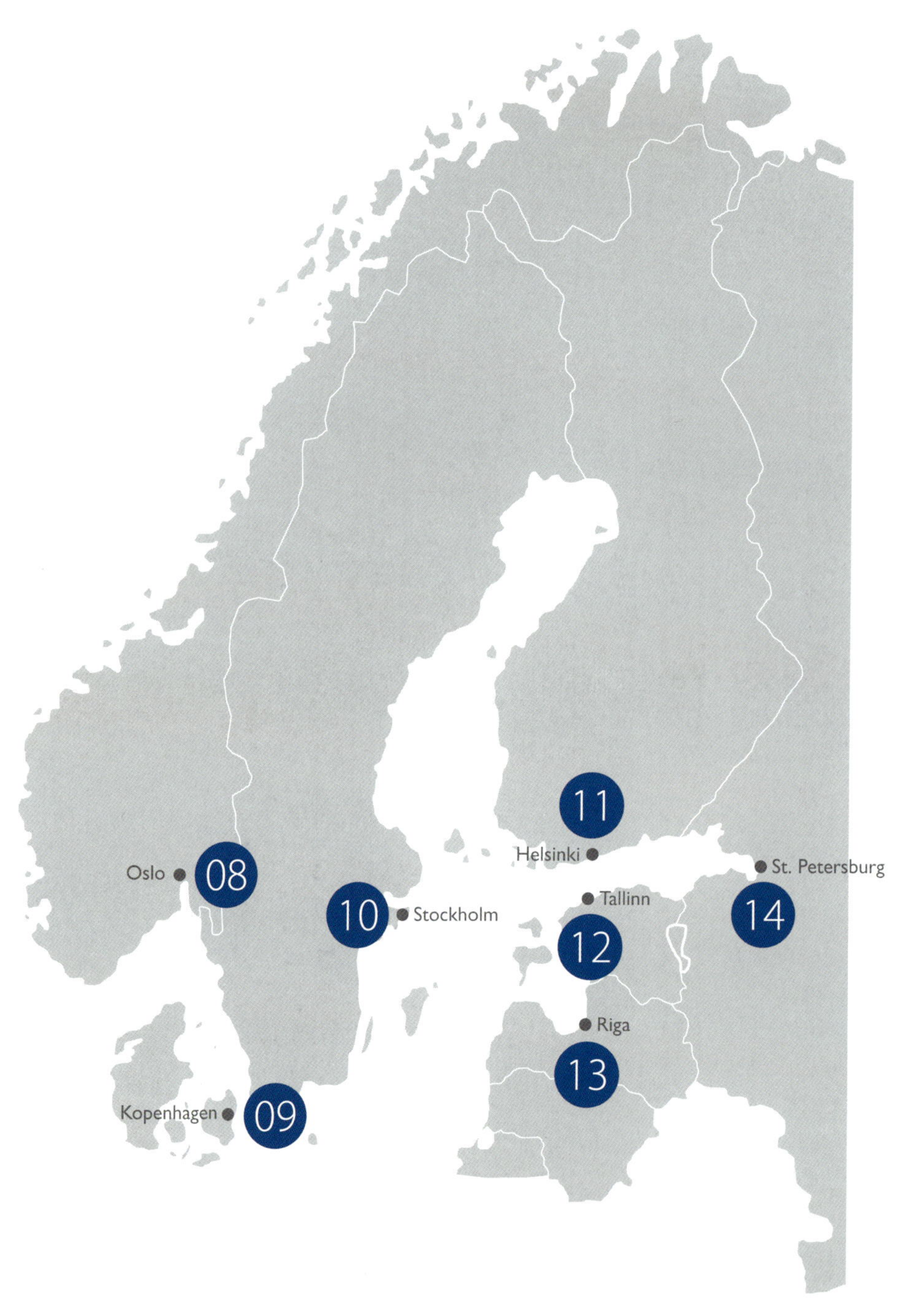

Oslo
08
Kopenhagen
09
Stockholm
10
Helsinki
11
Tallinn
12
Riga
13
St. Petersburg
14

»Das ist das Angenehme
auf Reisen, dass auch
das Gewöhnliche durch
Neuheit und Überraschung
das Ansehen eines
Abenteuers gewinnt.«

Johann Wolfgang von Goethe

Wo sich früher Container stapelten, wird heute in der Oper Hochkultur gepflegt.

08 Oslo

Dass der Winter hier kein Witz ist, wird merken, wer zwischen November und April in Norwegens Hauptstadt reist. Die Osloer machen das Beste daraus, gehen Ski laufen oder auf den zugefrorenen Buchten des Oslofjords spazieren. Schnee hält sich oft bis nach Ostern. Im Frühjahr (ab Mai) erwacht das Stadtleben wieder, das quirlig bleibt bis in den Herbst. Oslos Oktober, das Herbstlaub in schönsten Farben, macht den Frognerpark mit der unglaublichen Skulpturensammlung des Bildhauers Gustav Vigeland ebenso zum sinnlichen Erlebnis wie das Norsk Folkemuseum oder die Inseln im Oslofjord. Ganz zu schweigen von der Oslomark, wo Elche und Luchse frei leben. Der Grüngürtel aus Wäldern, Hügeln und Seen lässt sich vom Zentrum in 20 Minuten per U-Bahn erreichen. Oslo ist nicht billig, was Reisende rasch spüren. 40 Euro für ein Essen im Durchschnittsrestaurant sind happig, aber normal. Die Preise spiegeln das hohe Einkommensniveau: Dank seiner Erdölvorkommen zählt Norwegen zu den reichsten Nationen der Welt. Funktionalismus prägte Oslos Baustil, mit dem Rathaus (wo der Friedensnobelpreis verliehen wird) als markantestem Beispiel. Extravagant dagegen ist das neue Opernhaus. Die noch immer junge Hauptstadt mag hie und da unfertig wirken, langweilig ist sie nie.

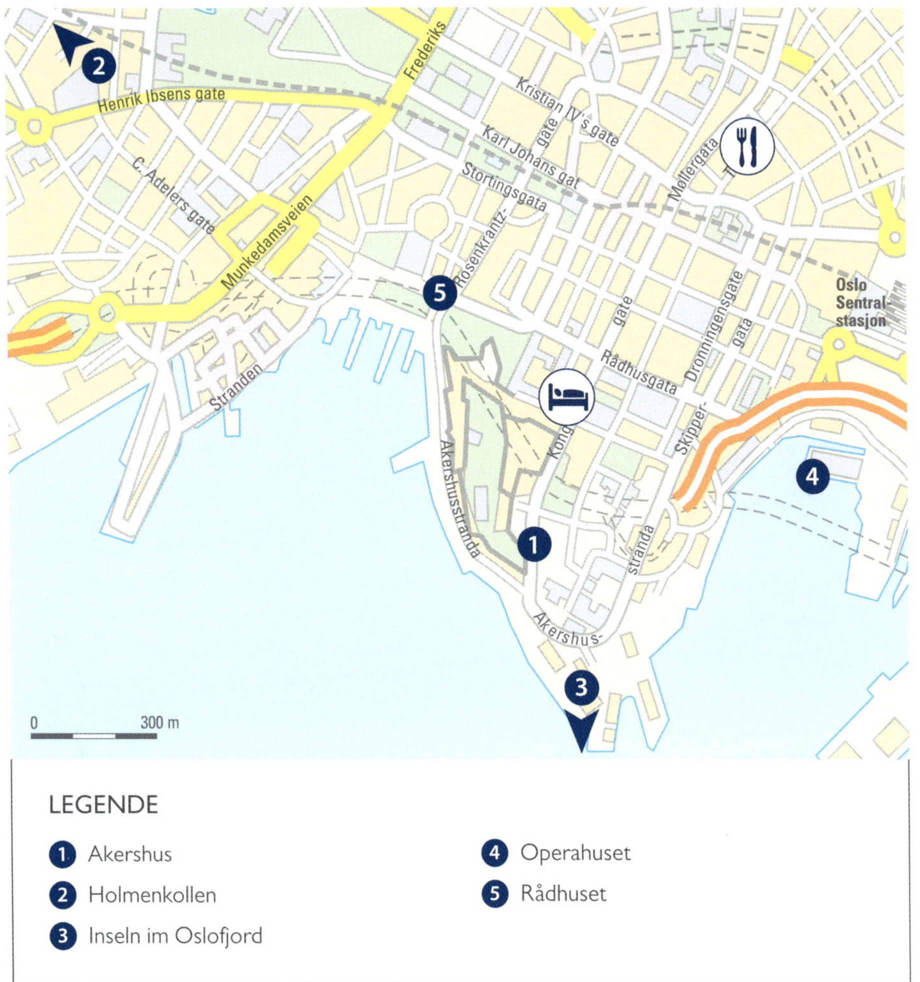

LEGENDE

1 Akershus
2 Holmenkollen
3 Inseln im Oslofjord
4 Operahuset
5 Rådhuset

Beste Reisezeit

Die Hauptreisezeit ist zwischen Juni und August, wenn es noch bis spätabends hell ist und sich das Leben draußen abspielt. Außerhalb dieser Sommermonate haben viele Sehenswürdigkeiten eingeschränkte Öffnungszeiten.

1 Akershus

Die erste Festungsanlage auf der Landzunge im Oslofjord stammt noch aus dem späten 13. Jh., doch annähernd ihr heutiges Aussehen bekam sie erst Ende des 16. Jh., als unter dem dänischen König Christian IV. die Mittelalterburg modernisiert und zu einem Renaissanceschloss umgebaut wurde. Nach Ende des Zweiten Weltkriegs wurden hier norwegische Kollaborateure, u. a. der Chef der norwegischen Marionettenregierung, Vidkun Quisling, hingerichtet. An die deutsche Besatzungszeit erinnert das in der Festung untergebrachte »Hjemmefrontmuseet« (Heimatfrontmuseum), das den Widerstand gegen die Besatzungsmacht schildert. Das Schloss dient heute der norwegischen Regierung zur Repräsentation bei festlichen Arrangements.

Eingang am Festungstor im Südosten der Anlage, Mai–Sept. tgl. 6–21, Okt.–Apr. tgl. ab 7 Uhr, www.akershusfestning.no

2 Holmenkollen

»Holmenkollen« ist zunächst nur der Name eines Hügels am Rande Oslos. Weltweit bekannt ist er aber als Kurzform von »Holmenkollbakken«, wie die berühmte Sprungschanze richtig heißt. Auf dem Holmenkollen gibt es viel zu entdecken, doch die Hauptattraktion ist und bleibt der Skisport. Seit 1892 werden hier Wettkämpfe durchgeführt; eine permanente Schanze wurde aber erst 1914 errichtet und seither viele Male um- und neu gebaut, zuletzt 2010 für die nordische Ski-WM 2011. Die neue Schanze wird von einer atemberaubenden Aussichtsplattform gekrönt. Im Felsen unter der Schanze liegt heute das interessante Skimuseet, von dem man auch zur Aussichtsplattform auf der Schanze gelangt.

7 km nordöstlich des Stadtzentrums, Sprungschanze und Skimuseum: Juni–Aug. tgl. 9–20, Mai, Sept. 10–17, Okt.–Apr. tgl. 10–16 Uhr, www.holmenkollen.com

Auf der winzigen Insel Dyna wird der wenige Platz optimal genutzt. Das »Leuchtfeuer«, dessen Räume heute exklusiven Veranstaltungen dienen, liegt direkt an der Fahrrinne in den Hafen.

❸ Inseln im Oslofjord

Zur Stadt Oslo gehören neun Inseln im Inneren Oslofjord. Per Linienboot von Oslo aus gelangt man nach Hovedøya, Lindøya, Nakholmen, Gressholmen, Bleikøya sowie zur Doppelinsel Langøyene. Auf allen Inseln, die teilweise Naturschutzgebiet sind, kann man schöne Spaziergänge unterneh-men. Auf einer der Inseln, auf Langøyene, dürfen Besucher sogar übernachten: gratis im Zelt.

Abfahrt Haltestelle Vippetangen, 15 Min. zu Fuß vom Rathaus

Illegal Burger

Wer hier einmal einen Burger probiert hat, mag sich nicht mehr mit 08/15-Ware zufriedengeben. Der Zuspruch ist enorm, daher ist das Lokal meist ziemlich voll. Kein Ort für ein langes Abendessen, sondern eher für zwischendurch. Møllergata 23, tgl. 16–23 Uhr, Tel. +47 22 20 33 02

❹ Operahuset

Das moderne Gebäude erinnert mit seiner schräg geneigten Dachfläche an einen Eisberg. Auch technisch gesehen ist die Oper »state of the art«: vom mit 8000 Leuchtdioden bestückten Kronleuchter, der gleichzeitig als akustischer Reflektor fungiert, bis zum Textsystem an jedem Stuhl, mit dem man in einer Auswahl von acht Sprachen das Libretto mitlesen kann.

Kirsten Flagstads plass 1, Führung Englisch Mi, So 13, Sa 12 Uhr, www.operaen.no

🛏 Grims Grenka

In Skandinaviens erstem Designhotel ist das Interieur der Zimmer und Suiten nach den Themen »Sommer« oder »Winter« entworfen und besticht durch klare Linien, starke, aber nicht grelle Farbflächen und raffinierte Beleuchtung. Kongens gate 5, www.grimsgrenka.no, Tel. +47 23 10 72 00, DZ ab 180 €

❺ Rådhuset

Das von zeitgenössischen Kunstwerken ausgestaltete Rathaus ist neben dem neu erbauten Opernhaus immer noch das aufsehenerregendste Gebäude der Stadt. Als Verleihungsort des Friedensnobelpreises wurde es weltweit bekannt. Themenstellung für die Künstler war »das Volk« im weitesten Sinne. Das zeigt sich schön an den Wandgemälden der mächtigen Rathaushalle, für die in erster Linie die Maler Henrik Sørensen und Alf Rolfsen verantwortlich waren.

Fridtjof Nansens plass, www.radhusets-forvaltningstjeneste.oslo.kommune.no

09 Kopenhagen

In Kopenhagen ist nicht nur die kleine Meerjungfrau zu Hause. Die Stadt am Öresund ist auch eine Metropole innovativer Designer, Modemacher, Architekten und Spitzenköche: Lange schon zieht es deren Fans in die dänische Hauptstadt und so ist die »Strøget«, Dänemarks längste Fußgängerzone, auch ein Shopping-Paradies für skandinavisches Design und angesagte Mode »made in Denmark«. Neuester Anziehungspunkt ist Kopenhagens Spitzengastronomie und ihr Konzept der Neuen Nordischen Küche, das international Furore macht. Seit zwei Jahrzehnten hat sich die Stadt außerdem zum Mekka der Gegenwartsarchitektur entwickelt, mit spektakulären Neubauten wie der Königlichen Bibliothek (der »Schwarze Diamant«), des Schauspielhauses oder der Oper im Hafengebiet. Doch jenseits dieser modernen, avantgardistischen Seite bleibt Kopenhagen weiterhin ganz »hyggelig« – eine Stadt von altmodischer Gemütlichkeit. Nicht nur wegen der heimeligen Altstadt, der Radfahrleidenschaft der Kopenhagener oder ihrer steten Freundlichkeit. Auch deshalb, weil Nostalgie und Fantasie ihren festen Platz haben: Hans Christian Andersen ist aus Kopenhagen nicht wegzudenken.

Abendlicher Blick von der Terrasse des Schauspielhauses auf die Königliche Oper, eine der modernsten Bühnen der Welt.

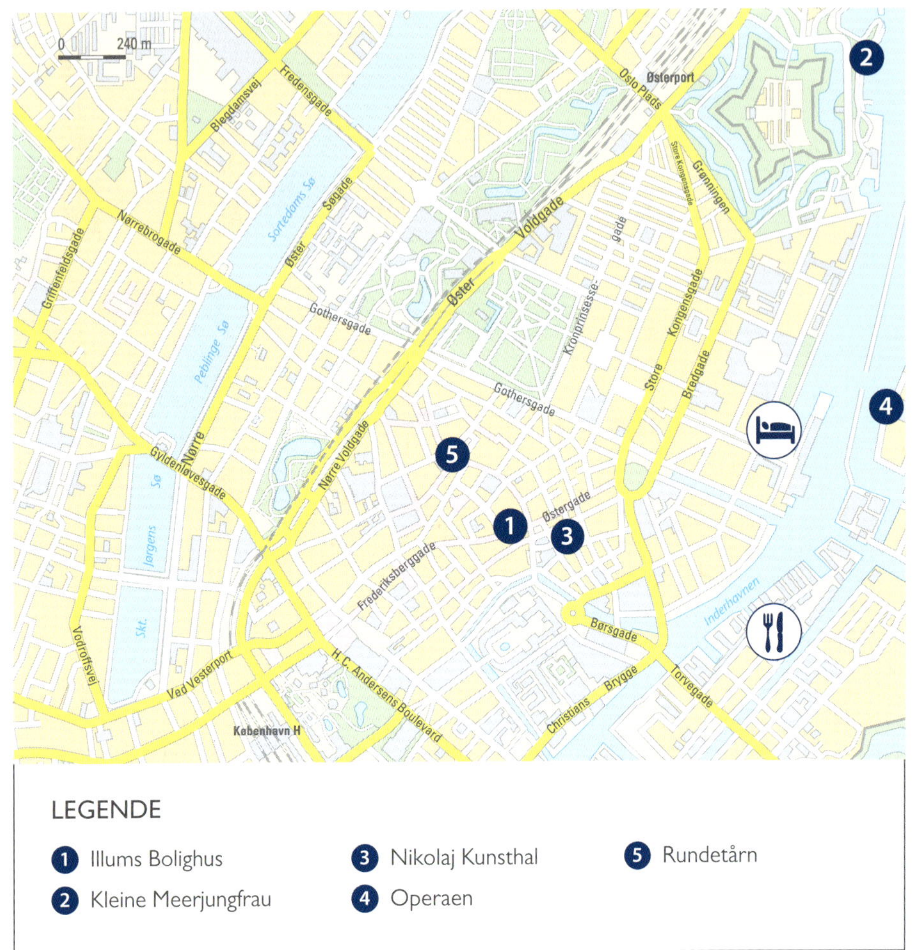

LEGENDE

1. Illums Bolighus
2. Kleine Meerjungfrau
3. Nikolaj Kunsthal
4. Operaen
5. Rundetårn

Kanalen

Im Sommer gibt es kaum eine bessere Adresse, denn dann kann man im Garten direkt am Kanal sitzen und sich die dänischen bzw. vom Mittelmeer inspirierten Gerichte schmecken lassen. Wilders Plads 2, Mo–Sa 11.30–24 Uhr, www.restaurant-kanalen.dk, Tel. +45 3 295 13 30

Beste Reisezeit

Der Mai reizt als Reisemonat nicht nur wegen der geringen Niederschlagsmenge, sondern auch aufgrund des Karnevals. Für einen Besuch im Juli spricht das hochkarätig besetzte Copenhagen Jazz Festival.

② Kleine Meerjungfrau

Nichts und niemand in Kopenhagen wird so oft fotografiert wie die Kleine Meerjungfrau. Entlehnt ist das Motiv einem Märchen Hans Christian Andersens. Den Auftrag für die Statue, die der Künstler Edvard Eriksen nach dem Gesicht der Primaballerina Ellen Price und dem Körper seiner Frau bildete, erteilte der Bierbrauer Carl Jacobsen. 1913 stellte man das Werk auf, das seither des Öfteren Misshandlungen ausgesetzt ist. Doch weder diese Missetaten noch die unzähligen Menschenmassen, die die Kleine Meerjungfrau täglich besuchen, konnten ihren sehnsüchtigen Blick hinaus auf das offene Meer trüben. Weit herumgekommen ist sie übrigens auch, von Mai bis Oktober 2010 war sie nicht in Kopenhagen, sondern auf der Expo in Shanghai zu sehen.

Langelinie

① Illums Bolighus

Das Einrichtungshaus bietet zwar auch Mode an, in erster Linie jedoch Stoffe, Möbel, Lampen, Glas, Küchenutensilien und natürlich jede Menge Schnickschnack. Ein Bummel durch das Bolighus ist wie ein Streifzug durch die skandinavische Design-Welt in ihrer höchsten Vollendung.

Amagertorv 10, Mo–Fr 10–19, Sa 10–18, So 11–18 Uhr, www.illumsbolighus.com

③ Nikolaj Kunsthal

Die drittälteste Kirche Kopenhagens beherbergt heute – nachdem sie auch schon

Der unvergleichliche Design-Tempel im Stadtzentrum: Illums Bolighus.

ein Feuerwehrhaus, ein Seefahrermuseum und eine Bücherei war – eine sehenswerte Galerie. Diese fokussiert sich auf moderne Kunst und berücksichtigt dabei insbesondere digitale Medien. Eine eindrucksvolle Kombination.

Nikolaj Plads 10, Di–So 12–17, Do bis 21 Uhr, www.nikolajkunsthal.dk

 **Operaen**

Anfang 2005 eröffnete das neue Opernhaus am Hafen gegenüber von Schloss Amalienborg und sorgte von Beginn an mit seiner spektakulären Architektur und seinen außergewöhnlichen Aufführungen für Furore. Das vom Architeken Henning Larsen entworfene Gebäude auf der ehemaligen Militärinsel Holmen war ein Geschenk des größten dänischen Reeders und reichsten Mann des Landes an den dänischen Staat. Welch ein Glück, denn

die zu den modernsten Opernhäusern der Welt gehörende »Operaen« ist zugleich eine der teuersten ihrer Art. Eine beeindruckende Sicht auf das gigantische Gebäude mit seinem 90 m breiten Vordach bietet sich von einer der Hafenfähren.

Ekvipagemestervej 10, www.operaen.dk

 **Rundetårn**

Der Runde Turm, 35 m hoch und 15 m im Durchmesser, stellt ein architektonisches Kuriosum dar. Der dänische König Christian IV. ließ ihn 1640 bis 1642 von Hans van Steenwinckel dem Jüngeren erbauen. Statt über Treppen schreitet man auf einem 209 m langen gewundenen Gang nach oben. Manch weniger Trainierter kann dabei recht bald ins Keuchen kommen. Erst auf den allerletzten Metern wartet noch eine sehr enge Treppe. Auf

dem Dach angekommen, stellt man aber fest, dass sich die Anstrengung gelohnt hat: Der weite Ausblick über Dänemarks Hauptstadt ist einzigartig. Das wusste auch Katharina I., Frau Peters des Großen und spätere Zarin: Sie profitierte vor knapp 300 Jahren von ihrem Prominentenstatus und ließ sich mit der Pferdekutsche hinaufbringen.

Købmagergade 52a, tgl. 10–18, Mitte Mai bis Mitte Sept. bis 20 Uhr, www.rundetaarn.dk

Anreise

Berlin:	/////////////	6:49 h	🚆
Frankfurt:	////	1:25 h	✈
München:	////	1:30 h	✈
Zürich:	/////	1:40 h	✈
Wien:	/////	1:35 h	✈

10 Stockholm

Viel Wasser, üppiges Grün und eine ebenso entspannte wie strahlende Metropole: Stockholm, das Venedig des Nordens. Ein Dutzend Inseln zwischen der Ostsee und dem Mälarsee, verbunden durch über 50 Brücken. Die kräftigen Farben der Bürgerhäuser leuchten im klaren nordischen Licht. Dazwischen wildromantische Parkanlagen. Alles umgeben von klarem Wasser, das herrlich in der Sonne glitzert und im Winter Eiswelten hervorbringt. Die schwedische Hauptstadt ist das politische und wirtschaftliche Zentrum des Landes, eine der dynamischsten Wirtschaftsregionen des Ostseeraums. Und doch sind Hektik und Geschäftigkeit hier fremd. Die übersichtliche Altstadt »Gamla stan« beherbergt Parlament, Königsschloss und weltweit beachtete Institutionen, wie die Schwedische Akademie und die Nobel-Stiftung. Dennoch bleibt der Rhythmus in den kopfsteingepflasterten Gassen ein geruhsamer. Nicht Autoverkehr, sondern Möwengeschrei bestimmt den Takt. Duftende Zimtschnecken in sympathischen Straßencafés lassen ein Gefühl der Entschleunigung aufkommen. Selbst die Soldaten, die täglich vor dem Schloss aufziehen, strahlen Gelassenheit aus. Die Zeiten schwedischer Großmachtambitionen sind lange vorbei. An sie erinnert eindrucksvoll König Gustav Adolfs gigantisches, fast vollständig erhaltenes Flagschiff aus der Zeit des Dreißigjährigen Krieges. Auch das teure Kriegsgerät macht heute im »Vasamuseet«, dem wunderbaren Museum auf der Freizeitinsel Djurgården, eine ganz entspannte Figur.

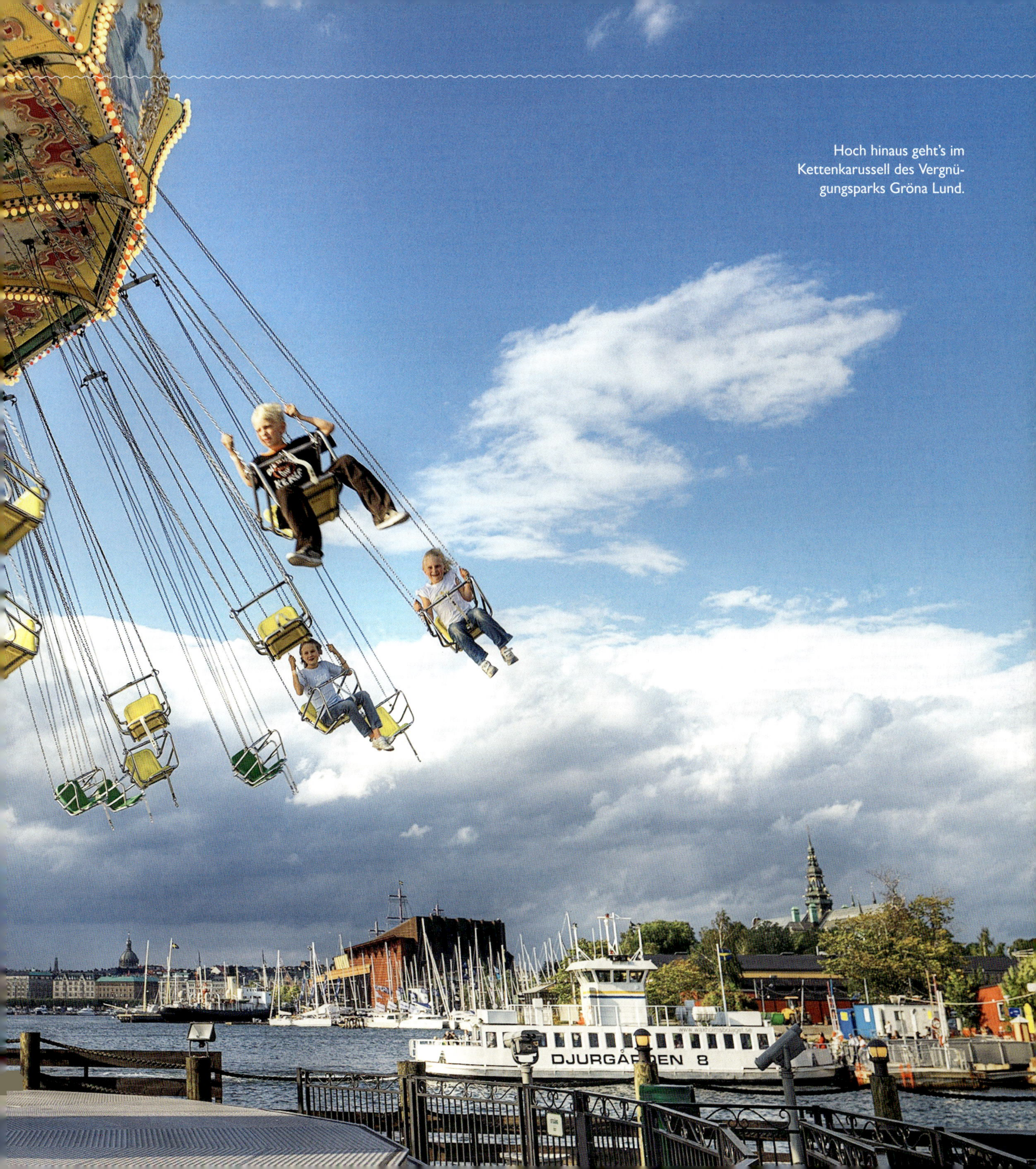

Hoch hinaus geht's im Kettenkarussell des Vergnügungsparks Gröna Lund.

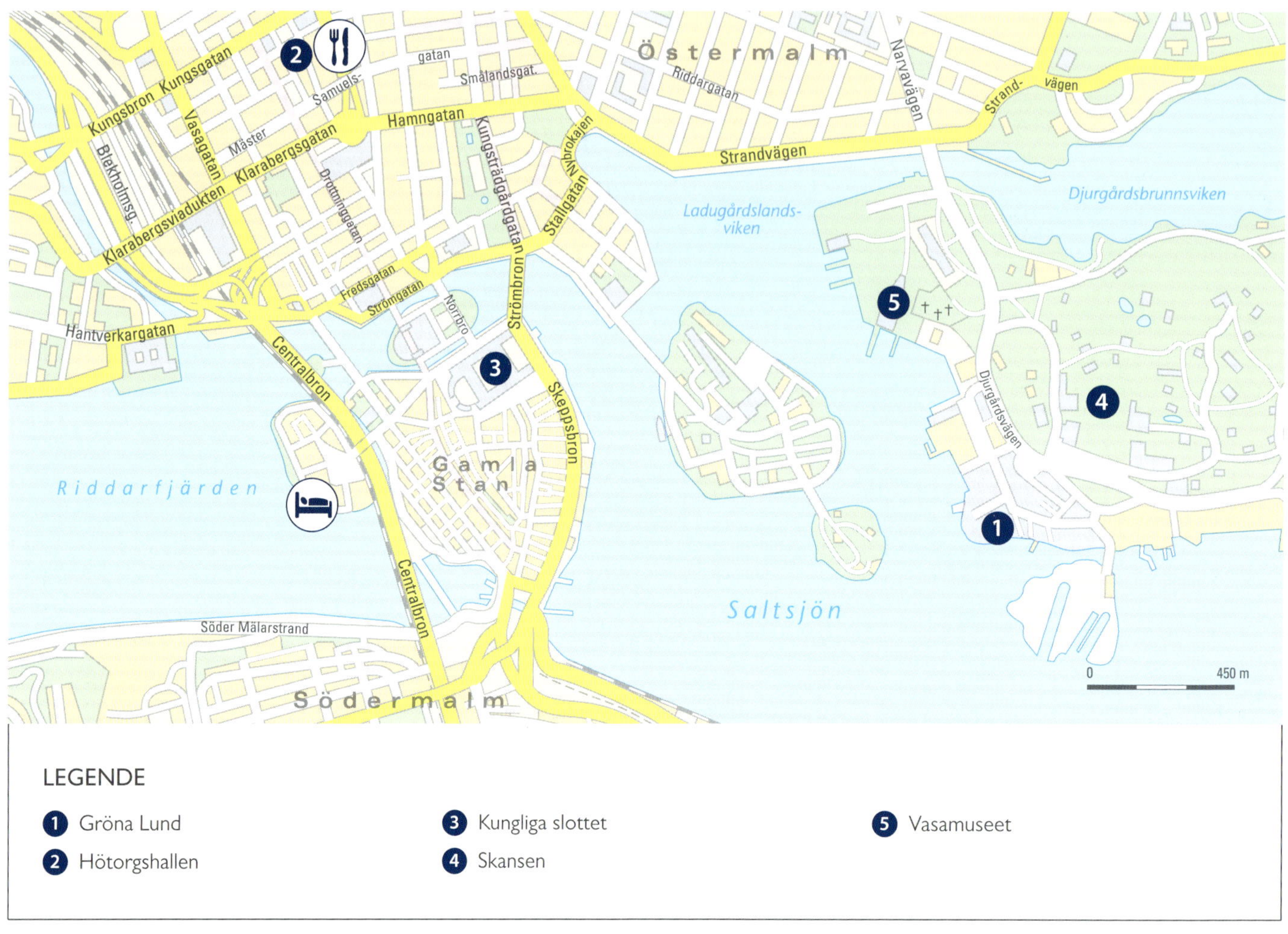

LEGENDE

1 Gröna Lund   3 Kungliga slottet   5 Vasamuseet

2 Hötorgshallen   4 Skansen

Beste Reisezeit

Vor allem die Sommermonate bieten sich für einen Kurztrip nach Stockholm an. Es ist relativ trocken und die Tage sind lang. Ein Höhepunkt für Sportler ist der Midnattsloppet (Mitternachtslauf) Mitte August, für den erst um 22 Uhr der Startschuss erfolgt.

1 Gröna Lund

Stockholms Vergnügungspark liegt direkt am Wasser mit Blick auf die Insel Skeppsholmen. Seit 2009 gibt es die spektakuläre Achterbahn »Insane«, die den Fahrgästen den Angstschweiß auf die Stirn treibt, sowie ein Geisterhaus (Spökhuset) mit lebendigen Gespenstern. Seit 2013 bringt das in Österreich hergestellte Kettenkarussell »Eclipse« Wagemutige in die luftige Höhe von 121 m, aus der sie Stockholm aus der Vogelperspektive betrachten können. Für die gefährlicheren Karussells und Achterbahnen muss man mindestens 140 cm groß sein.

Lilla Allmänna Gränd 9, Ende Mai–Ende Juni Do–Sa 11–23, So 12–20, Ende Juni–Mitte Aug. Mo–Fr 12–22, Sa 11–23, So 11–22, Ende Aug.–Anfang Sept. Do–Fr 15–23, Sa 11–23, So 12–20 Uhr, www.gronalund.com

Im Freilichtmuseum Skansen zeigen Handwerker ihre zum Teil fast schon vergessene Kunst.

2 Hötorgshallen

Im Herzen des Stadtteils Norrmalm bieten Händler seit 1958 in dieser Markthalle Delikatessen aus aller Welt feil. Cafés und Restaurants von Kebab über Sushi bis hin zu schwedischen Fischspezialitäten runden das Angebot ab. In den Jahren 2012 und 2013 wurden die Hötorgshallen von Grund auf saniert und etwas »aufgeschickt«, sie haben sich aber ihr ursprünglich bodenständiges Flair bewahrt.

Im Stadtteil Norrmalm, Mo–Do 11–18, Fr bis 18.30, Sa bis 16 Uhr, www.hotorgshallen.se

3 Kungliga slottet

Der Nordflügel des Königlichen Schlosses ist im französischen Barock des späten 17. Jh. eingerichtet, die übrigen Flügel im Rokokostil. Die Westfassade zum Slottsbacken (Schlosshügel) hin ist mit den

 Mälardrottningen

Das Hotel befindet sich auf einer Luxusjacht von 1924, die zeitweilig der amerikanischen Multimillionärin Barbara Hutton gehörte. Eine Besonderheit sind u. a. die Stockbetten.
Södra Riddarholmshamnen,
www.malardrottningen.se,
Tel. +46 8 12 09 00 00, DZ ab 150 €

Statuen berühmter Schweden wie dem Schlossarchitekten Nicodemus Tessin d. J. geschmückt. Auf der Südseite liegt der halbkreisförmige äußere Schlosshof, auf dem die Wachablösung stattfindet.

Slottsbacken 1, Repräsentationsräume, Schatzkammer, Museum Tre Kronor: Mai, Sept. tgl. 10–16, Juni–Aug. bis 17, Okt.–Dez., Feb.–Mitte März Di–So 12–15, Jan. tgl. 12–15 Uhr, www.kungahuset.se

4 Skansen

Alles, was für Schweden charakteristisch ist: Bauernhöfe, Werkstätten und sogar ein städtisches Viertel mit Krämerladen, Glasbläserei, Buchbinderei, Goldschmiede und Apotheke sind im ältesten Freilichtmuseum der Welt zu bewundern.

Djurgårdsslätten 49–51, Mai–Aug. tgl. 10–22, Sept.–April bis 16 Uhr, www.skansen.se

 Kajsas Fisk

Im Untergeschoss der Hötorgshallen liegt Stockholms beliebtestes Fischrestaurant der Budgetkategorie. Seit über 30 Jahren beglückt »Kajsas Fisk« die Stockholmer mit seiner berühmten Fischsuppe und anderen einfachen Fischgerichten.
Hötorgshallen 3, Mo–Do 11–18, Fr bis 18.30, Sa bis 16 Uhr, www.kajsasfisk.se

5 Vasamuseet

Das Museum zeigt das Kriegsschiff »Vasa«, das bei seiner Jungfernfahrt 1628 gesunken ist. 1961 wurden der Kiel und 20 000 Wrackteile gehoben. In jahrelanger Kleinarbeit wurde das Schiff zusammengesetzt. Anders Franzén, Mitglied der schwedischen Marine, hatte um 1950 begonnen, eine Liste der untersuchungswürdigen Schiffswracks zusammenzustellen. Ab 1954 konzentrierte er sich dann auf die »Vasa« und spürte sie 1956 auch auf.

Galärvarvsvägen 14, Sept.–Mai Do–Di 10–17, Mi bis 20, Juni–Aug. tgl. 8.30–18 Uhr, www.vasamuseet.se

11 Helsinki

»Itämeren tytär«, Tochter der Ostsee, lautet einer ihrer Kosenamen. In der Tat: Welche Stadt darf schon über 300 Inseln und Schären ihr Eigen nennen? Itämeren tytär klingt nach Lebensfreude. Davon haben die Finnen einiges, wie sich am Marktplatz oder auf der Insel Suomenlinna zeigt, wenn die Abenddämmerung fast ins Morgenlicht übergeht, oder während der Schnee sein Licht auf den Weihnachtsmarkt zaubert. Helsinki ist eine junge Metropole ohne Altertümer und Adelspaläste. Erst seit Finnlands Unabhängigkeit 1917 kann sie Gestaltungsfreude zeigen. Wobei Wolkenkratzer verpönt und 30 Prozent Grünflächen Pflicht sind. Helsinki ist nicht auf Sand gebaut, sondern auf Granit, der überall hervorlugt. Im Zentralpark bewegt man sich in fast unberührter Natur. Als Nahtstelle zwischen Ost und West ist Helsinki eine kulturelle Fundgrube, ob in Museen oder in der Musikszene. Allenthalben finden sich gelungene Stilmischungen im Designdistrikt Punavuori, im einstigen Arbeiterstadtteil Kallio oder im schicken Stadtzentrum.

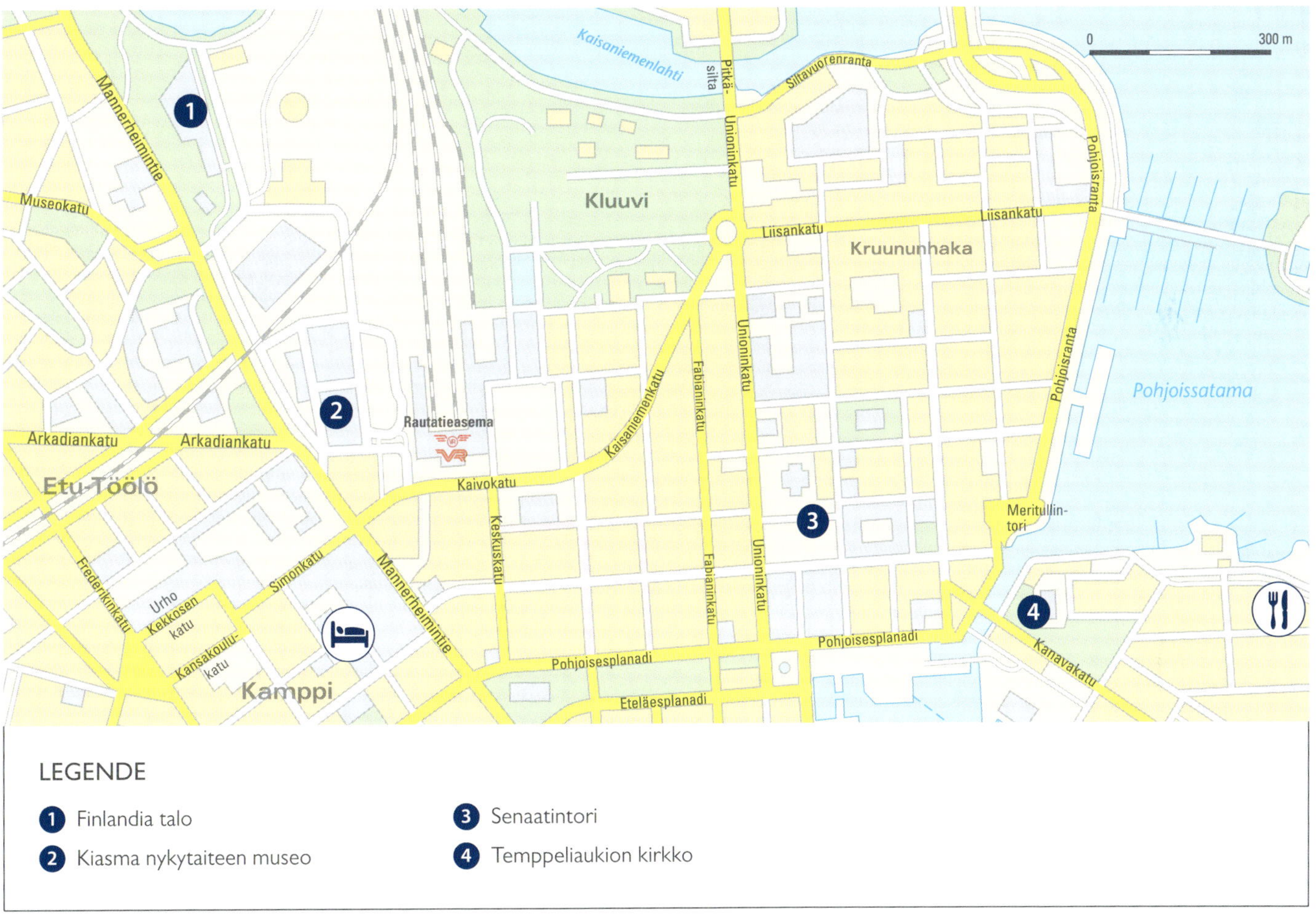

LEGENDE

1 Finlandia talo

2 Kiasma nykytaiteen museo

3 Senaatintori

4 Temppeliaukion kirkko

Beste Reisezeit

Hauptsaison ist der Sommer, die Zeit der hellen Nächte. V. a. wenn die Stadt anlässlich der »Helsingin juhlaviikot«, der Helsinki Festspiele, Finnlands größtes und vielfältigstes Kulturfestival feiert (Mitte–Ende Aug.). Doch auch rund um Weihnachten hat die illuminierte Stadt ihren Reiz.

1 Finlandia talo

Der große finnische Architekt Alvar Aalto plante ab 1962 die weiße Marmorschönheit an der Töölö-Bucht. Die 1975 eingeweihte Finlandiahalle, in Aaltos architektonischem Verständnis als Gesamtkunstwerk gestaltet, ist ein bedeutendes Konzert- und Tagungszentrum. Aaltos Handschrift ist erkennbar in der klaren Linienführung, in der Sorgfalt bei Natureinbindung und Materialauswahl, vom Äußeren bis hin zu den Details der Innenraumgestaltung mit Treppenläufen, Türgriffen, Sitzmöbeln und Lampen. Funktionalismus in Verbindung mit Natur und Ästhetik – diese Philosophie findet sich im abgeschrägten Dach, in der Asymmetrie des Konzertsaals, im Schwung der Geländer und Fenster, in der Wertigkeit von Material und Verarbeitung.

Mannerheimintie 13 E, Mo–Fr 9–19 Uhr, www.finlandiatalo.fi

❷ Kiasma nykytaiteen museo

Im Kiasma Museum für Gegenwartskunst ist der mit Ecken und Rundungen spielende Bau des amerikanischen Architekten Steven Holl schon ein Kunstwerk für sich. Die Wasserfläche davor lässt das Museum wie im Rund geborgen und doch klar, geradlinig und immer einladend aussehen. Das Innere kommt fast noch spannender daher, mit asymmetrischen Wänden und Fenstern, eigenwilligen Übergängen der Räume durch automatische Schiebetüren, Wendeltreppen, überraschenden Winkeln und Vorsprüngen. Dies ist das passende Ambiente für neueste Trends der bildenden Künste, jenseits der Ausrichtung und Präsentation herkömmlicher Sammlungen. Kiasma hält die Balance zwischen Malerei, Grafik, Skulptur, Installation, Multimedia-Art und Aktionskunst, zwischen in- und ausländischen Akteuren, wobei unter Letzteren russische und Künstler aus den baltischen und skandinavischen Staaten dominieren.

Mannerheiminaukio 2, So/Di 10–17, Mi–Fr 10–20.30, Sa 10–18 Uhr, www.kiasma.fi

❮❮ Wellamo

Eine kleine, ruhige kulinarische Oase ist das kleine Galerie-Restaurant mit Künstlertouch in einem schmalen, turmartigen Haus am Hang. Die Küche ist finnisch, jedoch russisch inspiriert. Vyökatu 9, Di–Fr 11–14, Di–Sa 17–23, So 13–20 Uhr, www.wellamo.fi, Tel. +358 9 66 31 39

Markant in Szene gesetzter Treffpunkt und Aussichtsplatz: die Tuomiokirkko (Dom-kirche) auf dem Senatsplatz.

❸ Senaatintori

Der Senatsplatz von Helsinki gilt ob seiner einheitlich neoklassizistischen Bebauung als einer der schönsten Plätze Europas. Ihre Bedeutung erhält die großzügige Freifläche mit den sie begrenzenden Gebäuden, weil sie das Zentrum des kirchlichen, des Verwaltungs- und Universitätslebens der Stadt repräsentiert. Noch zu Finnlands Zeiten als russisches Großfürstentum begann der deutsche Architekt Carl Ludwig Engel 1816 im Auftrag des Zaren damit, das kleine Pendant zum großen Senatsplatz in St. Petersburg als Kernstück der jungen Metropole zu planen. Über dem Platz bestimmt die Domkirche (Tuomiokirkko) das Bild, am Abschluss der breiten, 9 m hohen Freitreppe.

Alexandersgatan, www.visithelsinki.fi

❹ Temppeliaukion kirkko

Ein einzigartiger spiritueller Ort ist die Felsenkirche. Der nüchterne Betoneingang lässt nicht erahnen, welches Juwel sich dahinter verbirgt – fast mutet es an, als verstecke sich die geheiligte Stätte vor der Außenwelt. Der runde Kirchenraum wurde in den Fels hineingesprengt, überspannt von einer Kuppel aus Betonstreben, mit wellenförmig umlaufenden Fenstern und einem innen matt rötlich, außen grünlich schimmernden Kupferdach.

Lutherinkatu 3, Sept.–Mai Mo–Sa 10–17, So 11.45–17, Juni–Aug. Mo–Sa 10–17.45, So 11.45-17.45 Uhr, www.helsinginkirkot.fi

❮❮ Torni

Im markanten und geschichtsträchtigen Turm-Hotel – 14 Stockwerke, 1928 erbaut – darf der Gast auf drei in sich stimmige Interieurs gespannt sein: modern, im Stil des Art déco und vom Jugendstil inspiriert gestaltete Zimmer. Yrjönkatu 26, www.sokoshotels.fi, Tel. +358 20 123 46 04, DZ ab 150 €

Anreise

Berlin:	/////////	1:50h ✈
Frankfurt:	/////////	2:20h ✈
München:	/////////	2:20h ✈
Zürich:	/////////	2:40h ✈
Wien:	/////////	2:20h ✈

12 Tallinn

Hanse und Hightech, Mittelalter und Moderne – Tallinn verbindet spannende Gegensätze. Gegründet im Hochmittelalter war die Stadt unter dem Namen Reval eine wichtige Handelsstadt der Ostsee. Dieser Zeit entstammen die gewaltigen Befestigungsanlagen, die das Stadtbild immer noch prägen. Eigentlich umgeben die Mauern zwei Städte: In der bürgerlichen Unterstadt wohnten Hanse-Kaufleute und Handwerker, während die knapp 50 m höher gelegene aristokratische Oberstadt – der »Domberg« – dem Bischof, Ordensrittern und Adeligen vorbehalten war. Die wunderbar erhaltene mittelalterliche Altstadt ist in Tallinn mehr als nur museale Kulisse. Nachdem Estland 1991 seine Unabhängigkeit errungen hatte, katapultierten sich das Land und seine Hauptstadt mit atemberaubendem Tempo in die (westliche) Moderne. Auf dem Domberg zogen Regierung und Parlament ein, liebevoll restauriert erwachte die Unterstadt zu vitaler Geschäftigkeit und jenseits der Stadtmauern zeigt sich der Wirtschaftsboom auch architektonisch. Tallin ist »global player« in der IT, hier wurde die Software für »Skype« entwickelt und in der gesamten Altstadt ist für kostenlosen WLAN-Internetzugang gesorgt.

Beschaulich ist es im Fischerdorf Altja im Lahemaa-Nationalpark.

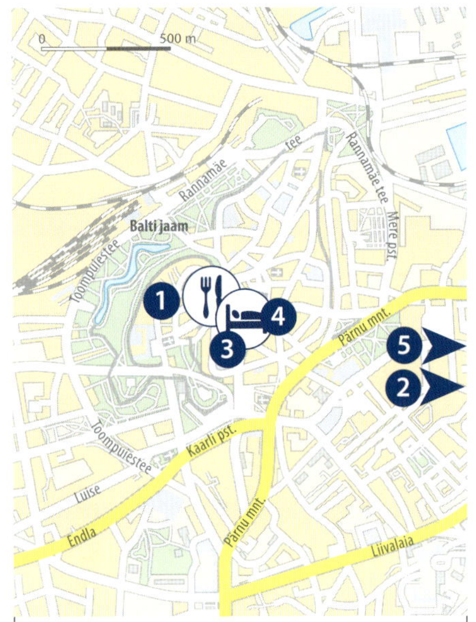

LEGENDE

1 Domkirche
2 Estnisches Kunstmuseum
3 Nikolaikirche
4 Rathausplatz
5 Schloss Katharinental

Merchant's House

Komfortables und modernes Haus mit 37 Zimmern in einem mittelalterlichen Gebäude, direkt neben dem Rathausplatz. Viele Details – Lampen, Kissen usw. – wurden speziell für das Interieur des Hotels gestaltet. Witziges Detail: An der »Ice Bar« kann man seinen Wodka in einer Eisschicht versenken. Dunkri 4/6, www.merchantshousehotel.com, Tel. +372 6 97 75 00, DZ ab 79 €

1 Domkirche

Mittelpunkt des Dombergs (Toompea) ist die Domkirche (Toomkirik), eine der ältesten Kirchen des Landes. Ihr Erscheinungsbild ist spätgotisch, doch schon im 13. Jh. wurde hier für die deutsche Ritterschaft die Messe gelesen. Das Innere birgt wertvolle Kunstschätze, unter denen die Grabmäler mit lebensgroßen Figuren der Verstorbenen und die Wappenschilde des deutschbaltischen Adels herausragen. Den schönsten Blick auf Tallinn genießt man vom 69 m hohen barocken Glockenturm auf die roten Dächer der Unterstadt, die Kirchtürme und den Hafen.

Toom-Kooli 6, Juni–Aug. tgl. 9–18, Mai/Sept. 9–17, Apr./Okt. 9–16, Nov.–März 9–15 Uhr, www.toomkirik.ee

2 Estnisches Kunstmuseum

2006 wurde Estlands neues nationales Kunstmuseum eröffnet, ein eigenwilliger, scharfkantiger, futuristisch anmutender Bau des finnischen Architekten Pekka Vapaavuori. Auf drei Ebenen des KUMU ist Kunst aus verschiedenen Zeiträumen zu sehen: estnische Werke vom frühen 18. Jh. bis zum Zweiten Weltkrieg und aus der Sowjetzeit sowie zeitgenössische estnische und internationale Kunst. Besonderer Wert wird auf eine multimediale, auf unterschiedliche Altersgruppen eingehende Kunstvermittlung gelegt.

Weizenbergi 34, Apr.–Sept. Di–So 11–18, Okt.–März Mi–So 11–18, Mi jeweils bis 20 Uhr, www.kumu.ee

3 Nikolaikirche

Die Nikolaikirche (Niguliste kirik) wurde im 13. Jh. von deutschen Kaufleuten und Handwerkern erbaut. Heute dient sie als Konzertsaal und als Zweigstelle des Estnischen Kunstmuseums, in der sakrale Kunst des Mittelalters gezeigt wird. Glanzstücke sind der Hauptaltar vom Lübecker Meister Hermen Rode und ein Fragment des »Totentanzes« von Bernt Notke, beide aus dem 15. Jh.

Niguliste 3, Mi–So 10–17 Uhr, www.nigulistemuuseum.ee

4 Rathausplatz

Der Rathausplatz ist das pulsierende Zentrum der Altstadt. Auf ihm finden u. a. Open-Air-Konzerte, die Altstadttage (eine Art mittelalterlicher Karneval) und der Weihnachtsmarkt statt. Beherrscht wird der Platz vom spätgotischen Rathaus (Raekoda), das eindrucksvolle Wasserspeier in Form von Drachenköpfen besitzt. Von der Aussichtsplattform des

Beste Reisezeit

Mit gutem Wetter ist von Mai bis September zu rechnen, wobei die weißen Dämmernächte rund um die Sommersonnenwende am 24. Juni ein besonderes Naturschauspiel bieten. Im Winter hingegen besticht Tallinn durch sein umfangreiches Kulturprogramm.

Ein perfektes Zusammenspiel aus Architektur, minimalistischem Interieur und den Kunstwerken kann man im KUMU erleben.

Turms bietet sich ein schöner Rundblick. Die Turmspitze ziert seit dem 16. Jh. ein Wahrzeichen – der Alte Thomas (Vana Toomas), eine Wetterfahne in der Form eines Landsknechts. Rund um den Rathausplatz befinden sich einige der schönsten gotischen Fassaden der Stadt, darunter die Ratsapotheke aus dem 15. Jh., die älteste noch betriebene Apotheke Europas.

Raekoja plats, Aussichtsplattform: Mai–Mitte Sept. tgl. 11–18 Uhr, www.tallinn.ee/raekoda

 **Schloss Katharinental**

Das Schloss (Kadriorg), 3 km östlich von Tallinns Altstadt, gilt als schönstes Beispiel estnischer Barockarchitektur. Peter der Große ließ es 1718–1736 als Sommerresidenz für seine Gattin Katharina errichten. Die Entwürfe gehen auf den italienischen Architekten Niccoló Michetti zurück.

 **Rataskaevu 16**

Das Restaurant ist bei Einheimischen und Touristen beliebt. In den gemütlichen Räumen und auf der Hinterhof-Terrasse kann man sich u. a. selbstgebackenes Brot und Elchfleisch schmecken lassen. Rataskaevu 16, So–Do 12–23, Fr/Sa 12–0 Uhr, www.facebook.com/ Rataskaevu16, Tel. +372 6 42 40 25

Heute beherbergt der herrschaftliche Bau ein Kunstmuseum mit Sammlungen westeuropäischer und russischer Kunst.

Weizenbergi 37, Mai–Sept. Di–So 10–17, Okt.–Apr. Mi–So 10–17, Mi jeweils bis 20 Uhr, www.kadriorumuuseum.ee

Lahemaa-Nationalpark

In eine ganz andere Welt entführt ein Tagesausflug in den Lahemaa-Nationalpark. Dichte Nadelwälder und einsame Moore prägen seine Landschaft. Außer Reihern, Kranichen und Störchen sind hier viele Wasservogelarten heimisch; mit etwas Glück kann man auch Braunbären, Luchsen oder Elchen begegnen. Charakteristisch für Lahemaa sind die an der Küste verstreuten Findlinge; es gibt aber auch schöne Sandstrände, so etwa bei Võsu. Ursprüngliche Fischerdörfer wie Altja liegen ruhig am Meer. Die architektonische Hauptattraktion des Nationalparks sind die gut erhaltenen deutschbaltischen Herrensitze. Wer kein Auto dabei hat, kann geführte Tagestouren buchen.

80 km westlich von Tallinn, www.keskkonnaamet.ee

Anreise

Berlin:		1:40 h ✈
Frankfurt:		2:20 h ✈
München:		4:00 h ✈
Zürich:		4:00 h ✈
Wien:		4:00 h ✈

13 Riga

Riga vereint ganz unterschiedliche Traditionen zu einer reizvollen Melange. Die Altstadt mit ihrer Backsteingotik erinnert daran, dass die Metropole vor 800 Jahren von einem Bremer Domherrn gegründet wurde. Dom, Rathaus und Gildehäuser muten höchst norddeutsch an. Einen wunderbaren Überblick hat man (nach bequemer Fahrstuhlfahrt) vom Turm der Petrikirche. Auch der »neustädtische« Teil des Zentrums ist zu sehen. Hier beeindrucken Jugendstil-Ensembles und prachtvolle Repräsentationsbauten, die um die vorletzte Jahrhundertwende herum zu Rigas Ruf als »Paris des Nordens« beitrugen. Ein Bild des zaristischen Russlands vermitteln dagegen die alten Holzhäuser der »Moskauer Vorstadt«, wo im 19. und frühen 20. Jahrhundert vor allem Russen und Juden lebten. Ein Hochhaus im stalinistischen Zuckerbäckerstil – die Rigaer sprechen von »Stalins Geburtstagstorte« – dokumentiert auch die sowjetische Herrschaft. Seit die Letten mit ihrer »singenden Revolution« die Unabhängigkeit errangen, sind alle Sphären des historischen Riga zu neuem Leben erwacht: Die Altstadt ist restauriert, in der Neustadt entfalten sich Museen und die Moskauer Vorstadt boomt als Szeneviertel. Mutige Projekte der Stadtentwicklung signalisieren, dass Riga als größte Stadt des Baltikums nicht stehen bleibt. So entstand am Düna-Ufer ein Neubau der Nationalbibliothek, dessen dreieckige Silhouette schon zum neuen Wahrzeichen der Stadt geworden ist. »Schloss des Lichts« wird er genannt. Riga leuchtet.

Abendstimmung
am Rathausplatz:
rechts das prunkvolle
Schwarzhäupterhaus.

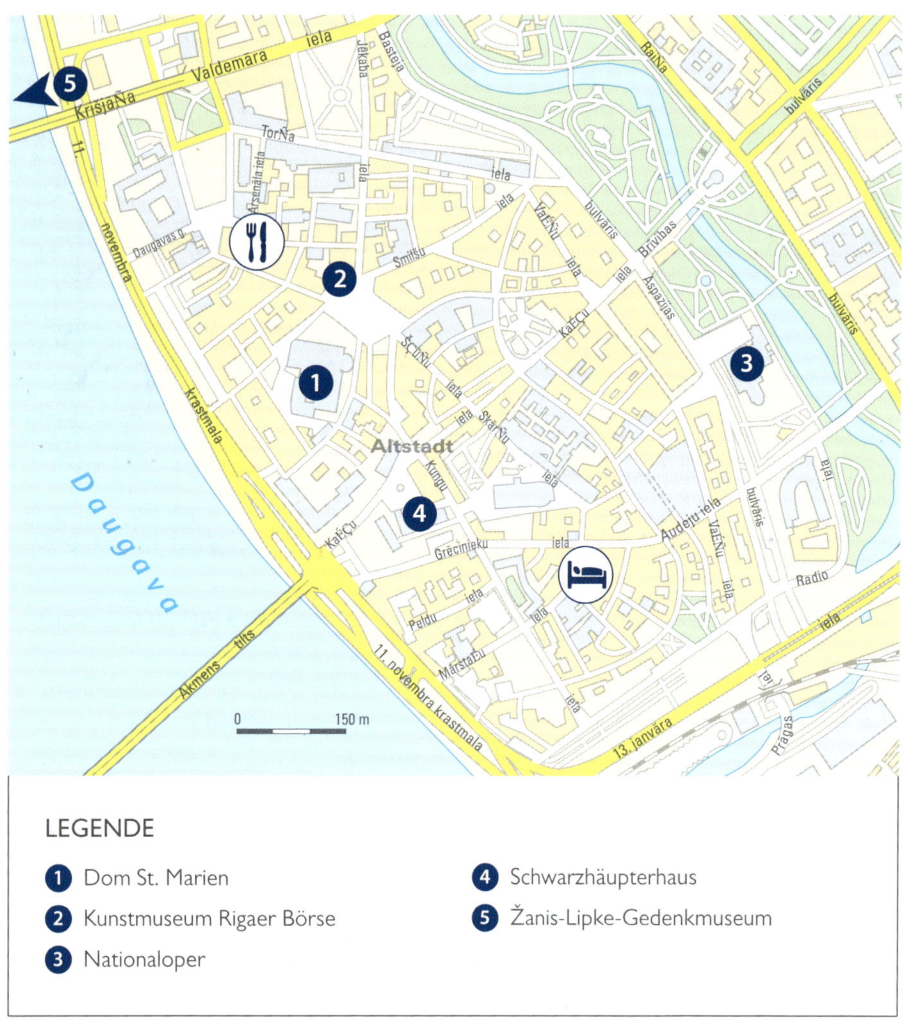

LEGENDE

① Dom St. Marien

② Kunstmuseum Rigaer Börse

③ Nationaloper

④ Schwarzhäupterhaus

⑤ Žanis-Lipke-Gedenkmuseum

 Vecmeita ar kaķi

In der »Jungfrau mit der Katze« sitzt man bei lettischen Speisen in angenehmer folkloristischer Atmosphäre. Im kleinen Kellerlokal gegenüber des Schlosses werden u. a. gute, preiswerte Salate und frische Rigaer Heringe serviert.
Mazā pils 1, tgl. 11–23 Uhr,
Tel. +371 67 32 50 77

hin zu Elementen des Jugendstils (westliche Vorhalle). Eine Besonderheit des Doms sind seine Glasfenster und die Orgel. Der sächsische Historienmaler Anton Dietrich wurde 1889 mit dem Entwurf der Fenster beauftragt. Die Orgel, 1884 von der Ludwigsburger Firma E. F. Walcker gebaut, galt mit ihren 6700 Pfeifen als technisch perfekt und war seinerzeit die größte der Welt.

Doma laukums 1

② Kunstmuseum Rigaer Börse

In der ehrwürdigen Börse aus dem Jahr 1856, die wie ein venezianischer Renaissancepalazzo anmutet, ist 2011 zum 810. Geburtstag der Stadt das Museum für Ausländische Kunst eröffnet worden. Hier werden eine sehenswerte Sammlung altägyptischer Kunst, Kunst der Antike, Werke der deutschen Romantik, wie etwa Landschaften von Carl Friedrich Lessing, und zauberhafte, fast unbekannte Arbeiten des belgischen Jugendstils gezeigt. In der Expositionshalle im Erdgeschoss

Beste Reisezeit

Eine gute Gelegenheit, mit den Letten zu feiern, bietet sich beim Mittsommerfest Līgo und Jāņi. Traditionell wird ein besonderes Brot gebacken, der Johanniskäse mit Kräutern gehört dazu. Und natürlich das Johannisfeuer.

① Dom St. Marien

Der Dom zu Riga ist der größte Sakralbau des Baltikums und aufgrund seines Alters sowie seiner architektonischen Substanz auch einer der bedeutendsten. Die unterschiedlichen Baustile reichen von der Romanik (Chor, Kreuzgang) und Gotik (Nordportal) über den Barock (Turm, Kanzel mit ihren Holzschnitzereien) bis

werden wechselnde Ausstellungen veranstaltet, die versprechen, zu Publikumsmagneten zu werden, so z. B. eine Schau der russischen Avantgarde der 1920er-Jahre aus St. Petersburg oder wertvolle Porzellansammlungen aus Prag.

Doma laukums 6, Di–So 10–18, Fr bis 20 Uhr, www.lnmm.lv

❸ Nationaloper

Die Oper, von Rigas Einwohnern gerne liebevoll das »Weiße Haus« genannt, ist das Nationalheiligtum der Letten. Der umtriebige Intendant Andrejs Žagars trägt viel zum internationalen Renommee des Hauses bei, ebenso der Regisseur Viesturs Kairišs, dem eine große Karriere in Oper und auch Film vorausgesagt wird.

Aspazijas bulv. 3, www.opera.lv

 ## Radi un Draugi

Das Hotel ist ein traditionsreicher Familienbetrieb. In den letzten Jahren hat der Zuspruch vieler zufriedener Gäste dazu geführt, dass drei weitere Häuser in der Straße angemietet und in komfortable Herbergen umgewandelt wurden.
Mārstaļu 3, www.draugi.lv,
Tel. +371 67 82 02 00, DZ ab 60 €

Bevor die ersten Töne erklingen, beeindruckt bereits der opulent gestaltete Innenraum der Nationaloper.

❹ Schwarzhäupterhaus

Das Haus wurde 1334 als Versammlungs- und Festgebäude errichtet und vielfach umgebaut, bevor es im 17. Jh. von der Compagnie der Schwarzen Häupter übernommen wurde – einer einflussreichen Gilde, die vorwiegend aus deutschen, unverheirateten Kaufleuten bestand. Ihren Namen leiteten sie von ihrem Schutzpatron, dem hl. Mauritius, einem schwarzen Märtyrer aus Afrika, her. Seit 2012 können Besucher das herrschaftliche Bauwerk, eines der Wahrzeichen von Riga, nur noch von außen bewundern, da in naher Zukunft der lettische Präsident hier seinen Amtsgeschäften nachgehen wird. Ein Glück, dass ein Schmuckstück an der Außenfassade prangt: die eindrucksvolle Astronomische Uhr, die die Tierkreiszeichen, die Mondphasen, die Uhrzeit sowie das Datum anzeigt.

Rātslaukums 7, www.melngalvjunams.lv

❺ Žanis-Lipke-Gedenkmuseum

Auf der am Ufer der Daugava gelegenen Insel liegt ein spezielles Museum: zum Gedenken an Žanis Lipke, der während der Nazizeit in einem Bunker an die 60 Juden vor den Gaskammern rettete. Das dreistöckige Museum wurde als ein Ort der Besinnung konzipiert, eine schlichte Konstruktion aus Holzplanken und Glas.

Mazais Balasta dambis 8, Di–Fr 12–18, Sa, So 13–16 Uhr, www.lipke.lv

14 Sankt Petersburg

Dostojewski nannte sie »die ausgedachteste Stadt der Welt«. Imaginativ, unwahrscheinlich und einzigartigartig ist Sankt Petersburg stets gewesen, seit Zar Peter der Große sich die neue Hauptstadt seines Reiches »ausdachte«. Auf Dutzenden Inseln im sumpfigen Mündungsgebiet der Newa in die Ostsee entstand Anfang des 18. Jahrhunderts eine im wahrsten Sinne phantastische Stadt-Inszenierung: Russlands »Fenster nach Europa«. Daher gleicht Petersburg einem Mosaik europäischer Städte – mit unverkennbaren russischen Farbtupfern. Breite, kilometerlange Uferstraßen säumen die Wasserläufe, imposante Brücken münden in imperiale Plätze. Prachtvolle Boulevards wie der legendäre »Newski Prospekt« nehmen dort ihren Anfang, opulente Adelspalais reihen sich aneinander und orchestrieren eine klassizistisch-strenge und doch schwelgerische Architektur-Symphonie. Kein moderner Hochhaus-Misston stört bis heute das majestätische horizontale Panorama der Stadt. Petersburg hat Revolutionen, Weltkriege und Schrecken des 20. Jahrhunderts überstanden – und seine »Leningrader« Jahrzehnte weit hinter sich gelassen. Heute verbinden sich die Schätze der Zarenzeit mit pulsierenden, ambitionierten Großstadtrhythmen zu neuem Charme; die Stadt ist Reminiszenz an verwirklichte Zarenträume, aber vor allem auch eine junge Metropole voller Leben. Nicht nur der Stadtgründer hatte hochfliegende Pläne, auch die jüngste Generation der Petersburger will hoch hinaus. In den alten Palästen am »Newski« denkt man sich ständig neue Träume aus.

Das Bernsteinzimmer, »achtes Weltwunder« im Katharinenpalast.

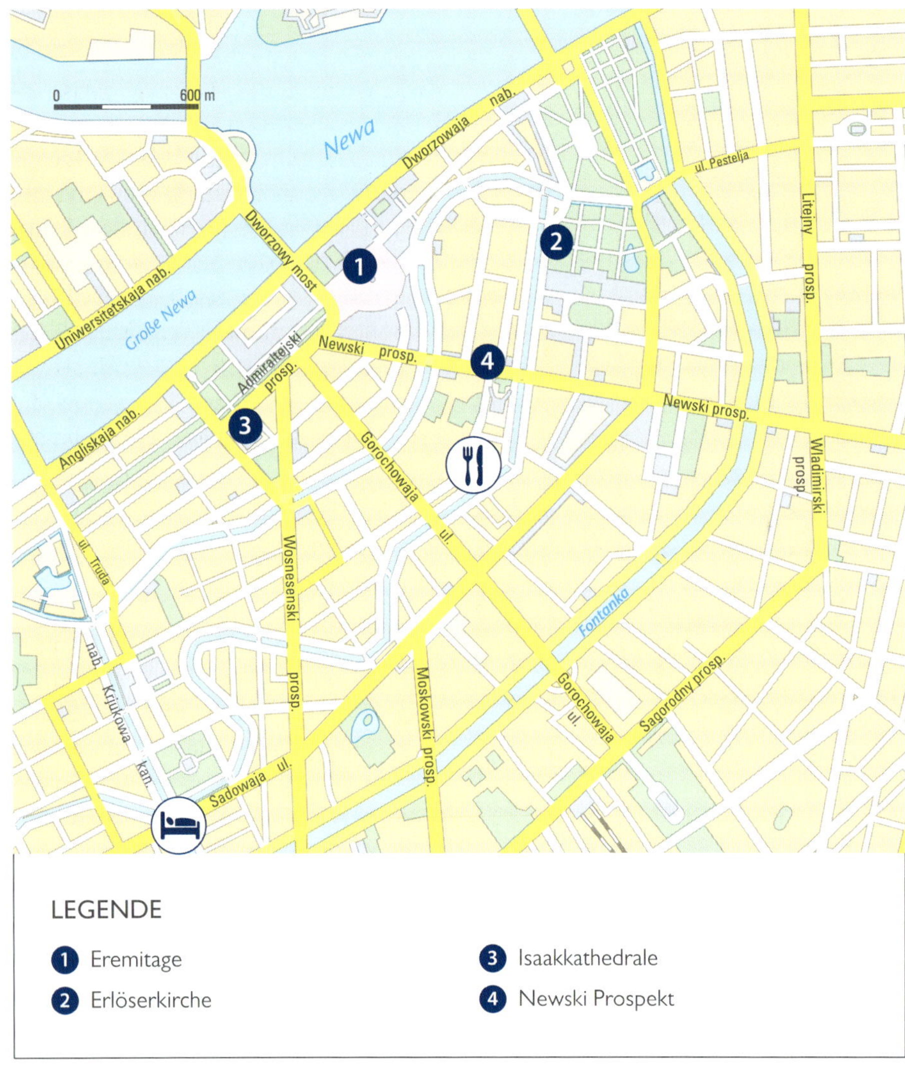

LEGENDE

1. Eremitage
2. Erlöserkirche
3. Isaakkathedrale
4. Newski Prospekt

 **Pif-Paf Bar**

Am Gribojedow-Kanal führen ein paar Stufen hinunter in die Pif-Paf Bar. Die Cocktailauswahl ist gut, es gibt Burger auf ungewöhnliche Art: vegetarisch oder mit Foie gras (!). Sehr stylish, sehr schick! nab. kanala. Gribojedowa 31, tgl. 14 Uhr bis zum letzten Gast, www.pifpafbar. com, Tel. +7 812 312 62 27

ken über die Ägyptische Sammlung und Beispiele der chinesischen Kunst bis zur atemberaubenden Sammlung westeuropäischer Kunst aus sieben Jahrhunderten mit allein 25 Bildern von Rembrandt.

Dworzowaja nab. 32–36, Di–So 10.30–18, Mi bis 21, www.hermitagemuseum.org

2 Erlöserkirche

Die »russischste« aller Petersburger Kirchen – die Erlöserkirche, auch Christi-Auferstehungs-Kathedrale oder »Erlöserkirche auf dem Blute« genannt – fesselt mit ihrer Farbenpracht. Zar Alexander III. ließ sie an dem Ort errichten, an dem sein Vater, Alexander II., 1881 bei einem Bombenanschlag einer radikalrevolutionären Gruppe ums Leben kam. Mit dem altrussischen Baustil, der so gar nicht ins westeuropäisch geprägte Petersburg passt, wollte er ein Zeichen gegen die Verwestlichung setzen.

Nab. kanala Gribojedowa, Do–Di 10.30 bis 18 Uhr, www.cathedral.ru/spasa_na_krovi

Beste Reisezeit

Besonders schön ist die Zeit der Weißen Nächte im Juni, wenn es nur für eine knappe Stunde dämmert. Museenliebhaber sollten im Winter fahren, dann gibt es kürzere Schlangen.

1 Eremitage

Für Kunstfreunde ist sie allein schon ein Grund für eine Petersburg-Reise. Der Museumskomplex erstreckt sich über sechs Gebäude und beherbergt mehr als drei Millionen Exponate, von der Kunst und Kultur der Skythen, der »Taurischen Venus« und anderen römischen Plasti-

3 Isaakkathedrale

Zwischen Senatsplatz und Isaakplatz erhebt sich die Isaakkathedrale (Isaakajewski sobor), der drittgrößte sakrale Kuppelbau der Welt. Diese aus rotem Granit und grauem Marmor errichtete, 111 m lange, 97 m breite und knapp 102 m hohe Kathedrale lässt förmlich alle umliegenden Gebäude schrumpfen. Sie war von Anbeginn ein Werk der Superlative: 24 000 Baumstämme benötigte der französische Baumeister Montferrand, um ein festes Fundament im sumpfigen Untergrund zu schaffen. 14 000 Menschen finden in der Kirche Platz. Der lange Aufstieg zu den Kolonnaden unter der mattgoldenen Kuppel wird mit einem einmaligen Panoramablick auf die Stadt belohnt. Von dort erschließen sich die harmonischen Proportionen des Isaakplatzes. In dessen Mitte steht die Reiterskulptur Nikolaus I., das südliche Ende begrenzt das Marien-Palais.

Isaakijewskaja pl., Kathedrale: Do–Di 10.30–18, Mai–Sept. bis 22.30 Uhr, Kolonnaden: tgl. 10.30–18, Mai–Okt. bis 22.30, Juni bis Aug. bis 4.30 Uhr, www.cathedral.ru

Alexander House

In diesem Palais aus dem 19. Jh. gleicht kein Zimmer dem anderen. Nach Städten wie Paris, London oder Köln benannte Zimmer geben sich großstädtisch elegant, andere verzaubern mit asiatischem Charme.
nab. Krjukowa kan. 27, www.a-house.ru, Tel. +7 812 334 35 40, DZ ab 125 €

Eine Extraportion Glück gibt's angeblich durch das Berühren der Greifenflügel auf der Bankbrücke mit Blick auf die Erlöserkirche.

4 Newski Prospekt

Prachtmeile und Lebensader zugleich: Gesäumt von Palästen, Kirchen und Jugendstilbauten, erzählt der Boulevard vom Glanz des Adels und den Hoffnungen des Bürgertums. Von der Admiralität bis zum Alexander-Newski-Kloster bietet er die schönste Kulisse zum Flanieren. Der russische Schriftsteller Nikolai Gogol setzte dieser 4,5 km langen und bis zu 60 m breiten Hauptstraße mit seiner berühmten Novelle »Newski Prospekt« ein Denkmal: »Es gibt nichts Schöneres als den Newski-Prospekt, wenigstens nicht in Petersburg.«

5 Bernsteinzimmer

Die Geschichte liest sich kurz gefasst so: 1717 ließ Peters Frau Katharina den Katharinenpalast errichten, den ihre Tochter Elisabeth I. durch Rastrelli prunkvoll ausbauen ließ. Unter Katharina II. wurde ihm der letzte luxuriöse Schliff gegeben und der Park im Süden angelegt. Das legendäre Bernsteinzimmer erhielt 1716 Zar Peter I. von Friedrich Wilhelm I. als Gegengeschenk für dessen Elitetruppe. Zuerst war es im Winterpalais untergebracht, bis Zarin Elisabeth es im Katharinenpalast installieren ließ. Fast 200 Jahre war es dort zu bewundern, bis es die Deutschen 1941 nach Königsberg transportierten. Dort verschwand das Bernsteinzimmer vier Jahre später spurlos. Seit 1976 bemühten sich russische Restaurateure um die originalgetreue Nachbildung des »achten Weltwunders«, doch die Arbeiten gingen zunächst nur schleppend voran. Aber seit Ende der Neunziger konnte mit deutscher Hilfe die Rekonstruktion bis zum 300. Stadtgeburtstag 2003 vollendet werden.

25 km südlich von St. Petersburg, Sadovaya ulitsa 7, Zarskoje Selo, Mo 12–20, Mi–So 12–19 Uhr, www.tzar.ru

55

Mittel- und Osteuropa

»Die Reise ist der Mai,
der alles neu macht.«

Thomas Mann

15 Sylt

Junge, Alte, Prominente, Unbekannte, Nobelschlittenbesitzer, Radfahrer: Die unterschiedlichsten Leute zieht es nach Sylt und keineswegs nur in der Hochsaison. Sie kommen auch im Februar zum Biike-Brennen, zu Ostern, wenn die Rosensträucher erste Blätter zeigen, im Juni, wenn die Nächte kurz und hell sind, im Oktober, wenn die Insel aufatmet, weil die Flut der Urlauber abgeflaut ist, im November, wenn die Strände leer sind und das Meer tobend mit seinen Kräften spielt, und dann zu Weihnachten und Silvester, wenn alles feiert. Wer eher bäuerliche Abgeschiedenheit sucht, geht gern nach Archsum oder Morsum; wer ein schönes Dorf mit Blumengärten bevorzugt, nach Keitum; wer die raue Nordsee spüren mag, nach Rantum oder Wenningstedt, und wem zudem nach prallen Partys ist, nach Kampen. Nördlicher als List ist kein Ort Deutschlands und auf Sylt nichts südlicher als Hornum. Wer urbanes Flair will, wählt Westerland. Sylt vermag die Sehnsucht nach etwas zu wecken, das es so nur hier gibt. Diese Mischung aus Wind und Weite, die den Kopf frei macht: beim Blick etwa vom Rotem Kliff aufs Meer, das schier unendlich scheint. Diese Sehnsucht, einmal erwacht, kann sich nur erfüllen, wer eines Tages, bald, den Hindenburgdamm wieder westwärts vor sich hat.

LEGENDE

1. Altfriesisches Haus
2. Kampen
3. Rotes Kliff
4. Sylter Sahara
5. Uwe-Düne
6. Das Watt

① Altfriesisches Haus

In diesem 1739 erbauten Friesenhaus lebte der große Chronist Sylts, Christian Peter Hansen (1803–1879), der das Gebäude 1850 kaufte und dessen umfangreiche heimatkundliche Sammlung von prähistorischen Funden, kunsthandwerklichen Arbeiten, Gebrauchsgegenständen und Schmuck auch den Grundstock für das heutige eindrucksvolle Museum bildet. Von unten bis oben ist das Haus im Stil der Wende vom 18. zum 19. Jh. möbliert und gibt so einen plastischen Eindruck von der altfriesischen Wohnkultur: vom Hausrat in der Küche über den Dreschflegel im Flur bis zum Feuerlöscheimer, der in der damaligen Zeit zwangsläufig zu jedem Gebäude gehörte.

Am Kliff 13, Keitum, Mo–Fr 10–17, Sa/So 11–17 Uhr, www.soelring-foriining.de

② Kampen

Kampen ist ein Paradoxon, ein Dorf der Gegensätze, in dem fast alles möglich ist. Die Gemeinde zählt etwa 600 Bürger, die

Beste Reisezeit

Am 21. Feb. werden in der Dunkelheit die Biiken, Scheiterhaufen aus Strandgut und Weihnachtsbäumen mit einer Stoffpuppe als Symbol des Winters obendrauf, verbrannt. Nach dem Feuer wird Grünkohl gegessen. Die sonnigste Reisezeit jedoch ist von Mai bis Sept.

 ### La Grande Plage

In dem auf Stelzen gebauten Holzhaus kann man vom Frühstück bis zum letzten Drink auf der Terrasse sitzen und den Blick genießen. Die Küche serviert einfache und auch raffiniertere Gerichte. Riperstig/Weststrand, Kampen, März bis Dez. tgl. 11–24 Uhr, www.grande-plage. de, Tel. +49 4651 88 60 78

Zahl der Gästebetten ist viermal so hoch. Kaum ein anderer europäischer Ort hat auf so kleiner Fläche so viele Nobel-Lokale, Luxus-Boutiquen und (zumindest im Sommer) Edel-Limousinen zu verzeichnen. Andererseits bietet Kampen auf ebendieser Fläche einen atemberaubenden Reichtum an Naturerlebnissen, gewissermaßen einen kondensierten Querschnitt durch die unterschiedlichen Landschaftsformen von Sylt: Brandungszone, Strand und Kliff, Dünen und Heideflächen, Wattwiesen und Watt. Außerhalb der Saison wirkt das Dorf fast verlassen, und der einsame Wanderer kann die »erfrischende Melancholie«, die Thomas Mann einst in Kampen verspürte, nachempfinden.

www.kampen.de

③ Rotes Kliff

Bis zu 30 m hoch ist die dramatische Steilküste einer der landschaftlichen Höhepunkte Sylts, der bei jeder Sturmflut weiter angefressen wird. Von hier aus erlebt man ein doppeltes Naturschauspiel:

Das Altfriesische Haus erzählt alles über Sylt und seine Bewohner, v. a. des 18. und 19. Jh., dem »Goldenen Zeitalter« der Seefahrer.

auf der einen Seite die tosende Brandung der Nordsee, auf der anderen die atemberaubende Dünenwelt. Das Kliff ist ein beliebter Treffpunkt zum Sonnenuntergang, z. B. am Leuchtturm »Christian«.

Zwischen Kampen und Wenningstedt

 **4 Sylter Sahara**

Fast kommt man sich vor wie in der richtigen Sahara, wenn man sich den einzigen Wanderdünen Deutschlands nähert. Die größte ist 1 km lang und fast 30 m hoch. Im Herbst und Winter treibt der Sturm den losen weißen Quarzsand an der Luvseite in die Höhe und lagert ihn auf der Leeseite ab, die Düne »wandert« so immer weiter nach Osten. Dieses ist das einzig wirklich naturbelassene Gebiet der Insel.

Südwestl. von List

 **Friesenhof**

Auf einem parkähnlichen Gelände, 5 Min. zu Fuß vom Strand entfernt, befindet sich der familiengeführte Gasthof Friesenhof mit komfortablen Ferienwohnungen und Hotelzimmern.
Hauptstraße 26, Wenningstedt,
www.sylt-friesenhof.de,
Tel. +49 4651 94 10, DZ ab 140 €

5 Uwe-Düne

Auf bequemen 115 Stufen gelangt man auf den höchsten (52,5 m) und schönsten Aussichtspunkt der Insel, benannt nach dem Sylter Freiheitskämpfer Uwe Jens Lornsen. An klaren Tagen ist vom »Gipfel« des grasbewachsenen Sandbergs ein Rundblick über ganz Sylt und bis Amrum, Föhr und Dänemark möglich.

1 km westlich von Kampen, www.kampen.de

6 Das Watt

Was gibt es Schöneres, als eine spektakuläre Landschaft zu Fuß zu entdecken? Das Wattenmeer zwischen der Ostseite der Insel und dem Festland ist ein einzigartiger Naturraum, dessen zyklisch vom Wasser eingenommene und wieder freigegebene Schlick- und Sandfläche sich über zehn bis 30 km Breite erstreckt. Seit 1985 wird es

als Nationalpark Schleswig-Holsteinisches Wattenmeer geschützt, trotzdem darf man in der Nähe des Ufers wandern. Am leichtesten ist dies am breiten, festen Strand bei Ebbe. Dann muss man nicht durch den Sand stapfen, sondern geht leichtfüßig nah am Flutsaum entlang. Empfehlenswert ist ein kundiger Wattenführer, der nicht nur die Gezeiten, sondern auch die vielen verschiedenen Tierarten kennt.

Ostseite von Sylt, Gezeitenkalender in den Kurverwaltungen und unter www.sylt.de

Anreise

Berlin:		5:11 h
Frankfurt:		7:06 h
München:		1:30 h
Zürich:		1:35 h
Wien:		4:00 h

16 Rügen

Feine Sandstrände, weite Wiesen, Wälder, aus denen Schlösser lugen, kreideweiße Steilküsten und viel Sonne, Wind und Meer. Rügen (1000 km², 574 km Küste) besteht aus 30 Halbinseln und Inselchen, Nehrungen, Bodden und Buchten, gruppiert um das Kernland. Erst die Romantiker machten Rügen zum Reiseziel. Aus ihren Bildern und Gedichten erwuchs ein deutscher Sehnsuchtsort. Doch nur Frühaufsteher erleben die geheimnisvollen Kreideklippen, rosa schimmernd am Morgen, schneeweiß in der Sonne, fast grau im Abendschatten, still und menschenleer. Etwa so, wie Caspar David Friedrich sie einst malte. In den Seebädern laden Seebrücken zum Spazieren aufs Meer. Im Hafen von Lauterbach laden Fischer frische Fische aus, der Duft der Räuchertonnen macht Appetit. Die flachen Boddengewässer im Westen sind ideales Surfrevier – bis sich im Herbst Scharen von Kranichen sammeln für den Weiterflug. Ab 1810 entstand Putbus als Europas letzte Residenzstadt. Architektonisch reizvoll ist auch Binz, als mondäner Badeort von früher mit luxuriös renovierten Hotels. Während das kleine Hiddensee wie ein Seepferdchen vor Rügen liegt und eisern seine Traditionen pflegt: nur vier Dörfer, autofrei, kaum Straßen. So hat es sich seinen Zauber als Sommerfrische bewahrt.

LEGENDE

1 Dokumentationszentrum Prora
2 Groß Zicker
3 Hiddensee
4 Kap Arkona
5 Königsstuhl

Rasender Roland

Der Rasende Roland ist nicht nur eine Kleinbahn durch die Granitz, sondern auch ein schmuckes Restaurant im Bahnhofgebäude, in dem man in einer Art Zugabteil oder auf der Terrasse sitzt. Bahnhofstr. 54, Binz, tgl. 11–22 Uhr, www.restaurant-rasender-roland.de, Tel. +49 38393 13 49 70

gleitende Wechselausstellungen widmen sich Themen zu Geschichte, Architektur, Kunst, Natur und Politik.

Objektstraße, Block 3/Querriegel, Prora, März–Mai und Sept./Okt. tgl. 10–18, Juni bis Aug. 9.30–19, Nov. 10–16, Feb. 10–17 Uhr, www.proradok.de

2 Groß Zicker

In Rügens vielleicht schönstem Dorf hat die Bauform mit Reetdächern aus Schilfrohr, das hier an den Uferrändern wächst, überlebt. Das Handwerk wurde über Generationen weitervermittelt. Besonders ins Auge fällt das Pfarrwitwenhaus, 1723 als »Zuckerhuthaus«, ohne Schornstein mit hohem, spitzem Dach, erbaut. Mittellose Pfarrwitwen erhielten hier Unterkunft, seit 1988 ist es Museum. Offen steht auch die Tür der gotischen Kirche, des ältesten Gebäudes auf der Halbinsel Mönchgut.

Pfarrwitwenhaus: Dorfstr. 21, Ostern–Mai und Okt. tgl. 10–17, So ab 13, Juni/Sept. bis 18, Juli/Aug. bis 19 Uhr, www.ruegen.de

Beste Reisezeit

Nicht entgehen lassen sollte man es sich, wenn von Juni bis August Seeräuber und Rüganer Kind Klaus Störtebeker während der Störtebeker-Festspiele die Naturbühne am großen Jasmunder Bodden von Ralswiek erstürmt.

1 Dokumentationszentrum Prora

Die Dauerausstellung MACHTUrlaub, die während des Programms Kultur 2000 mit Partnern aus Polen, Tschechien, Österreich und Holland erarbeitet wurde, zeigt die Geschichte des als »Koloss von Rügen« verbrämten ehemaligen Seebades der Nationalsozialisten, u. a. mit historischen Filmen und Zeitzeugen-Interviews. Be-

Der Königsstuhl erinnert an »Kreidefelsen auf Rügen« (um 1818) von Caspar David Friedrich.

ten Inselpunkt Gellort laufen. Noch ein Stückchen weiter, und man kommt zum Granitfindling Söbensniedersteen, so groß, dass sieben Schneider darauf Platz haben sollten.

www.kap-arkona.de

Hiddensee

Ein autofreies Idyll mit nur vier Dörfern – Vitte, Neuendorf, Kloster und Grieben – sowie Trampelpfaden statt Straßen. Hast entsteht nur dann, wenn Tagesausflügler ein Fahrrad oder abends die Fähre ergattern wollen. Per Rad lässt sich die Insel Hiddensee an einem halben Tag vom einsamen Süden bis zum Hügelland Dornbusch im Norden erkunden. Traumhafte Sicht verspricht der berühmte Leuchtturm,

Kaufmannshof

Wo Paul Hermerschmidt 1906 mit Kolonialwaren und Delikatessen handelte, wird drei Generationen später ein Hotel mit vielen netten Details betrieben, das günstig mitten in der Altstadt liegt.
Bahnhofstr. 6–8, Bergen,
www.kaufmannshof.de,
Tel. +49 3838 804 50, DZ ab 90 €

100 Stufen über 100 m über Normalnull hoch. Am schönsten ist es im Spätsommer, wenn die Sonne noch wärmt und das Wasser zum Baden einlädt, die Kraniche kommen und die Radwege einsam sind.

www.seebad-hiddensee.de

 Kap Arkona

Am Standort des slawischen Burgwalls, an dem die Ranen im 6. Jh. die Jaromarsburg mit dem Tempel für ihren vierköpfigen Gott Svantevit bauten, sind kaum mehr Reste des Burgwalls auszumachen. Zu sehen sind der ehemalige Funkpeilturm der Kriegsmarine, heute ein Ausstellungszentrum, und ein Stück entfernt zwei Leuchttürme, wovon der höhere noch in Betrieb ist. Von der Aussichtsplattform des kleineren Backsteinturms sieht man, bei klarer Sicht, bis hinüber zur Insel Møn. Gegenüber kann man zum Strand hinuntersteigen oder bis zum nördlichs-

Königsstuhl

Wer die Kreideküste nicht besucht hat, hat Rügen nicht gesehen. V. a. den Felsvorsprung Königsstuhl, rosig im Morgenlicht und dann schneeweiß. Keine noch so schöne Postkarte gibt annähernd die Wirklichkeit wieder. Im 2500 ha großen Nationalpark Jasmund durchziehen wunderschöne Wanderwege und Hochuferpfade mit immer neuen Ausblicken das Gebiet voller Quellen, Seen, Moore, Eschen und Erlen.

4 km nördl. von Sassnitz,
www.nationalpark-jasmund.de

17 Hamburg

Wie kaum eine andere Metropole in Europa ist Hamburg vom Wasser geprägt. Fleete und Kanäle durchziehen die Stadt, in der es mehr Brücken gibt als in London und Venedig zusammen. Der Hafen, Europas drittgrößter, gilt als Deutschlands »Tor zur Welt«. St. Paulis Landungsbrücken künden vom Fernweh großer Passagierdampfer. Und jenseits der Barockkirche St. Michaelis zeigt Hamburg mit Kolonnaden und Arkaden im klassizistischen Stil die hanseatische Eleganz einer Weltstadt. Im Renaissance-Rathaus schlägt das politische Herz des protestantisch-liberalen Stadtstaats. Um die Ecke strahlt der Jungfernstieg Noblesse aus mit Freitreppen zur Binnenalster, die stolze Gründerzeitpaläste aus hellem Sandstein säumen. Wo die Alster in die Elbe mündet, liegt die Speicherstadt, einst Freihafen, heute Europas größte Baustelle: Hier entsteht die »HafenCity«, ein Superstadtteil mit spektakulärem Konzerthaus. Die Elbphilharmonie (deren Baukosten von 77 auf 789 Mio. Euro stiegen) soll 2017 eröffnet werden. Wer mag, kann das Bauwerk schon jetzt bewundern: In der Speicherstadt, wo die größte Modelleisenbahn der Welt zu sehen ist, steht die »Elphi« bereits als Miniatur.

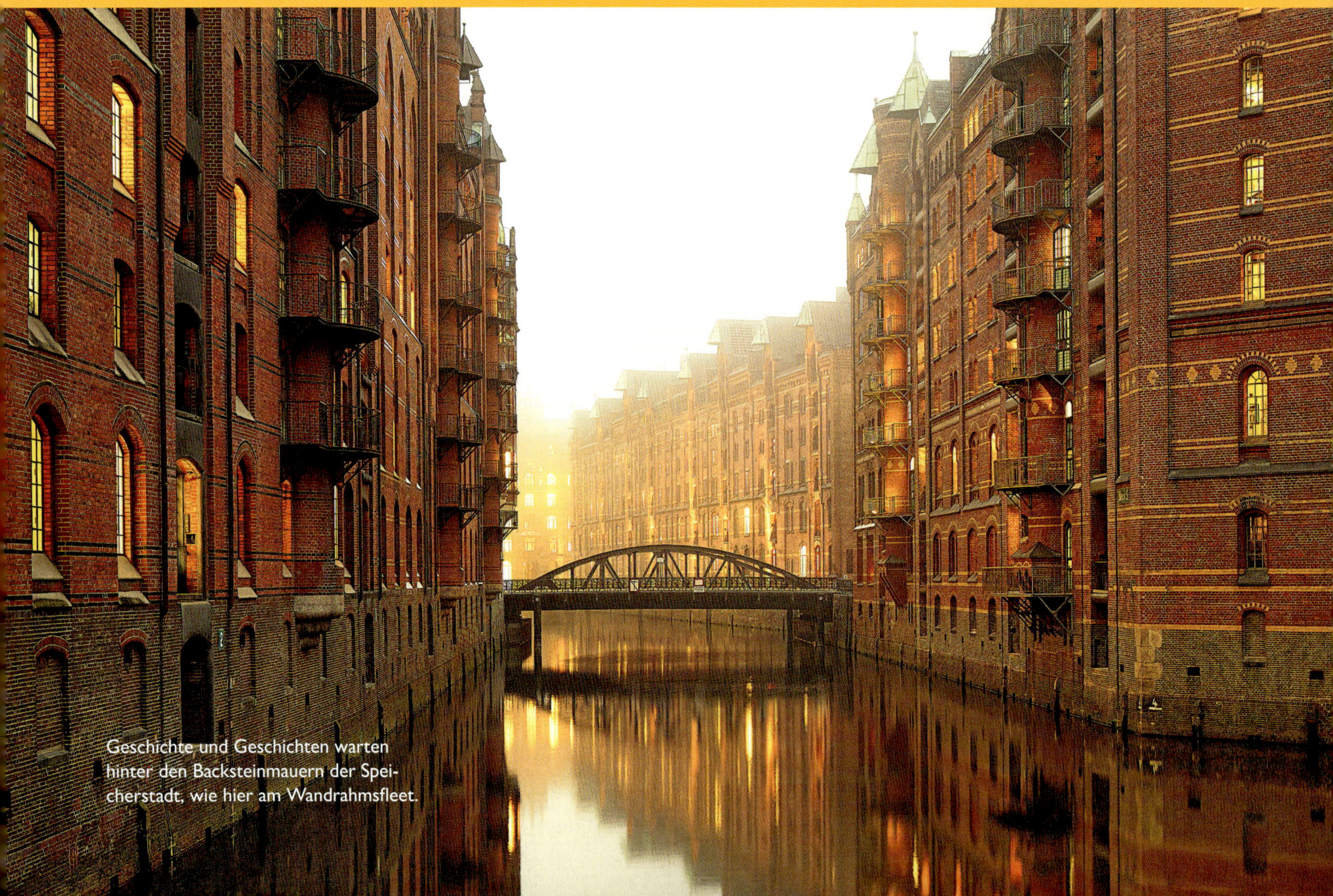

Geschichte und Geschichten warten hinter den Backsteinmauern der Speicherstadt, wie hier am Wandrahmsfleet.

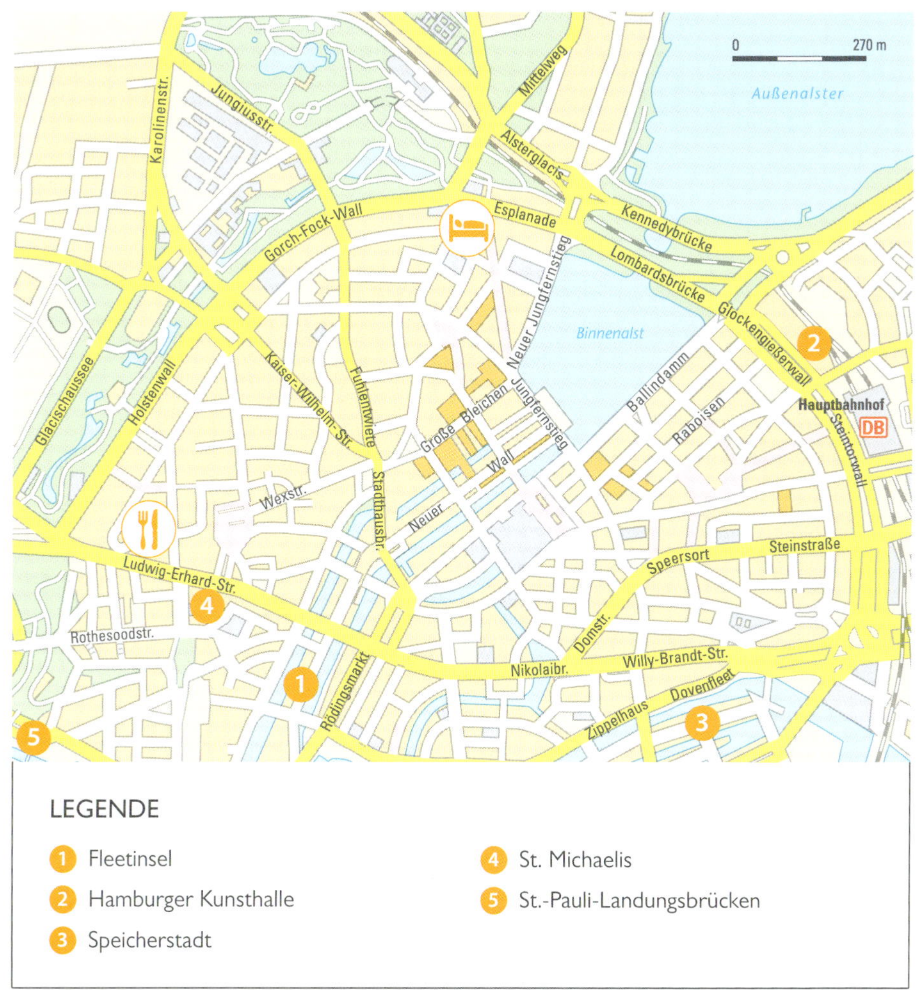

LEGENDE

1 Fleetinsel
2 Hamburger Kunsthalle
3 Speicherstadt
4 St. Michaelis
5 St.-Pauli-Landungsbrücken

Petit Bonheur

Das Restaurant mit Bar im Pariser Bistro-Stil – rote Wände, Bilder in goldenen Rahmen, weiße Tischdecken – liegt im Stadtinnern zwischen Michel und Johannes-Brahms-Museum. Serviert wird feine französische Küche.

Hütten 85–86, www.petitbonheur-restaurant.de, Tel. +49 40 33 44 15 26

von Hamburg. Hier siedeln auch der experimentierfreudige Kulturraum »Westwerk« (Nr. 74) und die hervorragende Kunstbuchhandlung Sautter+Lackmann. Zur Mittagspause treffen sich Galeristen und Künstler im Restaurant Marinehof, das an der italienisch anmutenden Piazza vor dem Steigenberger Hotel liegt, und im Juli feiert das attraktive Viertel unter dem Motto »Kunst, Kultur und Kulinarisches« das Fleetinsel-Festival.

Zwischen Binnenalster und Elbe

Beste Reisezeit

Hamburgs Winter sind mild, im Sommer kühlen die konstanten Meereswinde die Hitze deutlich ab. Eine besondere Stimmung herrscht Ende August, wenn sich die Stadt beim viertägigen Alstervergnügen im Partyrausch befindet.

1 Fleetinsel

In den Speicher- und Kontorhäusern zwischen Herrengraben- und Alsterfleet, die dank des ideellen und finanziellen Engagements eines kunstsinnigen Hamburger Mäzens vor dem Abriss bewahrt werden konnten, haben sich zahlreiche namhafte Galerien für zeitgenössische Kunst niedergelassen. Admiralitätsstraße heißt ihre wassernahe Adresse im Herzen

2 Hamburger Kunsthalle

Den Grundstock von Hamburgs größter Kunstinstitution bilden Privatsammlungen, die wohlhabende Bürger seit 1822 im Kunstverein zusammengetragen hatten. Dank der Aktivitäten ihres ersten Direktors Alfred Lichtwark (1852–1914) und seiner Nachfolger gelang es, die Kunsthalle zu einem der führenden Museen Deutschlands zu machen. Mit besonderem Engagement kaufte Lichtwark »Hamburger Kunst« und erwarb mit den

So eindrucksvoll Hamburg vom Wasser aus wirkt: Der Weitblick vom Turm des Michel ist nicht zu überbieten.

Altären der Meister Bertram und Francke zwei einzigartige Werke mittelalterlicher Malerei aus dem norddeutschen Raum. Weitere Schwerpunkte der Sammlung sind die deutschen Romantiker. Neben impressionistischen Gemälden ist auch die Kunst des Expressionismus vertreten.

Glockengießerwall, Di–So 10–18, Do bis 21 Uhr, www.hamburger-kunsthalle.de

 **Bei der Esplanade**

Im Nu ist man von hier aus auf der Fleetinsel oder im Alten Botanischen Garten. Die Zimmer sind neu möbliert und am Morgen wartet ein reichhaltiges Frühstücksbuffet auf die Gäste.
Colonnaden 45,
www.hotel-bei-der-esplanade.com,
Tel. +49 40 35 50 11 70, DZ ab 85 Euro

3 Speicherstadt

Welch dekorative Kulisse! Bei nächtlicher Beleuchtung geradezu märchenhaft. Giebel, Spitzbögen, Rundfenster und Stege. Dicht an dicht säumen alte Handelshäuser und Speicher aus rotem Backstein mit Steildächern und Türmchen aus hellgrünem Kupfer die stillen Fleete. Während der Kaiserzeit wurden hier Kaffee, Tabak und Tee gelagert, seit der Seehandel aber immer weniger Lagerraum beansprucht, siedelten sich interessante Museen an.

Zwischen Oberbaumbrücke im Osten und Kehrwiederspitze im Westen

4 St. Michaelis

Die von den Hamburgern kurz »Michel« genannte Kirche mit dem 132 m hohen Turm grüßt die Seefahrer seit 1661 und  ist das Wahrzeichen der Hansestadt. 1945 zerstörten Bomben den Barockbau, erst zwei Jahre später konnte wieder zum Gottesdienst geläutet werden.

Englische Planke 1, tgl. 10–18, Mai–Okt. bis 20 Uhr, www.st-michaelis.de

5 St.-Pauli-Landungsbrücken

Was da los ist! Zwischen Containerriesen kreuzen von früh bis spät fünf Fähren am berühmten Wasserbahnhof: Sie bringen die Arbeiter auf die Elbinseln gegenüber oder schippern ihre Gäste nach Blankenese. Gellende Möwenschreie mischen sich mit den lauten »Haaaaafenrundfahrt«-Rufen der Männer in ihre Megafone, die Touristen zur Tour einladen. Bis das Schiff ablegt, ist noch genügend Zeit, sich an einem Kiosk mit Krabbenbrötchen oder Bratwurst zu stärken.

www.stpauli-landungsbruecken.de

Anreise

Berlin:	////	1:37 h
Frankfurt:	//////////	3:37 h
München:	/////////////////	5:38 h
Zürich:	///	1:20 h
Wien:	////	1:30 h

18 Köln

Köln meint man zu kennen: Karneval, Katholizismus, Klüngel – und das unvermeidliche Kölsch. Kaum eine deutsche Stadt wird regelmäßig auf so wenige Klischees reduziert. Ganz falsch sind sie nicht: Natürlich überragt der Dom alles, kann man sich die Stadt ohne katholische Kirche nicht vorstellen. Der jährliche Ausnahmezustand des rauschhaft zelebrierten Karnevals ist nicht wegzudenken. Auch der berüchtigte Klüngel, die rheinische Vetternwirtschaft, lässt sich kaum leugnen. Mit Recht trägt schließlich das obergärige Bier, getrunken aus eigentümlich schmalen Gläsern, den Namen seiner Heimatstadt. Doch Köln hat mehr zu bieten: Jenseits der Klischees lässt sich eine ungemein lebens- und liebenswerte Metropole entdecken: herzlich und zugänglich, bunt und facettenreich – nicht nur im Karneval. Kölnern aller Schichten und Professionen begegnet man in den Brauhäusern oder den »Büdchen« (Kiosken). Es ist ein liberaler und kreativer Geist, der die Stadt prägt. Kultur beschränkt sich nicht auf Tradition und hochkulturelle Institutionen, sondern überrascht mit heterogener und frecher Vitalität. Köln ist oft aufregend anders, als man es kennt.

Eingang ins Kölner Heiligtum: die prächtigen Portale an der Westfassade des Doms.

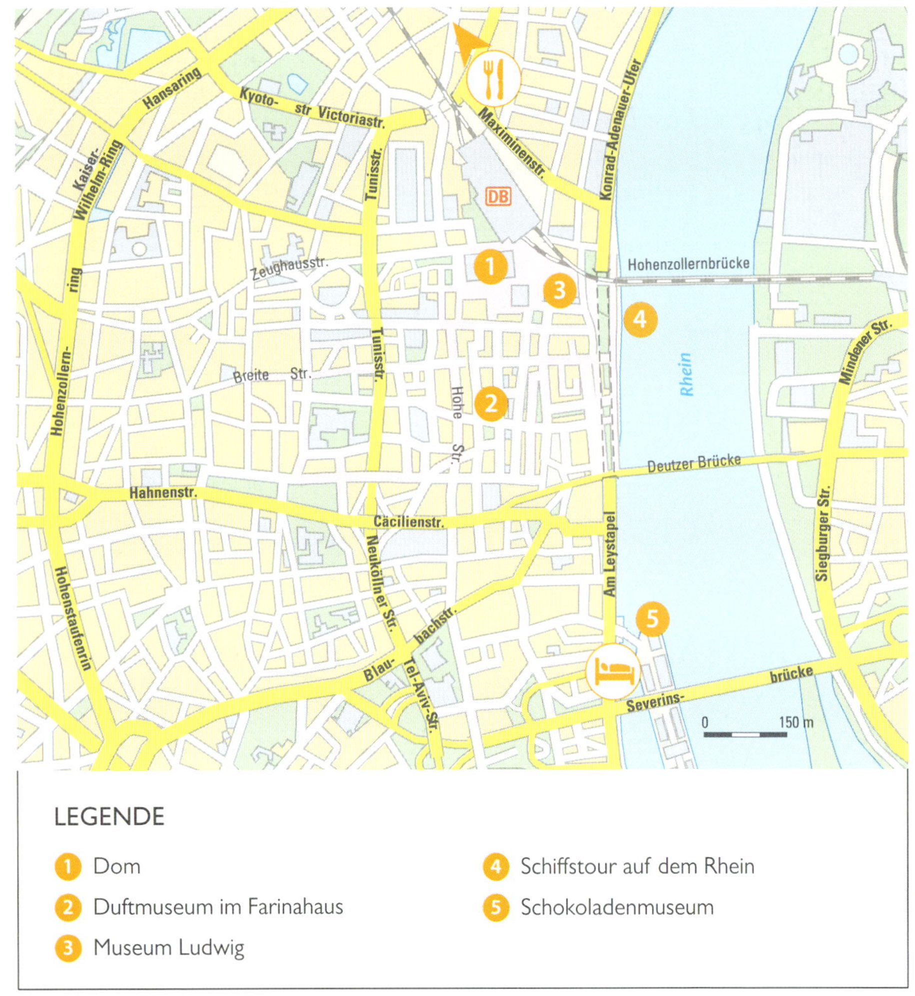

LEGENDE

 **1** Dom

2 Duftmuseum im Farinahaus

3 Museum Ludwig

4 Schiffstour auf dem Rhein

5 Schokoladenmuseum

Flogaus

Das Restaurant befindet sich in einem schönen Gründerzeithaus. Die schnörkellosen Beschreibungen der Speisen (Dreierlei vom Kalb: Kutteln, Zunge, Kopf) passen zum reduzierten Interieur. Kasparstr. 19, Do–Mo 18–24 Uhr, www.flogaus-restaurant.de, Tel. +49 221 99 87 93 53

Beste Reisezeit

Zigtausende Besucher in Köln? Nicht nur am Rosenmontag! Die Lit. Cologne zieht jährlich Mitte März fast 100 000 Gäste an. Kein Wunder, wenn hochkarätige Autoren und Vorleser sich die Klinke in die Hand geben.

 Dom

Ohne den 157,38 m hohen Dom wäre die Stadt nicht denkbar. Seine bloße Existenz macht Köln zum natürlichen Mittelpunkt einer ganzen Region und zum Reiseziel von Menschen aus der ganzen Welt. Trotz seines scheinbar für die Ewigkeit bestimmten Charakters ist der Dom keineswegs statisch. Vielmehr ist er seit der Grundsteinlegung eine permanente Baustelle. Das gilt auch für die Zeit nach der Fertigstellung 632 Jahre später, denn das gewaltige Konstrukt verwittert rasant und droht unentwegt zu bröckeln. Kein Wunder, denn für das 144 m lange und 86 m breite Bauwerk wurden 300 000 Tonnen Stein verbaut, überwiegend Trachyt vom nahen Drachenfels. Der Dom wird heute im Schnitt von mehr als 10 000 Menschen pro Tag besucht. Die meisten Besucher halten sich nicht mehr als zehn Minuten im Inneren auf, weshalb ihnen die vielen Kunstschätze verborgen bleiben. Herzstück ist und bleibt der Dreikönigenschrein, das größte, künstlerisch bedeutendste und inhaltlich anspruchsvollste Reliquiar des Mittelalters. Der goldene Schrein wurde 1190–1220 von der Werkstatt des Goldschmieds Nikolaus von Verdun gefertigt. Im Mittelalter war zunächst geplant, ihn in der Vierung des Domes aufzustellen. Heute befindet er sich hinter dem Hochaltar.

Klosterstr. 4, Dom Nov.–Apr. 6–19.30, Mai–Okt. 6–21 Uhr, Besteigung des Südturms Nov.–Feb. 9–16, März, Apr., Okt. 9–17, Mai–Sept. 9–18 Uhr, www.koelner-dom.de

Die Pralinenformen in der Vitrine des Schokoladenmuseums machen Vorfreude auf den Museums-Shop.

2 Duftmuseum im Farinahaus

Der Begriff »Eau de Cologne« wird weltweit mit Selbstverständlichkeit verwendet. Das Duftmuseum im Farinahaus widmet sich dem berühmten Wasser und bringt auf den Punkt, wie es dazu geworden ist. Denn in diesem Haus hat 1708 der Italiener Johann Maria Farina das markenrechtlich geschützte »Echt Kölnisch Wasser« komponiert.

Obenmarspforten 21, Mo–Sa 10–19, So 11–16 Uhr, www.farina-haus.de

3 Museum Ludwig

Das Haus beherbergt den gesamten städtischen Kunstbesitz mit herausragenden Arbeiten des 20. und 21. Jh. Der beeindruckende Sammlungskorpus geht größtenteils auf Schenkungen des Ehepaars

Art'otel

Schrill und schick – wer moderne Kunst mag und für einen gesunden Schlaf keine gedeckten Farben um sich herum benötigt, wird im Design-Hotel direkt am Rheinauhafen glücklich.
Holzmarkt 4,
www.artotels.com/cologne,
Tel. +49 221 80 10 30, DZ ab 100 €

Ludwig zurück. Schon im Jahr 1968 überließen beide der Stadt ihre Sammlung mit Werken der Pop-Art, später kamen Werke der russischen Avantgarde und der jungen globalen Kunstszene hinzu.

Heinrich-Böll-Platz, Di–So 10–18 Uhr, www.museumludwig.de

4 Schiffstour auf dem Rhein

Ob zwecks Bewunderung der Stadtsilhouette aus der Flussperspektive oder in Form eines Halbtagesausflugs ins Siebengebirge: Ein Schiffsausflug ist eine gute Erholung von den Strapazen des Stadturlaubs. Das Angebot reicht von der einstündigen Panoramafahrt bis hin zur Minikreuzfahrt rheinaufwärts.

Frankenwerft 35, www.k-d.com
Lintgasse 18, www.dampfschiffahrtcolonia.de

5 Schokoladenmuseum

Das appetitliche Thema, verlockende Versuchungen in Gestalt eines nie versiegenden Schokoladenbrunnens, ansprechende Architektur und die publikumsträchtige Lage im Rheinauhafen machen das Schokoladenmuseum zum populärsten Museum der Stadt.

Am Schokoladenmuseum 1a, Di–Fr 10–18, Sa, So 11–19 Uhr, www.schokoladenmuseum.de

19 Berlin

Berlin ist voller Überraschungen und immer wieder neu. 1920 vereint aus 94 Gutsbezirken, Dörfern und Städten, entstanden um Kirchen und Rathäuser all die Kieze, die den Berlinern – und dazu gehört jeder, der schon ein paar Monate hier lebt – Heimat geworden sind. Die meisten Berliner wundern sich, dass ihre Stadt vielen Fremden »zu groß« ist. Ihr Berlin ist überschaubar, wobei mancher seinen Kiez nur für Theater- oder Konzertbesuche verlässt. Oder wenn Besuch kommt. Dann staunt er, wie sich alles verändert hat. Berlin hat den exklusiven Reiz der Hauptstadt. Und in den Top Ten der meistbesuchten Sehenswürdigkeiten Deutschlands punktet es mit Brandenburger Tor, Mauer und Museumsinsel gleich dreifach. Wer ein Wochenende zur Stadtbesichtigung nutzen mag, könnte am Hauptbahnhof starten. In die »Kanzler-U-Bahn« (U 55) gestiegen, ist nach drei Stationen das Brandenburger Tor erreicht, einen Katzensprung vom Reichstag entfernt. Gleich nah auch, aber Richtung Potsdamer Platz, liegt das von Peter Eisenman eindrucksvoll gestaltete Holocaust-Mahnmal. Den Prachtboulevard Unter den Linden entlang, steht man am Berliner Dom bereits auf der Museumsinsel. Das UNESCO-Welterbe zählt pro Jahr gut 2,5 Mio. Besucher. Kein Wunder: 100 Jahre Museumsarchitektur und 6000 Jahre Kunst- und Kulturgeschichte sind hier versammelt. Kein Wunder auch, dass es – egal ob Pergamon, Bode oder Neues Museum – oft Wartezeiten gibt. Stadtfremde fragen oft: Ist das jetzt Osten oder Westen? Sichtbar blieb die Grenze an der Bernauer Straße, wo sich zu Zeiten der geteilten Stadt viele dramatische Szenen abspielten. Davon erzählt die Gedenkstätte Berliner Mauer, an die sich als schönste Grenzhinterlassenschaft der belebte und beliebte Mauerpark anschließt – vor allem, wenn sonntags die Berliner ihre Flohmarktstände und Joe seine Karaoke-Anlage im Amphitheater des Parks aufbauen. Kein schlechter Ort für eine Berliner Weiße. Mit oder ohne Schuss.

Schier unendliche Freiheit: In Berlin findet
jeder seinen Platz, z. B. auf dem Pionierfeld
im Osten des Tempelhofer Feldes.

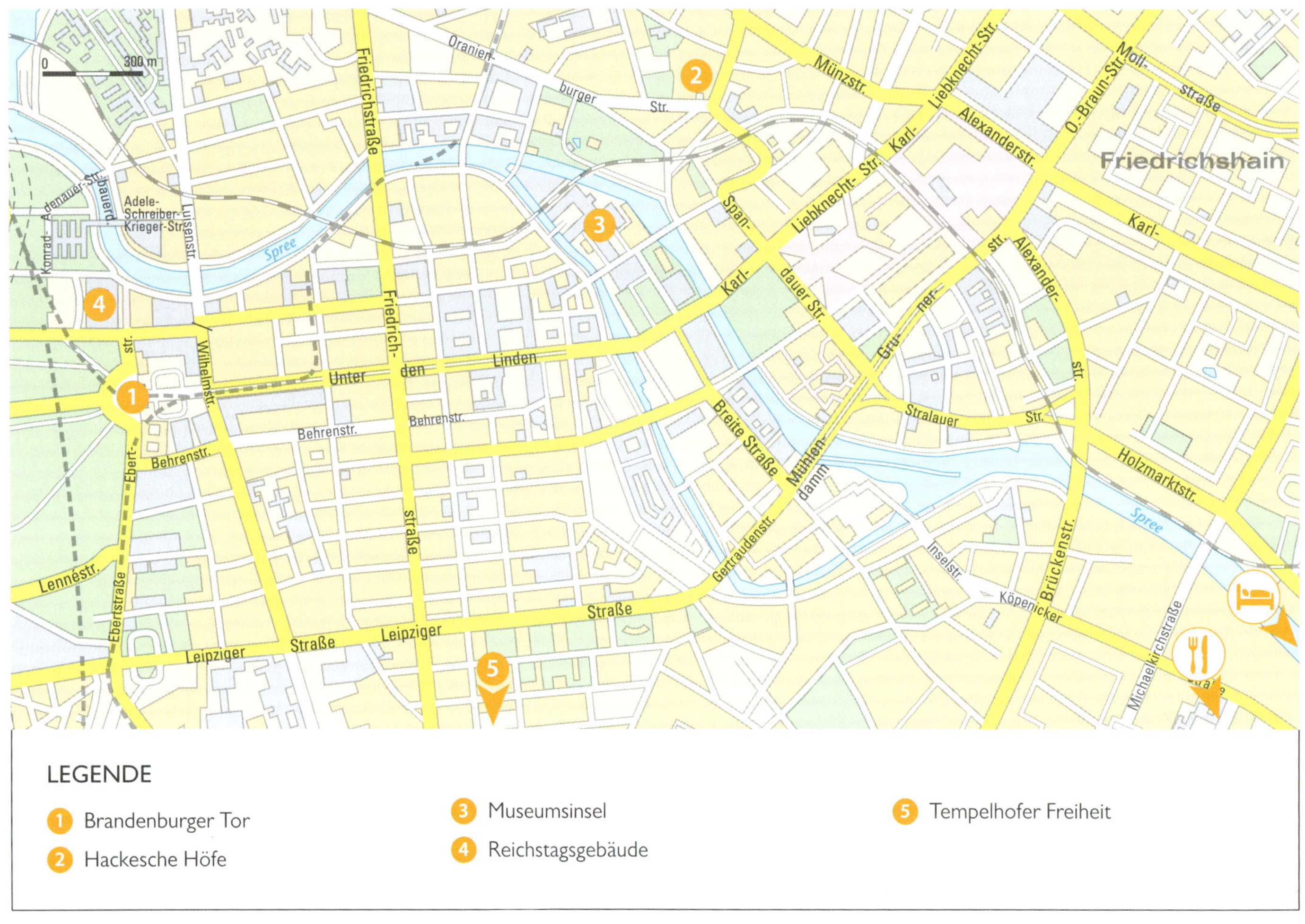

LEGENDE

① Brandenburger Tor
② Hackesche Höfe
③ Museumsinsel
④ Reichstagsgebäude
⑤ Tempelhofer Freiheit

Beste Reisezeit

Berlin ist eine Sommerstadt. Ab Mai werden die winter-ruppigen Berliner mit den ersten wärmenden Sonnenstrahlen auffallend freundlich. Cineasten zieht es jedoch schon Anfang Februar zur Berlinale, den Internationalen Filmfestspielen, in die Hauptstadt und ihre Kinos.

① Brandenburger Tor

Von 1961 bis 1989 Symbol der geteilten Stadt und seitdem das des wiedervereinigten Deutschlands, öffnet sich das Brandenburger Tor zur preußischen Prachtstraße Unter den Linden. Carl Gotthard Langhans hat den klassizistischen Bau aus Elbsandstein nach dem Vorbild der Propyläen auf der Akropolis in Athen entworfen, und Johann Gottfried Schadow hat das Tor mit der Quadriga – mit Wagen und Friedensgöttin Eirene – bekrönt. Napoleon entführte Göttin samt Wagen und Pferden 1806 nach Paris, Marschall Blücher erledigte 1814 die Retourkutsche, und Karl Friedrich Schinkel machte die begehrte Dame mit dem Eisernen Kreuz im Eichenkranz zur Siegesgöttin Viktoria. Die DDR entfernte das Kreuz als Symbol deutschen Militarismus, bei der Restaurierung 1991 wurde es wieder eingefügt.

Pariser Platz

Street Food Thursday

Internationale Delikatessen, die weit Gereisten schon den Gaumen kitzelten, also die vietnamesische Reisnudelsuppe Pho, chinesische Dumplings oder indisches Tandoori Chicken, werden von 20 Köchen in kleinen Buden zubereitet.
Markthalle Neun, Eisenbahnstr. 42, Do 17–22 Uhr, www.markthalleneun.de

2 Hackesche Höfe

1906/07 hatte ein Bauspekulant das Ensemble aus acht Höfen gesetzt, das bis 1995 jahrelang renoviert wurde. Der größte zusammenhängende Wohn- und Gewerbekomplex Europas ist ein unschätzbares Juwel: Die Festsäle und den ersten Innenhof gestaltete der Avantgardist August Endell und verschaffte dem Hof durch eine bunte Fassade aus glasierten Ziegeln die Dynamik eines bewegten Raumes.

Rosenthaler Str. 40/41,
www.hackesche-hoefe.com

Eastern Comfort

Eine ungewöhnliche Unterkunft ist das Schiff auf der Spree an der Oberbaumbrücke: Hotel, Hostel, je nach Deck, und oben schlagen Backpacker ihre Zelte auf. Dementsprechend ist der Gästemix.
Mühlenstr. 73, www.eastern-comfort. com, Tel. +49 30 66 76 38 06, DZ ab 68 €

3 Museumsinsel

Preußischer Kulturbesitz ist auf dem UNESCO-Welterbe zusammengetragen, das jährlich mehr als 2,5 Mio. Besucher zählt. In den fünf historischen Gebäuden sind Alte Nationalgalerie, Altes und Neues Museum, Bode-Museum und Pergamonmuseum untergebracht – 100 Jahre Museumsarchitektur und 6000 Jahre Kunst- und Kulturgeschichte, von der Antike über die Großarchitekturen Mesopotamiens zu den Plastiken des Mittelalters und den Gemälden der Impressionisten.

Rund um die Bodestr., tgl. 10–18,
Do bis 20 Uhr, www.smb.museum

4 Reichstagsgebäude

1884–1894 als Symbol für die Größe und Stärke des Deutschen Reiches errichtet, lehnte der Kaiser die Inschrift »Dem deutschen Volke« zunächst ab, erst 1916 wurde sie zugefügt. Zwei Jahre wurde hier die Weimarer Republik ausgerufen, die mit Ernennung Hitlers zum Reichskanzler endete. Der Reichstagsbrand in der Nacht zum 28. Februar 1933 bereitete die Mehrheit für die Nationalsozialisten vor, und nach dem Zweiten Weltkrieg, am 30. April 1945, hissten Sowjetsoldaten die rote Fahne. Von Christo spektakulär verhüllt, wurde das Gebäude für das Parlament umgebaut, und 1999 hielt der Bundestag Einzug. Ausgestattet wurden die Parlamentsbauten von 111 Künstlern.

Platz der Republik, Kuppel: tgl. 8–22 Uhr (nach Anmeldung), www.bundestag.de

Das Volk steigt der Regierung in der Kuppel des Reichstagsgebäudes aufs Dach.

5 Tempelhofer Freiheit

Der ehemalige Flughafen ist heute ein riesiges Wiesenmeer für Jung und Alt, so groß wie 400 Fußballfelder. Boulekugeln klacken, Frisbeescheiben fliegen und Wölkchen irgendwo über dem Feld verraten Grillplätze. Vielleicht sind 50 000 Menschen da. Aber es ist nie voll.

Tempelhof, www.tempelhoferfreiheit.de

Anreise

Frankfurt:	4:05 h	🚆
München:	5:40 h	🚗
Zürich:	1:25 h	✈
Wien:	1:05 h	✈

20 Leipzig

»Mein Leipzig lob' ich mir! Es ist ein klein Paris und bildet seine Leute« liest man in Goethes »Faust«. Der Dichterfürst hatte selbst an der Leipziger Universität studiert, einer der ältesten in Deutschland. Bildung, Bücher und Gedrucktes stehen in Leipzig seit Jahrhunderten hoch im Kurs. Hier erschien die erste Tageszeitung, schrieben zahlreiche Literaten, entstanden noch mehr bedeutende Verlage und eine alljährliche große Buchmesse. Jedes deutsche Buch landet in Leipzig – gesammelt von der »Deutschen Bücherei«. Leipzig zeigt auch, was so viel Bücher-Bildung mit sich bringt: 1519 propagierte Luther hier seine Thesen, 1989 begann eben hier das Volk auf die Straße zu gehen und damit eine Revolution. Leipzig war und ist aufmüpfig. Jedoch immer auch gesellig. Der Student Goethe etwa zechte gerne im traditionsreichen, mittlerweile fast fünfhundertjährigen »Auerbachs Keller«. So machte er im »Faust« das Lokal dann auch zum Schauplatz der lobenden Worte über Leipzig – gesprochen wohlgemerkt im Rahmen einer sehr feuchtfröhlichen Studentenfeier. Feiern kann man in Leipzig immer noch ganz hervorragend; rund um die Uhr, eine Sperrstunde gibt es – wie in Paris – nicht.

Leipzig pur; die Mädlerpassage mit Auerbachs Keller und Plastiken von Faust und Mephisto.

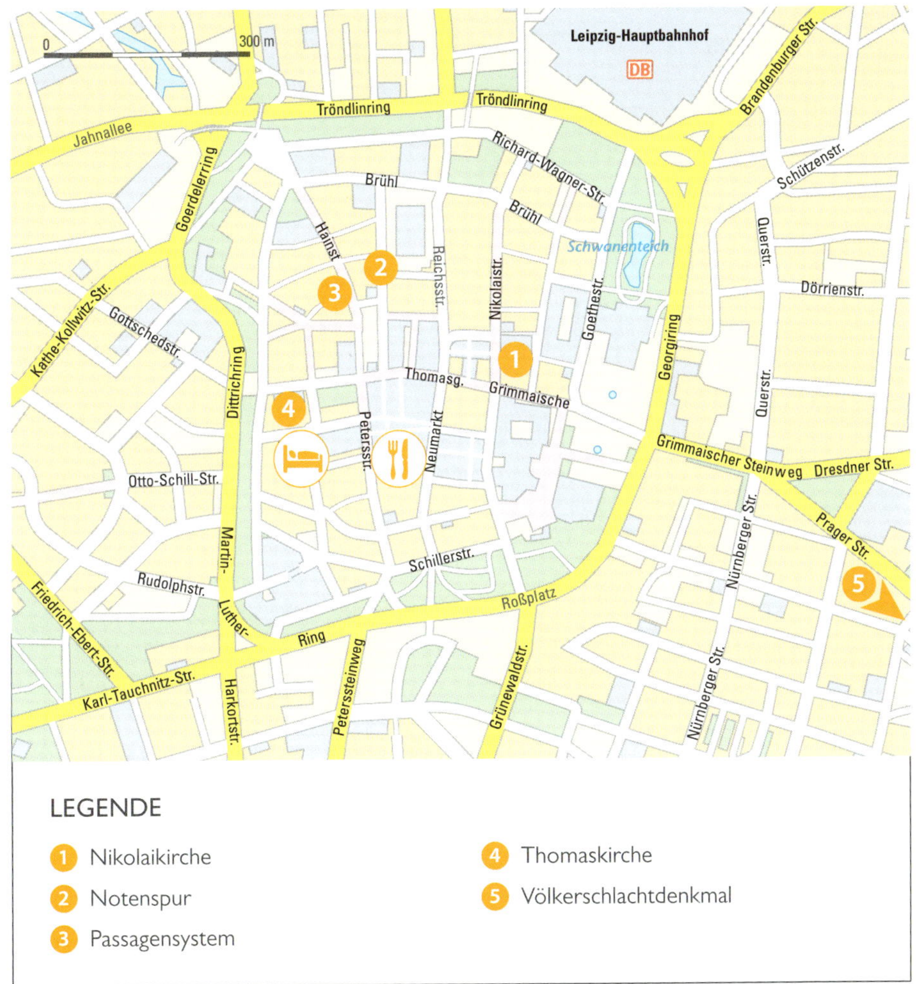

LEGENDE

1 Nikolaikirche
2 Notenspur
3 Passagensystem
4 Thomaskirche
5 Völkerschlachtdenkmal

In den historischen Räumen, inklusive Hexenküche, ließ Mephisto Wein aus allen Tischen fließen. Zum weltbekannten Restaurant schrieb es Goethe durch den »Faust«. Eine lebende Legende.
Grimmaische Str. 2–4, tgl. 11–24 Uhr, www.auerbachs-keller-leipzig.de, Tel. +49 341 21 61 00

größte Bürgerkirche der Stadt. Johann Sebastian Bach leistete 1723 hier sein Bewerbungsvorspiel und die meisten seiner Oratorien wurden hier uraufgeführt.

Nikolaikirchhof 3, tgl. 10–18 Uhr, www.nikolaikircheleipzig.de

2 Notenspur

Leipzig ist … die Stadt der Musik, der »Sprache der Leidenschaft«. Auf keinem anderen Stückchen Erde wirkten, stritten, liebten so viele Komponisten von Bedeutung. Wagner ist Leipziger. Schumann begegnete im Haus seines Lehrers seiner großen Liebe Clara. Mendelssohn entdeckte Bach und komponierte sich in die Unsterblichkeit. Mahler setzte hier für seine 1. Symphonie die Noten. Reger, Grieg, Telemann, Lortzing, Janáček – Namen, die ihren Vornamen nicht brauchen. Die »Notenspur« ist ein Rundweg, der an ihre Wirkungsstätten führt und mit dem sich Leipzig als UNESCO-Welterbe bewirbt.

www.notenspur-leipzig.de

Beste Reisezeit

Jede mögliche Bühne wird zu »Leipzig liest« während der Buchmesse Mitte März »belesen«. Das Sommertheater zieht von Juni bis August an: Dann präsentieren Leipzigs Schauspielhaus, die freien Theater und Studenten ihre Kunst unter freiem Himmel.

1 Nikolaikirche

Die Montagsgebete in dieser Kirche stürzten Europas sozialistisches Regime, der Granit-Brunnen im Kirchhof erinnert an die friedliche Revolution: »Hier ist der Tropfen gefallen, der das Fass zum Überlaufen brachte.« Doch erzählt das älteste Gotteshaus der Innenstadt weit mehr: »Offen für alle« war der Slogan nicht erst im Herbst 1989. St. Nikolai war seit je die

3 Passagensystem

Die Basis für das Passagensystem Leipzigs entstand im Mittelalter, als die Deichseln der Planwagen noch nicht wenden konnten. Deshalb baute man die Handelshäuser als Durchhöfe mit Ein- und Ausfahrt. Sichtbar noch am Barthels Hof, Leipzigs ältestem Hof. Die Grundsteine für Barthels Hof wurden Mitte des 15. Jh. gelegt, überbaut im Barock 1750. Nach der Wende 1989 investierte Dr. Jürgen Schneider (dem einst 10 Prozent der Innenstadt gehörten). Heute sind hier kleine Läden, die mit Handwerkszeichen auf sich hinweisen, und ein Restaurant untergebracht. Mehr als Einkaufsparadiese!

Hainstr. 1, www.barthelshof.de

4 Thomaskirche

Die Thomaskirche entstand nach 1212 als Klosterkirche. Seit jener Zeit — also seit über 800 Jahren – singt in ihr der Thomanerchor, Deutschlands ältester Knabenchor. Berühmte Kantoren haben ihn ge-

Living Bach 14

Das Gebäude vis-à-vis der Thomaskirche und neben dem Bachmuseum gehört zu den ältesten der Stadt, wurde mehrmals umgebaut und präsentiert sich jetzt mit 52 Zimmern in neuem Glanz.
Thomaskirchhof 13, www.bach14.arcona.de, Tel. +49 341 49 61 40, DZ ab 75 €

Es muss nicht immer gleich ein Park sein — vor der Thomaskirche lässt es sich mitten im Zentrum von Leipzig wunderbar entspannen.

leitet (Calvisius, Bach, Hiller) und ebenso berühmte Musiker, Ensembles und Sänger brachte er hervor (Carl Philipp Emanuel Bach, Erich Ebermeyer, aber auch Calmus und Amarcord). Am Freitag (18 Uhr) und am Samstag (15 Uhr) kann man den Thomanerchor bei der Motette live und bei 2 € Eintritt nahezu kostenfrei erleben. Mit 67 Grad Neigungswinkel ist der Giebel eine der spitzesten Dachkonstruktionen Europas und der Blick ins gotische Dachgestühl beeindruckt. Vor dem Kircheneingang steht Carl Seffners Skulptur J. S. Bachs, vor dem Westportal das Alte Bachdenkmal und gegenüber das seines Stifters Felix Mendelssohn Bartholdy.

Thomaskirchhof 18, tgl. 9–18 Uhr, www.thomaskirche.org

5 Völkerschlachtdenkmal

Es ist das größte Gebäudedenkmal der Welt: 91 m hoch, 300 000 t schwer. Bereits nach der Schlacht bei Leipzig mit ihren 500 000 Teilnehmern und dem Sieg der alliierten Armeen wurde ein »germanisches Denkmal« gefordert. Letztlich wurde der Entwurf des Berliner Architekten Bruno Schmitz verwirklicht. Seine 1913 eingeweihte Anlage auf dem südlichen Schlachtfeld ist den Pyramiden des Alten Ägyptens nachempfunden. Aus drei Teilen besteht das eigentliche Denkmal: Die Krypta ist den Toten gewidmet, die Ruhmeshalle den siegreich Heimgekehrten. Die 16 Friedenswächter unter der Aussichtsplattform ermahnen die Nachgeborenen, Frieden zu halten. Daneben liegt der See der Tränen, die die Mütter um ihre gefallenen Söhne weinten. Die Aussichtsplattform erweist sich nicht nur für die Stadt als perfekter Überblick, bei klarem Wetter sieht man die Landmarken der Umgebung. Bei überragender Sicht sind sogar Erzgebirge und Harz zu erahnen.

Straße des 18. Oktober 100, Apr.–Okt. tgl. 10–18, Nov.–März 10–16 Uhr, www.voelkerschlachtdenkmal.eu

Anreise

Berlin:		2:10h
Frankfurt:		3:34h
München:		4:20h
Zürich:		6:30h
Wien:		6:00h

21 Dresden

Dresden an der Elbe: Ruhig und stetig fließt der Fluss, gesäumt von breiten Wiesen. Die so malerisch an beiden Ufern gelegene Stadt verkörpert das Auf und Ab der Geschichte wie kaum eine andere. Im Feuersturm des Zweiten Weltkriegs ging die Pracht des barocken »Elbflorenz« unter, Jahrzehnte später sind alte und neue Schönheit wieder entstanden. Dresden ist Tradition und Neubeginn. Die Landeshauptstadt trumpft nicht nur mit den geretteten und wiedererstanden Schätzen der Vergangenheit auf, sondern auch als aktuelle Kultur- und Lifestyle-Metropole. Natürlich muss man die architektonischen und musealen Highlights der Altstadt gesehen haben, etwa die Frauenkirche, den Zwinger mit Porzellansammlung, das Residenzschloss mit dem Grünen Gewölbe und seinen Preziosen oder die Gemäldegalerie Alte Meister. Doch auch die »andere Seite« sollte man erleben, z. B. am anderen Ufer der Elbe: Die Äußere Neustadt ist das bunte Szeneviertel, das quirliges Amusement bis zu ambitionierter Gegenwartskultur bietet. Dresden ist (nicht nur hier) immer in Bewegung. Dass ein Welterbe-Titel erst verliehen und dann wieder entzogen wurde, können die Dresdner daher verschmerzen.

Stadtansichten wie auf den Gemälden des Malers Canaletto kommen heute noch gut an.

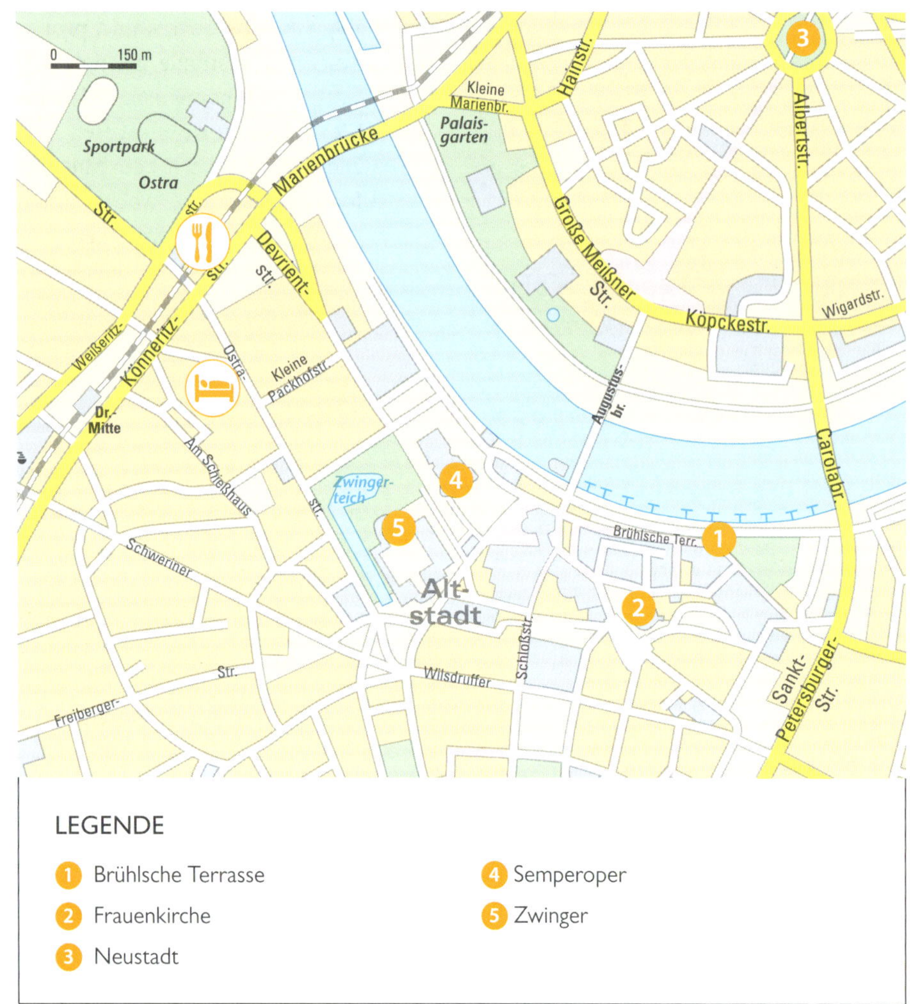

LEGENDE

1 Brühlsche Terrasse
2 Frauenkirche
3 Neustadt
4 Semperoper
5 Zwinger

Beste Reisezeit

Die Filmnächte am Elbufer locken von Ende Juni bis Ende August mit ihrem vielseitigen Filmangebot und Konzerten bekannter Künstler vor der traumhaften Silhouette der Altstadt. Ein Dresden-Klassiker ist der Striezelmarkt im Advent.

Kuppelrestaurant

Das Restaurant befindet sich unter der Kuppel der ehemaligen Tabakfabrik Yenidze mit einer herrlichen Aussicht. Neben sächsischer Küche gibt es eine kleine Auswahl an orientalischen Speisen. Weißeritzstr. 3, tgl. 12–23 Uhr, Tel. +49 351 490 59 90, www.kuppelrestaurant.de,

1 Brühlsche Terrasse

»Balkon Europas« wird die 600 m lange Anlage genannt, weil sich von ihr ein wunderschöner Blick auf die Elbe und hinüber zur Neustadt bietet. Eine breite Freitreppe, geschmückt von der bronzenen Skulpturengruppe »Die vier Tageszeiten«, führt vom Schlossplatz zur Terrasse, die ihr Aussehen mit imponierenden Bauwerken und Denkmälern Ende des 19. Jh. erhielt.

Benannt ist sie nach Premierminister Graf Heinrich von Brühl (1700–1763), der einen Teil der Dresdner Festungsanlage von seinem Kurfürsten geschenkt bekam.

Terrassenufer

2 Frauenkirche

Aus Trümmern ist die Frauenkirche, Sachsens bedeutendste protestantische Kirche, wiederaufgebaut. Bei dem Bombardement in der Nacht zum 14. Februar 1945 verschonte der Feuersturm auch sie nicht, die düstere Ruine blieb jahrzehntelang so stehen, als Mahnmal gegen Krieg und Zerstörung – so wollten es die DDR-Oberen. 2004 reihte sich die elegante, mächtige Kuppel wieder ein in die bekannte Silhouette der Altstadt. Die Frauenkirche wurde nach dem Wiederaufbau zu einem weltweit bekannten Symbol der Versöhnung, für die Deutschen steht sie auch als Zeichen des Neubeginns nach der Einheit.

Neumarkt, Mo–Fr 10–12, 13–18 Uhr, Sa/So eingeschränkt, www.frauenkirche-dresden.de

Ein echter Hingucker sind die Kunsthofpassagen, fünf von Künstlern gestaltete Hinterhöfe zwischen Görlitzer und Alaunstraße.

③ Neustadt

Am rechten Elbufer erstreckt sich die Neustadt mit ihrem vornehmen Barockviertel Innere Neustadt und dem sich anschließenden quirligen Szene- und Kneipenviertel. Von der Altstadt über die Augustusbrücke hierher kommend, erreicht man den Neustädter Markt mit dem Denkmal »Goldener Reiter«. Es zeigt August den Starken, dem das Barockviertel zu verdanken ist. Unhöflich dreht er den Ankommenden das Hinterteil zu, was daran liegt, dass er auf dem Denkmal in Richtung Polen reitet, denn er war auch dort König. Die Äußere Neustadt ist ein Gründerzeitviertel und gleichzeitig Dresdens Szeneareal. Seit dem DDR-Ende geht es hier bunt, trendy, alternativ zu. Jede Menge Kneipen, Cafés und Bars, Diskotheken und Geschäfte sind entstanden.

Nördlich der Elbe, www.neustadt-ticker.de

Aparthotel am Zwinger

In einem Gründerzeit-Ensemble in der Nähe der meisten Sehenswürdigkeiten erwarten den Gast helle, mit modernem Interieur ausgestattete Zimmer und Apartments in unterschiedlichen Größen mit eigenen Küchen.
Maxstr. 3, www.aparthotel-zwinger.de,
Tel. +49 351 89 90 01 00, DZ ab 60€

④ Semperoper

Die Sächsische Staatsoper Dresden, ein Theater mit ruhmreicher Geschichte, trägt den Namen ihres berühmten Baumeisters Gottfried Semper. In der Geschichte ist es gewiss einmalig: Sie ist ein Bauwerk, das nach den Plänen ein und desselben Architekten drei Mal entstand. Die kolossale Fassade des Sandsteinbaus im Stil der Renaissance mit ihren elegant geschwungenen Fensterarkaden öffnet sich in der Mitte in eine tiefe halbrunde Exedra mit dem prachtvollen Eingangsportal. Sie wird bekrönt von einer bronzenen Panthergruppe mit Dionysos und Ariadne.

Über üppig verzierte Foyers und prunkvoll ausgestattete Vestibüle gelangt man in den Zuschauerraum mit dem 285-flammigen, 1,9 t schweren Kronleuchter. Eine Vorstellung dort zu sehen, ist ein Muss für jeden Musikinteressierten, wobei Karten rechtzeitig vorbestellt werden sollten.

Theaterplatz, www.semperoper.de

⑤ Zwinger

Mit seiner verschwenderischen Fülle an plastischem Schmuck gilt der Zwinger als Meisterwerk barocker deutscher Baukunst, oft als »Traum aus Sandstein« bezeichnet. Einen der architektonischen Höhepunkte bildet wegen seiner Heiterkeit und Leichtigkeit der Wallpavillon mit der Figur des Herkules als Bekrönung. Der zur Elbe hin offen gebliebene Teil des Zwingers wurde durch das von Semper erbaute Neorenaissancegebäude geschlossen, das die Gemäldegalerie Alte Meister beherbergt.

Theaterplatz/Sophienstraße/Ostra-Allee,
Innenhof zugänglich von 5–22 Uhr,
www.der-dresdner-zwinger.de

Der älteste Bauteil der Residenz, das Antiquarium, beeindruckt wie eh und je.

22 München

Viele Vorzüge werden München nachgesagt: die Lage am Alpenrand, die bayerische Gemütlichkeit, die Kunst- und Kulturtempel, die grünen Oasen, erfolgreiche Wirtschaft und Wissenschaft, der Freizeitwert, nicht zu vergessen das süffige Bier und der weißblaue Himmel … Das Beste daran: Alles stimmt! Zwar werden den Einheimischen nicht nur Vorzüge zugeschrieben – sie seien grantig, widerborstig und neigten dazu, über die Stränge zu schlagen, heißt es. Doch das tut der weltweiten Liebe für diese Stadt keinen Abbruch: Münchens Anziehungskraft ist international und wirkt ganzjährig, nicht nur während des Oktoberfests. Der Faszination sollte man auch nicht auf der »Wiesn« nachspüren, sondern indem man durch die geschichtsträchtigen Straßen spaziert. Die Altstadt innerhalb der einstigen Stadtmauern – zwischen Stachus, Isartor, Sendlinger Tor und Feldherrnhalle – ist das kraftvoll schlagende Herz der Millionenstadt geblieben. Die großen Bauten und Plätze, die man »gesehen haben muss«, stehen oder liegen dort unübersehbar im Weg: Marienplatz, Alter Peter und Viktualienmarkt, die Frauenkirche … Man kann sie gar nicht übersehen. Dazu kommt als Gegenpol zur »bürgerlichen« Altstadt (an deren Rand) die majestätische Residenzstadt der Wittelsbacher, die von hier aus mit Glanz und Gloria ganz Bayern regierten, sich die Stadt aber stets mit den selbstbewussten Bürgern teilen mussten. Eben das macht bis heute Münchens Reiz aus: »Kleine Leut« und »Großkopferte« gehören untrennbar zusammen. Man mag übereinander granteln, sieht aber das Erfolgsrezept und weiß miteinander zu leben. Beobachten lässt sich dieses produktive Zusammenspiel in jedem Biergarten. Dass ein jeder nach seiner Fasson selig werden kann, ist vielleicht Münchens größter Vorzug.

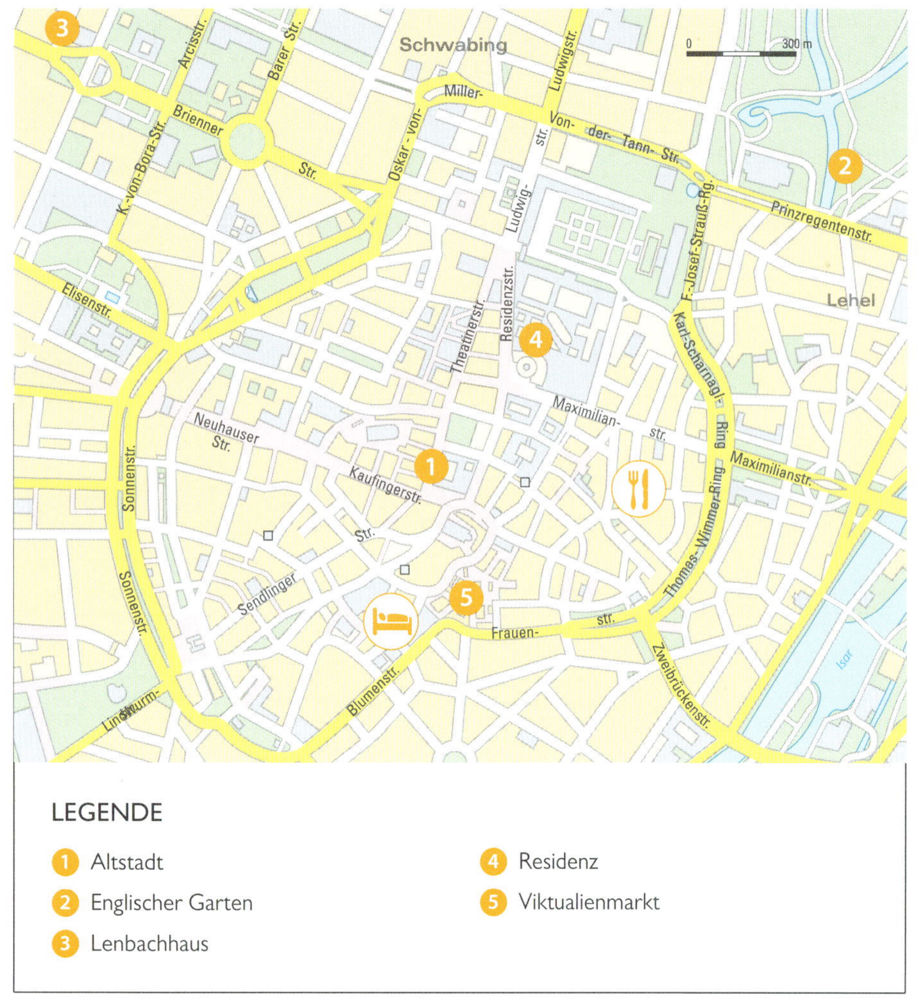

LEGENDE

1. Altstadt
2. Englischer Garten
3. Lenbachhaus
4. Residenz
5. Viktualienmarkt

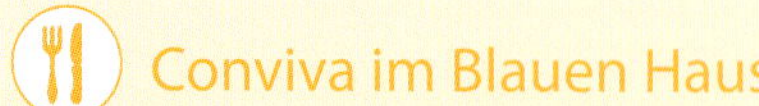

Conviva im Blauen Haus

Zur Hälfte die Theaterkantine der Münchner Kammerspiele, aber auch ein Gastronomie-Projekt, bei dem Menschen mit und ohne Behinderung zusammenarbeiten. Leichte Küche. Hildegardstr. 1, Mo–Sa 11–1, So 17 bis 1 Uhr, www.conviva-muenchen.de, Tel. +49 89 23 33 69 77

bing hineinsieht. Oder auf die prachtvollen Adelspaläste und das Erzbischöfliche Palais in der Kardinal-Faulhaber-Straße, die luxuriösen Einkaufstempel in der Maximilianstraße, die direkt auf das Maximilianeum zuführt, den Sitz des Bayerischen Landtags. Im Süden sollte man einen Blick in die Asamkirche werfen, für viele die schönste Rokokokirche im Lande. Von dort ist es nicht weit zum Jakobsplatz mit dem Jüdischen Zentrum, der Synagoge und dem Stadtmuseum.

Zwischen Isartor, Sendlinger Tor, Karlstor und Feldherrnhalle

Beste Reisezeit

Die Wiesn, das größte Volksfest der Welt, endet nach 16 Tagen immer am ersten Sonntag im Oktober. Ein Fest für alle Sinne, das man erlebt haben muss. Zu allen anderen Zeiten ist ein München-Besuch natürlich wesentlich erschwinglicher und mindestens ebenso reizvoll.

1 Altstadt

Bei einem Spaziergang durch die kompakte Altstadt trifft man zwangsläufig auf eine Fülle an Sehenswürdigkeiten, etwa auf die Peterskirche, deren Turm man besteigen kann, oder, im nördlichen Teil, auf das Areal zwischen Theatinerkirche und Residenz, wo man von der Feldherrnhalle aus schnurgerade durch das Siegestor hindurch bis weit nach Schwa-

2 Englischer Garten

Entstanden ist Münchens viel geliebte »grüne Lunge« im 18. Jh. aus der Idee, einen Volkspark in der Art der englischen Landschaftsgärten in den Isarauen anzulegen. Die auffälligsten Bauten im Park sind der Chinesische Turm, der Monopteros und das Japanische Teehaus, das Mitsuo Nomura 1972 anlässlich der Olympischen Spiele in München als Geschenk Japans

Mikrokosmos Biergarten: Hier trifft man auf Jung und Alt, auf Münchner Originale und »Zuagroaste« – z. B. am Viktualienmarkt.

erbaut hat. Hinzu kommt der Kleinhesseloher See mit drei kleinen Inseln, einem Bootsverleih und dem Seehaus mit seinem beliebten Biergarten. Surfen in der Großstadt wird am südlichen Parkrand, an der Prinzregentenstraße Realität: An der Stelle, wo der unterirdisch verlaufende Eisbach mit geballter Macht ans Tageslicht strömt, reiten Wagemutige mit ihrem Surfbrett möglichst lange auf der Welle.

Eisbachsurfer: Prinzregentenstr.

③ Lenbachhaus

Der vom britischen Weltstar Sir Norman Foster entworfene Erweiterungsbau ergänzt seit 2013 den Landpalazzo im florentinischen Stil, den sich der Malerfürst Franz von Lenbach Ende des 19. Jh. von Gabriel von Seidl errichten ließ. Die großartige Sammlung umfasst Werke

 Hotel Blauer Bock

Das renovierte, unter Denkmalschutz stehende Haus beherbergt 69 Zimmer mit modernem Komfort und Blick auf den ruhigen Innenhof, den Sebastiansplatz oder auf die Türme der Altstadt. Sebastiansplatz 9, www.hotelblauerbock. de, Tel. +49 89 23 17 80, DZ ab 70 €

Münchner Maler vom Mittelalter bis zur Gegenwart, insbesondere die weltweit größte Sammlung zum Blauen Reiter. Im Kunstbau in der U-Bahn-Station Königsplatz, eine originelle unterirdische Galerie, werden Wechselausstellungen gezeigt.

Luisenstr. 33, Di 10–21, Mi–So 10–18 Uhr, www.lenbachhaus.de

④ Residenz

Der Gebäudekomplex ist im Lauf der Jahrhunderte den jeweiligen Moden und Bedürfnissen entsprechend gewachsen und dementsprechend groß. Mit einer Besichtigung sollte man in der Residenzstraße beginnen. Zwischen den beiden Portalen der maximilianeischen Renaissancefassade steht in einer erhöhten Nische die Bronzestatue der Muttergottes, Patrona Boiariae, aus dem Jahr 1616. Das linke Portal gibt den Blick in den Kaiser-

hof frei, das rechte in den Brunnenhof mit dem Wittelsbacher Brunnen. Vor dem Hofgarten befindet sich der Festsaalbau im Stil der Hochrenaissance, den Leo von Klenze 1832–1834 errichtete, darin der Herkulessaal, ein beliebter Konzertsaal. Im Süden der ebenfalls von Klenze verantwortete, dem Palazzo Pitti in Florenz nachempfundene Königsbau, den sich Ludwig I. als seine persönliche Residenz gestalten ließ.

Residenzstraße/Max-Joseph-Platz 2, www.residenz-muenchen.de

⑤ Viktualienmarkt

Schon im Mittelalter standen hier die Metzgerbuden, aber erst 1807 wurde durch ein königliches Dekret ein »Kräutlmarkt« eingerichtet, der im Lauf der Jahrzehnte immer größer wurde, ohne sein spezielles Aroma einzubüßen. Selbstbewusste Marktfrauen verkaufen makelloses Gemüse und Obst aus aller Welt, duftenden Käse, frischen Fisch u. v. m. Die Qualität ist top, das Preisniveau ebenfalls, doch hier macht schon das Herumwandern, Schauen und Riechen Spaß. Und das kostet keinen Cent.

Viktualienmarkt, www.viktualienmarkt.de

Nachbauten steinzeit-
licher Seehäuser zeigt
das Pfahlbaumuseum in
Unteruhldingen.

23 Bodensee

Im Hegau neigt sich das Gelände zum Wasser hin, an klaren Tagen steuert die Schweiz großes Alpenpanorama bei. Von Norden kommend, stellt sich schon auf der Bodensee-Autobahn Vorfreude ein – auf Uferspaziergänge, Fahrten mit der Fähre und ganz viel Kultur. Welterbe zum Beispiel, im Pfahlbaumuseum Unteruhldingen, das vom Leben in prähistorischer Zeit erzählt. Unweit, in Meersburg, thront über dem Ort die mittelalterliche Burg, in der die Dichterin Annette von Droste-Hülshoff zuletzt lebte. Mit dem Schiff hinüber zur Insel Mainau, begibt sich der Besucher zum barocken Anwesen der Familie Bernadotte samt subtropischem Park. Und per Schiff weiter nach Konstanz, wo am Hafen die reizvolle Imperia an die sinnlichen Aspekte des Konstanzer Konzils (1414–1418) erinnert, als drüben im Münster zwei Päpste und ein Kaiser tagten. Sommers schaukeln 30 000 Jollen und Jachten auf dem See. Juni bis August füllen sich die Gartenlokale von Wasserburg bis Lindau, wird es knifflig, noch Karten für die Bregenzer Festspiele zu ergattern, und auf den Schiffen der Weißen Flotte ist man kaum allein. Stille findet, wer entlang der Hegauer Vulkankegel streift.

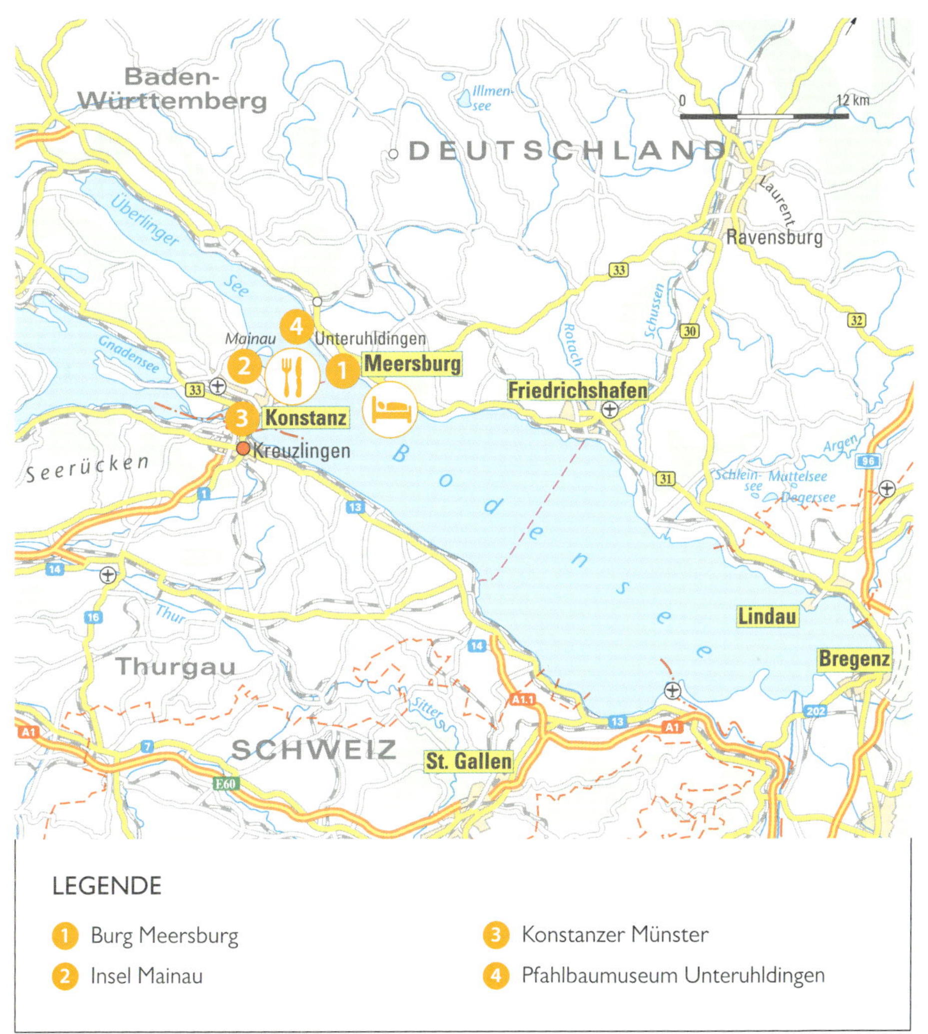

LEGENDE

1 Burg Meersburg   3 Konstanzer Münster

2 Insel Mainau   4 Pfahlbaumuseum Unteruhldingen

Beste Reisezeit

Sommers steigt die Temperatur selten über 25 Grad. Im Winter verhindert die Wasserfläche extrem niedrige Temperaturen. Frühjahr und Herbst sind aufgrund der ausgleichenden Wirkung des Sees gute Reisezeiten.

1 Burg Meersburg

Die Burg wurde unter dem Merowinger Dagobert I. im 7. Jh. gebaut. Von 1268 bis 1526 diente das Schloss als Sommerresidenz der Konstanzer Bischöfe, und nach dem Zuzug des Klerus war es bis zum Bau des Neuen Schlosses Residenz. 1838 kaufte es Baron von Lassberg; dessen Schwägerin, die Schriftstellerin und bedeutende

Hafenhalle Konstanz

Wild aus eigener Jagd oder Bodenseefisch kommt in der rustikalen Hafenhalle auf den Tisch. Abends auf der Terrasse gibt es Bodensee »at it's best«, im Sommer finden beliebte Dixie-Frühschoppen statt.

Hafenstraße 10, tgl. 10–1 Uhr, www. hafenhalle.com, Tel. +49 7531 211 26

Lyrikerin Annette von Droste-Hülshoff (1797–1848), wohnte und arbeitete mehrere Jahre lang in der Burg. Ihre Wohnräume sind ganz im Stil des Biedermeier gehalten. Die alten Gemäuer haben sich alle Zutaten einer Burg bewahrt. Diese reichen vom Rittersaal über unterirdische Tunnel, Wehrgänge und Türme bis zur Folterkammer.

Schlossplatz 10, März–Okt. 9–18.30, Nov. bis Feb. 10–18 Uhr, www.burg-meersburg.de

2 Insel Mainau

Die »Blumeninsel« Mainau ist einer der Hauptanziehungspunkte der Region. Trotz touristischer Erschließung gibt weiterhin die Natur den Rhythmus vor. Im Frühling sind es die blühenden Orchideen, Tulpen und Narzissen, im Sommer bildet die Blüte der 800 Rosenarten einen Höhepunkt des Mainau-Jahres. Im Herbst ist neben den prächtigen Dahlien das Arboretum mit 500 Arten von Laub- und Nadelbäumen herbstlich gefärbt. Und selbst im Winter gibt es auf der Insel etwas zu sehen: zum einen die winterblühenden Gehölze wie Zaubernuss und Winterjasmin, zum anderen das Schmetterlingshaus mit unzähligen Faltern. Ganzjährig bietet das Palmenhaus einem tropischen Garten Schutz. Hier gedeihen neben Bananen wundervolle Orchideen.

③ Konstanzer Münster

Der ursprünglich karolingische Bau wurde im Jahr 1000 erbaut, stürzte jedoch bereits nach 52 Jahren wieder ein. Der romanische Neubau hielt länger und wurde über die ursprüngliche Krypta aus dem 9. Jh. gestellt. An dem Gotteshaus sind zahlreiche Baustile der folgenden Jahrhunderte ablesbar. Die Grundform ist dem Hirsauer Reformgedanken verbunden: Wenig Schmuck, dagegen strenge Linienführung und Proportionen symbolisieren Glaubenskraft und Ordensdisziplin.

 Landhaus Ödenstein

Im Mittelalter verbrachten die Bischöfe von Konstanz die Sommermonate auf der Burg Meersburg. Heute zählt sie zu den beliebtesten Sehenswürdigkeiten am Ostufer des Bodensees.

④ Pfahlbaumuseum Unteruhldingen

Das Pfahlbaumuseum Unteruhldingen zählt zu den größten Freilichtmuseen Europas. Jährlich folgen rund 300 000 Besucher einem Rundgang von etwa einer Stunde Dauer, der ihnen das Alltagsleben am Bodensee in der Stein- und Bronzezeit näherbringt. Der Gang durch das Museum und den angeschlossenen Steinzeitparcours macht Archäologie auch für Laien fühlbar, sichtbar und erlebbar. Waffen und Werkzeuge können in die Hand genommen werden, Museumsführer betreuen die Besucher, die auf den langen Holzstegen über dem Wasser von Häuserensemble zu Häuserensemble wandern. Der Rundgang ist zugleich ein Gang durch die über 90-jährige Geschichte des Museums. Ersten Rekonstruktionen 1922 folgten 1940 weitere Hütten. Mit der Eröffnung des Neubaus 1996 entstanden noch mehr Nachbauten jungsteinzeitlicher und spätbronzezeitlicher Pfahlbauhäuser.

24 Zürich

Im weltweiten Metropolen-Ranking zur Lebensqualität erhielt Zürich mehrmals in Folge den Spitzenplatz. Eine Art Museum des besseren Lebens findet man zwischen Grossmünster, Rathaus und Fraumünster links und rechts der Limmat – ein Gewusel aus Gassen, kleinen Plätzen, unzähligen Restaurants, Apéro- und Sektbars und noblen Geschäften. Alle paar Minuten bimmelt eine blau-weiße Tram vorbei.

Wo sonst in der Welt fahren Investmentbanker damit ins Büro? Auf den ersten Blick wirkt Zürich einfach nur schön und sauber, bei Sonnenschein gar zauberhaft. Mit der Uetlibergbahn auf den 400 m über dem Zürichsee gelegenen Hausberg zu fahren, mag den Eindruck bestätigen. Und doch treffen in der größten Schweizer Stadt Postkartenidyll und Realität aufs Kurioseste zusammen. Jenseits der Sihl

zeigt die Business-Stadt einen anderen Charakter: weniger idyllisch, doch ungezähmt-interessant. In Aussersihl, wo einst die Zürcher Sozialdemokratie entstand, ließen sich im 19. Jahrhundert viele Gastarbeiter nieder. Wer gute italienische oder spanische Lokale sucht, wird sie hier finden. Und nur wenig weiter geben sich in der Trendmeile Zürich-West Kunst, Kultur und Clubbing die Hand.

Der See glitzert im Mondschein, man lässt die Füße im Wasser baumeln – schöner geht ein Sommerabend, hier im Seebad Enge, kaum.

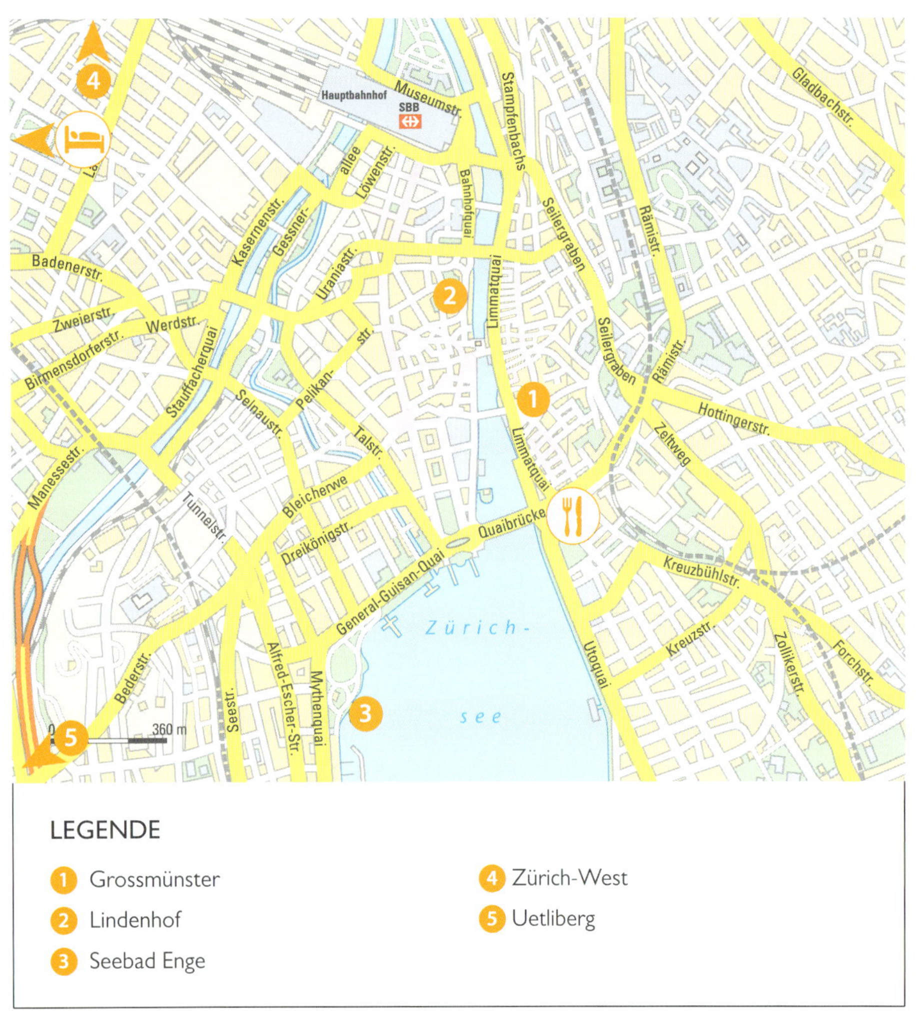

Ob in der Opernpause, beim Shopping oder beim Warten auf die Tram: Am legendären Imbiss trifft man sich seit 1963 zu jeder Tages- und Nachtzeit auf die einzigartige Kalbsbratwurst mit ultrascharfem Senf und knusprigem Bürli! Theaterstr. 22, tgl. 10.30–23.45 Uhr, www.sternengrill.ch

das Hauptportal betritt, ist erstaunt über die Schlichtheit des wuchtigen Kirchenschiffs – ein Ergebnis der Reformation: Als Huldrych Zwingli hier 1519–1531 predigte, ließ er alles, was der Kirche Glanz verlieh – Altäre, Bilder und Skulpturen –, entfernen. Die Kirche vereint drei Baustile: Die drei unteren Geschosse sind romanisch, darüber folgt ein spätgotisches Geschoss und die Spitze zieren Achteckhauben, ein frühes Beispiel der Neugotik.

Grossmünsterplatz, März–Okt. tgl. 10–18, Nov.–Feb. 10–17 Uhr, www.grossmuenster.ch

2 Lindenhof

Der Ausblick von dieser Kuppe eines Moränenhügels ist wunderbar, das wusste schon Goethe, denn er verbrachte »den Rest des Morgens unter den hohen Linden auf dem ehemaligen Burgplatz«, das war 1797. Ein Jahr später wurde hier die Helvetische Verfassung beschworen. Die Römer errichteten hier 15 v. Chr. eine Zollstation, später ein Kastell, das als »Urzelle« der Stadt gilt. Nach Gründung

Beste Reisezeit

Jedes Jahr am 3. Mo im Apr. wird beim Sechseläuten der Winter in Form eines mit Knallkörpern versehenen Strohmanns verbrannt und ein großes Volksfest gefeiert. Ansonsten ist Zürich am schönsten im Sommer zur Badi-Zeit.

1 Grossmünster

Der Legende nach soll Karl der Große auf der Jagd einen Hirsch von Aachen bis Zürich verfolgt haben. An der Stelle des jetzigen Grossmünsters sank sein Pferd plötzlich in die Knie, um ihm zu zeigen, dass an dieser Stelle ein Märtyrer begraben sei. Karl habe die Gebeine heben lassen und Kirche sowie Propstei des Grossmünsters gestiftet. Wer das Grossmünster durch

Blick von der Quaibrücke auf Fraumünster links und Grossmünster rechts der Limmat.

eines Frauenklosters im 9. Jh. entstand eine Pfalz, die den deutschen Kaisern als zeitweilige Residenz diente. Später war es ein Ort für Volksversammlungen und -vergnügen. Heute dient der Platz einfach der Ruhe und Erholung.

Lindenhof, www.zuerich.com

 3 See- und Flussbadis

Zürich ist nicht nur die Stadt der Banker, sondern auch der Bäder. Der Besuch von – wie die Schweizer sagen – Badis ist für die Zürcher fester Bestandteil des sommerlichen Lebens. Ohne Badezeug geht man nie aus dem Haus. Fünf Bäder liegen am Seeufer und vier am Fluss, alle mehr oder weniger zentral: nah zur Börse, zum Rathaus, zum Hauptbahnhof, zu den Hotels, Restaurants, Bars und Cafés. Die einst altmodischen Badis verwandeln sich bei

Hotel Greulich

Die zehn Zimmer und acht Junior-Suiten des Designhotels findet man in einem stillen Hinterhof. Sie sind sehr hell, funktional und modern. Schön ist auch die Sommerterrasse des Restaurants.
Hermann-Greulich-Str. 56, www.greulich.ch, Tel. +41 43 243 42 43, DZ ab 120 €

Sonnenuntergang in Open-Air-Locations mit Barbetrieb, Tanzfläche, Kino, Theater, Gondelfahrten und vielem mehr.

www.baditour.ch

 4 Zürich-West

Nirgendwo ist Zürich so sehr pulsierende Großstadt wie hier. Zwischen Bahngleisen und Limmat war einst die Drogenszene zu Hause, das ist inzwischen vergessen. Alte Fabrikgebäude wurden entkernt und restauriert, im Schiffbau hat das Schauspielhaus eine zweite Spielstätte gefunden, viele Bars, Clubs und Szene-Restaurants sind ebenfalls hier beheimatet. Ins ehemalige Löwenbräu-Areal ist die Kunst eingezogen: Hochkarätige Ausstellungen werden in den Museen Migros und Kunsthalle sowie in den Galerien gezeigt. Artworker und Kreative haben hier ihre Ateliers, Studios, Lofts oder Läden.

Rund um die Limmatstr., www.kulturmeile.ch

5 Uetliberg

Den »Pfannenrand« der Stadt, den Uetliberg, kann man auf vielfältige Weise bewandern. Uto ist der Namensvorfahre des Uetzgi, sprich Uetli, nach dem die Bergspitze benannt wurde. Eine Galavorstellung bietet die städtische Majestät, wenn die Wolken unterhalb ihres Gipfels liegen, die Stadt in Tristesse tauchen und den grenzenlosen Himmel um den Gipfel zur sonnigen Apotheose erheben. Ein atemberaubendes Panorama auf 871 m Höhe.

Mit der Tram 13 bis Endstation Albisguetli, www.uetliberg.ch

25 Genfer See

Das Südufer gehört Frankreich, der restliche Lac Leman der Schweiz, die hier eine ihrer schönsten Regionen hat. Ein bisschen Wallis zwischen Rhônezufluss und französischer Grenze, teilen sich ansonsten zwei Kantone den See: im Südwest-Zipfel der Kanton Genf, mit seiner international geprägten Hauptstadt, und als größter Anrainer der Kanton Waadt, dessen Hauptort Lausanne am Nordufer liegt. Der »waadtländischen Riviera« verleihen Orte wie Montreux und Vevey südländisches Flair. Auf einer winzigen Insel steht Schloss Chillon, eine uralte Wasserburg, in die Lord Byron seinen Namen ritzte, bevor er ihr ein Poem widmete. Schaurig-schön: das Verlies mit Kreuzrippengewölbe, beeindruckend: der Blick zu den Weinbergterrassen des Lavaux, die Welterbe sind. Zu Genfs Sehenswürdigkeiten zählt als Europasitz der UN der Palast der Nationen, nebst vielen internationalen Organisationen an der Avenue de la Paix gelegen. Einen Besuch lohnen Rousseaus Geburtshaus und das Mamco, eine der besten Schweizer Sammlungen zeitgenössischer Kunst. Interessant auch: das Musée international de la Réforme, das die Geschichte des Protestantismus erzählt, zu der Calvin in Genf beitrug. Unübersehbar: der Jet d'eau, der 140 Meter hohe Wasserstrahl im See.

Früher Gefängnis, heute Idylle pur: Schloss Chillon.

Auberge du Vigneron

Hier schmeckt nicht nur Wurst aus dem Nachbardorf, marokkanische Tajine oder eine Tarte Tatin ausgezeichnet. Auch der Blick von der Restaurant-Terrasse über die Weinberge ist spektakulär.

Route de la Corniche 14, Epesses, Di bis So, Winter Di–Sa, www.aubergedu vigneron.ch, Tel. +41 21 799 14 19

nach oben, in der Fußgängerzone stehen futuristische Beton-Sitzmöbel und eine Fassade ist mit beleuchteten Membranen gepolstert. Auf dem Esplanade du Flon, Zentrum des Viertels, finden regelmäßig kulturelle oder festliche Veranstaltungen statt. Filmkulissenatmosphäre zum Anfassen – also: hinfahren, flanieren, entdecken.

Rund um den Bahnhof Flon, www.flon.ch

2 Mamco, Genf

Das »musée d'art moderne et contemporain« ist das größte und jüngste Schweizer Museum für moderne und zeitgenössische Kunst. Mit seiner Sammlung von 4000 Kunstwerken, von denen sich ein Drittel im Eigenbesitz des Museums befindet, genießt es internationalen Ruf. Gezeigt werden u. a. Werke von Maurizio Nannucci, Robert Filliou und Gordon Matta-Clark sowie dreimal jährlich große neue Ausstellungen.

Rue des Vieux-Grenadiers 10, Genf, Di–Fr 12–18, Sa/So 11–18 Uhr, www.mamco.ch

LEGENDE

1 Flon, Lausanne
2 Mamco, Genf
3 Notre-Dame, Lausanne
4 Platz der Nationen, Genf
5 Schloss Chillon
6 Weinterrassen des Lavaux

Beste Reisezeit

Durch die mediterranen Einflüsse auf das Klima regnet es im Sommer relativ viel, optimales Wetter bringt der September, der zudem die Zeit der Weinlese ist. Musikalisches Highlight ist das Montreux Jazz Festival im Juni.

1 Flon, Lausanne

Im südlichen Zentrum von Lausanne liegt das Flon, einst Flusstal, heute pulsierendes Trendviertel. Jeder Meter ist so modern wie möglich, eine Mischung aus der Anmutung alter Lagerhallen und neuer, großflächiger Verglasung ist hier entstanden. Z. B. transportiert ein verglaster Aufzug die Menschen von der Metro-Station

③ Notre-Dame, Lausanne

Die Kathedrale Notre-Dame gilt als die Königin von Lausanne. Auch wenn sie des Öfteren »kränkelt« und ihr weicher Sandstein immer wieder behandelt werden muss, entschädigt ihre gotische Pracht mit dem strahlenden Gelb der Wände und mit dem Glockenturm und dessen 6,5 t schweren Glocke namens Maria Magdalena. Außerdem arbeitet hier Renato Häusler, einer der letzten historischen Nachtwächter in Europa. Jeden Abend steigt er die 153 Stufen in den Turm hinauf und sagt die Zeit an – ein Stück Lausanne wie in vergangenen Zeiten!

④ Platz der Nationen, Genf

Der »Platz der Nationen« bzw. »Place des Nations« bildet das Zentrum des internationalen Genf, denn hier befindet sich auf den Hügeln der UN-Palast, der europäi-

🛏 Le Vigny

Man schläft in den Zimmern im Winzerhaus oder, wer etwas Besonderes sucht, auf Stroh im ehemaligen »Hühnerhüsli«. Die herzliche Gastgeberin Yolande gibt gerne Tipps für Unternehmungen.
Chemin du Vigny 10, Cully,
www.levigny.wix.com,
Tel. +41 21 799 38 12, DZ ab 100 €

Trotz meist friedlicher Stimmung wird am Mahnmal des Platzes der Nationen in Genf fast täglich demonstriert.

sche Sitz der Vereinten Nationen. Allein schon wegen seiner Ausmaße ist das Gebäude sehenswert: 600 m lang, 2800 Büros und 34 Konferenzsäle. Auf dem Platz steht auch der überdimensionale, 12 m hohe »Broken Chair«, ein Stuhl, dem ein halbes Bein fehlt. Das Mahnmal wurde vom Genfer Künstler Daniel Berset geschaffen und symbolisiert den Kampf gegen den Einsatz von Landminen. Nebenan widmet man sich einer anderen internationalen Organisation: Das Rotkreuz- und Rothalbmondmuseum zeichnet den roten Faden des humanitären Abenteuers nach.

⑤ Schloss Chillon

»Chillon! Dein Gefängnis ist ein heiliger Ort«, schrieb der Dichter Byron, der dem hier eingekerkerten François Bonivard ein literarisches Denkmal setzte. Wer die Felsinsel im Genfersee, auf der das Schloss Chillon seit dem 12. Jh. steht, heute besucht, muss nicht leiden, sondern kann glücklicherweise in paradiesischem, wenn auch viel besuchtem Flair schwelgen.

⑥ Weinterrassen des Lavaux

Vor gut 900 Jahren haben Mönche die Terrassen in mühevoller Arbeit angelegt. Das Ziel der Einheimischen ist es, dieses Erbe zu erhalten: In bis zur 17. Generation bestellen die ca. 250 Winzer ihre Rebfläche, alle anderen können in der herrlichen Umgebung wandern, radfahren und natürlich die Arbeit der Weinbauern kosten.

26 Salzburg

Einem einzigartigen Freilichtmuseum gleicht die Altstadt von Salzburg: mit dem Dom, dem Stift St. Peter, der über allem hinausragenden Festung Hohensalzburg und engen Gassen, in denen sich nostalgische Kaffeehäuser und Konditoreien, Traditionsläden und Edelboutiquen aneinanderreihen. Südlich des Festungsbergs steht seit 1615 das fürsterzbischöfliche Schloss Hellbrunn in italienischem Stil. Dorthin führt, kilometerlang und autofrei, die älteste Allee Europas. Das prachtvolle Schloss samt Park und den berühmten Wasserspielen stammt aus einer Epoche, lange bevor Salzburg österreichisch wurde (1816). Eine Zeit, in der auch der Stadt berühmtester Sohn lebte. Obwohl Wolfgang Amadeus Mozart Salzburg 1781 nur zu gern verließ, wird er heute hier umso inniger verehrt: in der Getreidegasse, wo in seinem Geburtshaus ein vielbesuchtes Museum eingerichtet ist, mit einem Platz samt Denkmal, mit renommierter Musikhochschule, Stiftung, Festspielhaus. Und mit feinen Marzipankugeln, die – ebenso wie der Flughafen – seinen Namen tragen dürfen. Zwischen all dem bietet die Stadt an den Ufern der Salzach urbanes Flair, ein kulturelles Angebot vom Allerfeinsten und eine Hotellerie, die – abgesehen von Wien – sonst keine andere österreichische Stadt in dieser Güte parat hat. Die Promidichte ist hoch, ganz besonders während der Salzburger Festspiele, wenn sich bei Mozartklängen und dem obligatorischen »Jedermann« auf dem Domplatz auch im Publikum berühmte Künstler tummeln.

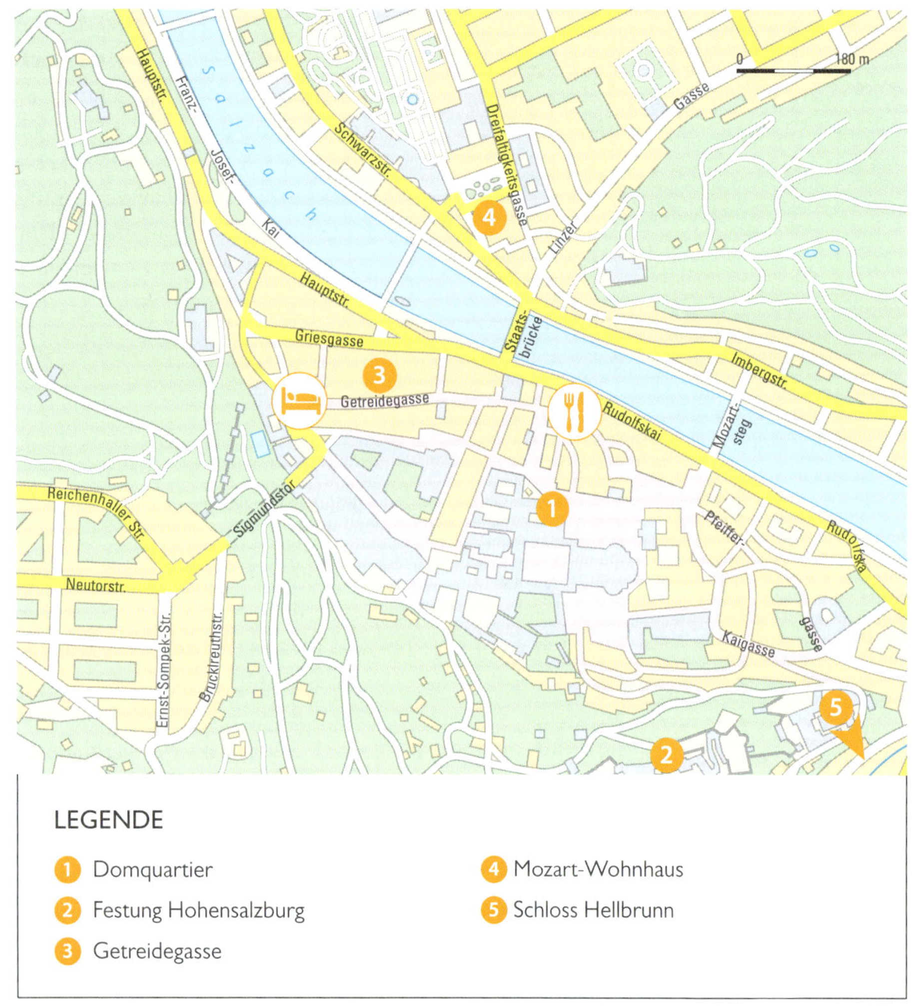

LEGENDE

1. Domquartier
2. Festung Hohensalzburg
3. Getreidegasse
4. Mozart-Wohnhaus
5. Schloss Hellbrunn

Goldene Kugel

Wo heute das Brauhaus Goldene Kugel in seinen hohen dunklen Gewölberäumen regionale Küche serviert, stand früher der Guglbräu, eines der traditionsreichsten Gasthäuser in der Stadt. Judengasse 3, Mo–Fr 11–24, Sa, So 10–24 Uhr, www.goldene-kugel.at, Tel. +43 662 84 30 20

etwa 2000 wertvolle Exponate besichtigen. Darunter sind Schätze des Dommuseums und Sonderausstellungen in Seitenoratorien. Über den gotischen Chor der Franziskanerkirche landet man am Ende im prunkvollen Carabinieri-Saal der Residenz.

Residenzplatz 1, Mi–Mo 10–17 Uhr, www.domquartier.at

② Festung Hohensalzburg

Mitteleuropas größte vollständig erhaltene Burganlage ist das Wahrzeichen Salzburgs. Sie liegt 120 m hoch über der Salzach auf dem Festungsberg und bietet einen herrlichen Blick auf die Stadt und die umgebende Bergwelt. So wie sich die Festung heute zeigt, wurde sie größtenteils während der Amtszeit des Erzbischofs Leonhard von Keutschach (1495–1519) im 15. Jh. erbaut. Heute wird sie teils als Museum, teils privat genutzt. Man erreicht die Festung in 70 Sekunden mit der Standseilbahn oder in 20 Minuten zu Fuß. Der Zugang zum äußeren Burgring führt durch

Beste Reisezeit

Die Salzburger Festspiele (Mitte Juli–Ende August) sind der kulturelle Höhepunkt des Jahres. Eine günstige Alternative sind die Salzburger Kulturtage: In den letzten beiden Oktoberwochen stehen Konzerte und Ballett auf dem Programm.

① Domquartier

Das neue Domquartier ist das renommierteste Kulturprojekt Salzburgs und präsentiert einen eindrucksvollen Rundgang durch die barocke Pracht der Salzburger Altstadt. Seit Mai 2014 können Besucher in das Innerste der fürsterzbischöflichen Kultur und Historie eintreten und dabei auf dem Weg durch die Residenz, die Residenzgalerie und den Dom auf 15 000 m² drei Tore über eine Zugbrücke, durch das Bürgermeistertor erreicht man den Zwinger. Von hier geht es weiter über eine steile Treppe und durch die Höllenpforte oder geradewegs durch die Rosspforte in den äußeren Burghof.

Mönchsberg 34, Jan.–Apr. und Okt.–Dez. tgl. 9.30–17, Mai–Sept. tgl. 9–19 Uhr, www.salzburg-burgen.at

③ Getreidegasse

Lange Zeit war diese Straße als Verlängerung der Judengasse der einzige durchgängige Straßenzug Salzburgs. Zahlreiche reich verzierte Schilder, kunstvolle Portale, gepflegte Fassaden und idyllische Arkadenhöfe bilden den idealen Hintergrund für das pulsierende Geschäftsleben dieser Gasse. Jedes Schild für sich ist ein kleines Kunstwerk. Berühmt sind aber auch die sogenannten »Durchhäuser«: Die Getreidegasse besitzt auf der ganzen Länge keine einzige Quergasse, und lange Zeit waren diese öffentlichen Häuserdurchgänge die einzige Möglichkeit, um zur Salzach und

 Blaue Gans, »artHotel«

Vom ältesten Wirtshaus der Getreidegasse zum ersten »artHotel«: ein bewohnbares Kunstwerk, das Tradition und Innovation verbindet, gestaltet vom Salzburger Künstler Erich Schobesberger. Getreidegasse 41, www.hotel-blaue-gans-salzburg.at, Tel. +43 662 842 49 10, DZ ab 150 €

Viele Geschäfte in der Getreidegasse machen mit prächtigen, schmiedeeisernen Schildern auf sich aufmerksam.

zum Universitätsplatz zu gelangen. Durch die Gasse pilgern heute Mozartliebhaber zu dessen Geburtshaus: In Nr. 9 kam der Musiker am 27. Januar 1756 als siebtes Kind des »Hochfürstlichen Salzburgischen Kammermusikus« Leopold Mozart und seiner Frau Anna Maria Walpurga zur Welt, hier lebte er bis 1773.

Zwischen Karajanplatz und Rathaus

④ Mozart-Wohnhaus

Nach dem Umbau vor einigen Jahren präsentiert sich das Mozart-Wohnhaus in neuem Glanz. In dem Gebäude auf der nördlichen Seite der Salzach soll der Musiker zwischen 1773 und 1780 viele Stücke komponiert haben. Die Ausstellung, die sich durch die einzelnen Räume zieht, gibt einen perfekten Überblick über Leben und Wirken Mozarts und seiner Familie. Erklärungen über Audio-Guide. Tipp: Das Mozart-Wohnhaus ist weniger überlaufen als Mozarts Geburtshaus.

Makartplatz 8, tgl. 9–17.30, Juli–Aug. 9–20 Uhr, www.mozarteum.at

⑤ Schloss Hellbrunn

Das von Fürsterzbischof Markus Sittikus erdachte Schloss Hellbrunn mit seinem herrlichen Park wurde Anfang des 17. Jh. von Hofbaumeister Santino Solari erbaut. Seine einzigartige Pracht erregte auch im Ausland Aufsehen. Die weitläufigen Parkanlagen, mit Ziergarten, Wasserspielen und vielen skulpturengeschmückten Grotten machen Hellbrunn zu einem unvergesslichen Erlebnis.

Fürstenweg 37, April, Okt., Nov. 9–16.30, Mai, Juni, Sept. 9–17.30, Juli, Aug. 9–21 Uhr, www.hellbrunn.at

Anreise

Berlin:	6:30 h	🚗
Frankfurt:	5:08 h	🚆
München:	1:28 h	🚆
Zürich:	4:30 h	🚗
Wien:	2:22 h	🚆

27 Wien

»Drah di net um, der Kommissar geht um«, sang Ende der
70er-Jahre ein gewisser Hans Hölzl, der sich den Künstlernamen
Falco verpasst hatte, und setzte damit Wien und Österreich
zum ersten Mal auf die Weltkarte des Pop. Sein »Kommissar«
war sogar in den USA ein Hit. Das rote Wien, wie es hieß,
hatte für sozialen Ausgleich und kleinbürgerliche Sicherheit
gesorgt, aber von Glamour war das alles weit entfernt gewesen.

Irgendwie veränderte sich in den folgenden Jahren alles. Wien
hat sich von einer Metropole mit morbidem Charme zu einer
modernen Weltstadt mit Flair gewandelt. Diese ist heute neben
London, Paris, Berlin oder Madrid eine der lebhaften Haupt-
städte Europas und ein Knotenpunkt wichtiger Verkehrswege
zwischen Ost und West, Nord und Süd. Das Zentrum des alten
»Mitteleuropa« hat wieder eine wirtschaftliche und politische

Im MuseumsQuartier wird die im klassizistischen Stil errichtete Winterreitschule von Leopold Museum und mumok eingerahmt.

Bedeutung. Die wichtigsten Universitäten und Ausbildungsstätten Österreichs sind hier situiert, wie das als Schauspielschule weltbekannte Max-Reinhardt-Seminar oder die Akademie für Angewandte Kunst. Walzerseligkeit und Sisi-Verehrung sind nur das Sahnehäubchen auf einer Sachertorte namens Wien. Ständig entdeckt man Neues: Trendige Lokale, coole Shops und Showrooms junger Wiener Designer wachsen allerorts aus dem Boden. Und doch lohnt sich noch immer ein Besuch im altehrwürdigen Café Sperl: Der Oberkellner ist zwar heute eine Kellnerin, doch »granteln« kann auch sie. Die Melange hat Klasse, die Sperl-Schnitte als »Zubiss« veredelt den kulinarischen Genuss. Wien bleibt eben doch Wien, wie es schon Johann Schrammel, der legendäre Erfinder der Schrammelmusik, in seinem berühmten Marsch dichtete.

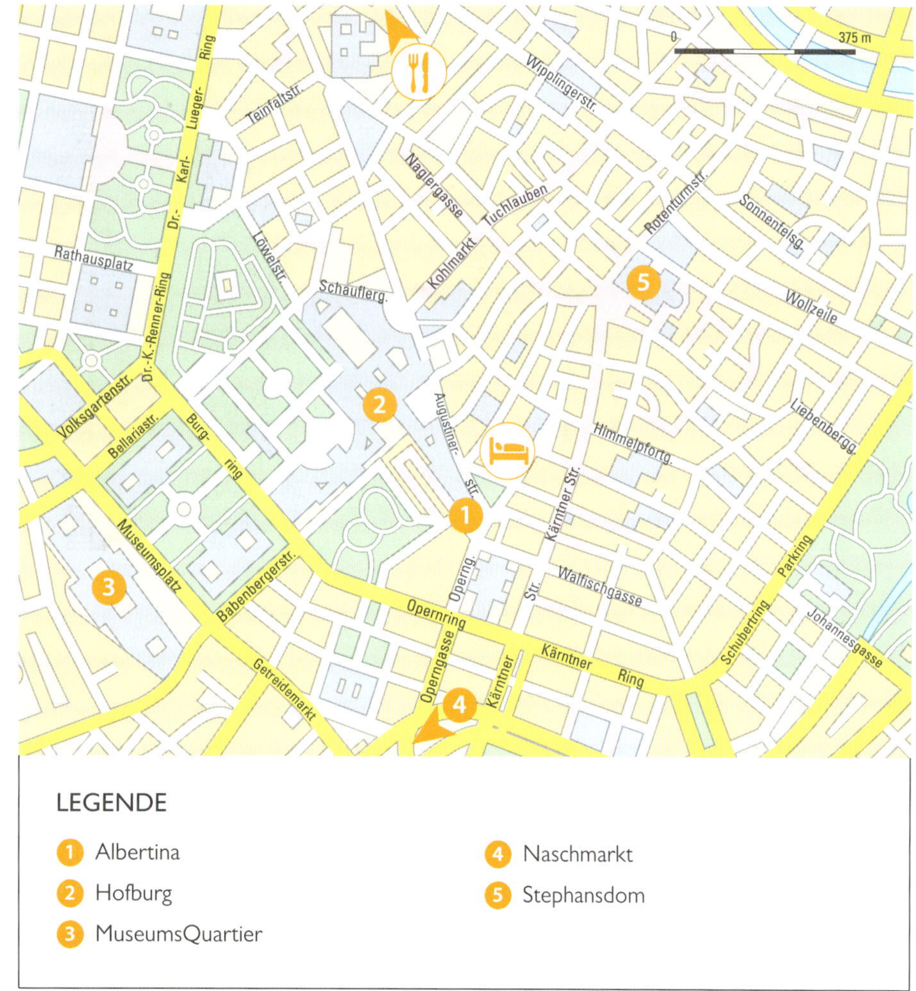

grafischer Werke weltweit, eine namhafte Skulpturen- und eine Fotosammlung. Sehenswert sind aber auch die habsburgischen Prunkräume mit 21 Gemächern und zum größten Teil Originalgemälden und -möbeln.

Albertinaplatz 1, tgl. 10–18, Mi bis 21 Uhr, www.albertina.at

LEGENDE

1. Albertina
2. Hofburg
3. MuseumsQuartier
4. Naschmarkt
5. Stephansdom

Beste Reisezeit

Wien bietet nicht nur Wiener Klassik! Von Ende Oktober bis Mitte November steht bei der Konzertreihe »Wien modern« die Musik des 20. und 21. Jh. im Mittelpunkt. Werke renommierter Komponisten werden dabei ebenso aufgeführt wie Klangexperimente von Newcomern.

1 Albertina

Erst seit Kurzem erstrahlt die Albertina wieder im alten Glanz: Nach umfassender Renovierung wurde aus dem klassizistischen Palais nahe der Hofburg eine der bedeutendsten Ausstellungsstätten der Stadt. Die hauseigene Sammlung umfasst zahlreiche Meisterwerke der Moderne – u. a. Monet, Picasso und Kandinsky. Hinzu kommt die umfangreichste Sammlung

2 Hofburg

In der »Burg« residierten bis 1918 die Habsburger. Seit 1945 ist sie der Amtssitz des österreichischen Bundespräsidenten, hier sind aber auch Teile der Österreichischen Nationalbibliothek und verschiedene Museen zu finden. Seit dem 13. Jh. und dem Bau des ursprünglichen Schweizerhofes wurde immer wieder umgebaut, erweitert oder neu gestaltet. Von der ursprünglichen mittelalterlichen »Burg« ist heute nur mehr die Burgkapelle zu sehen. In der Renaissance entstand die Stallburg, mit ihrem Arkadenhof das schönste Bauwerk dieser Epoche in Wien; dort haben die Lipizzaner ihre Stallungen. Die Amali-

Im Prunksaal der Nationalbibliothek in der Hofburg sind nicht nur die Bücher, sondern auch die Fresken wahre Schätze.

enburg wurde im 17. Jh. mit dem Schweizerhof verbunden, zum Michaelerplatz hin wurde 70 Jahre später die Winterreitschule angebaut. Den Abschluss des heute sichtbaren Gebäudetrakts bildete ab dem Jahr 1900 die Neue Hofburg. Hier befindet sich der Eingang zur Verleihstelle der Nationalbibliothek, hier sind das Ephesos-Museum und die Musik- und Waffenkammer zu finden sowie das bedeutende Museum für Völkerkunde.

③ MuseumsQuartier

Seit 2001 sind im MuseumsQuartier einige der bedeutendsten Institutionen und Initiativen Österreichs vereint. Zu den bekanntesten zählen das Leopold Museum und das Museum Moderner Kunst Stiftung

 ### The Guesthouse Vienna

Im Boutiquehotel gegenüber der Albertina stammt die Inneneinrichtung vom britischen Designer Terence Conran. Helle, luftige Zimmer mit toller Aussicht auf die Albertina oder die Oper. Fürichgasse 10, www.theguesthouse.at, Tel. +43 1 512 13 20, DZ ab 175 €

Ludwig mit seiner grandiosen Sammlung von Kunst des 20. Jh. Außerdem stehen hier die Kunsthalle Wien mit Wechselausstellungen, das Architektur Zentrum Wien und das ZoomKindermuseum.

④ Naschmarkt

Blunz'n (Blutwurst) und Wildschweinschinken, Wiener Schnecken und Wein, Käse aus ganz Europa und natürlich frisches Obst und Gemüse – auf dem Naschmarkt gibt es alles, was das kulinarische Herz begehrt. Die Standbetreiber sind meist nicht mehr die urigen alten Marktweiber von einst, aber dafür atmet der Naschmarkt wieder das Flair des einstigen Vielvölkerstaats der Donaumonarchie.

⑤ Stephansdom

Der »Steffl« genannte Dom gilt als Wahrzeichen Wiens. Vom Südturm bietet sich eine grandiose Aussicht, allerdings muss man dazu die 343 Stufen bis zur in 73 Meter Höhe gelegenen Türmerstube überwinden und dem »Drehwurm« auf der Wendeltreppe trotzen. Einfacher kommt man auf den Nordturm – per Aufzug.

Anreise

Berlin:	1:05 h	✈
Frankfurt:	1:20 h	✈
München:	3:55 h	🚆
Zürich:	1:20 h	✈

28 Prag

Zur »Welthauptstadt der Fantasie« wurde Prag von Dichtern, Musikern, Filmstars und Künstlern erklärt. Und tatsächlich ist die Stadt ein Sehnsuchtsort, der die Sinne verzaubert. Über keine andere Stadt der Welt wurden so viele Bücher geschrieben, Legenden und Mythen, die in Prag ihren Ursprung haben, sind so zahlreich wie die Ehrennamen der Stadt. »Mutter aller Städte« hat sie sich einst selbst genannt. Nicht nur geografisch liegt Prag im Zentrum Europas, hier bündeln sich europäische Traditionen aller Himmelsrichtungen; so sind deutsche, tschechische und jüdische Geschichte (und Geschichten) hier untrennbar miteinander verwoben. Die Weltkriege hat die Altstadt mit ihren kopfsteingepflasterten Gassen fast unbeschadet überstanden und zeigt noch immer den Grundriss der mittelalterlichen Stadt beiderseits der Moldau. Seit sechs Jahrhunderten spannt sich das steinerne Wunderwerk der Karlsbrücke über den Fluss; die Allee der Steinheiligen verbindet den Hradschin, den Prager Burgberg, mit dem altstädtischen Zentrum. Auch wenn hier touristischer Trubel die historische Aura gelegentlich in den Hintergrund treten lässt, gibt es zuhauf versteckte Ecken, Innenhöfe und Winkel, wo die Zeit stehen geblieben zu sein scheint und die Fantasie regiert.

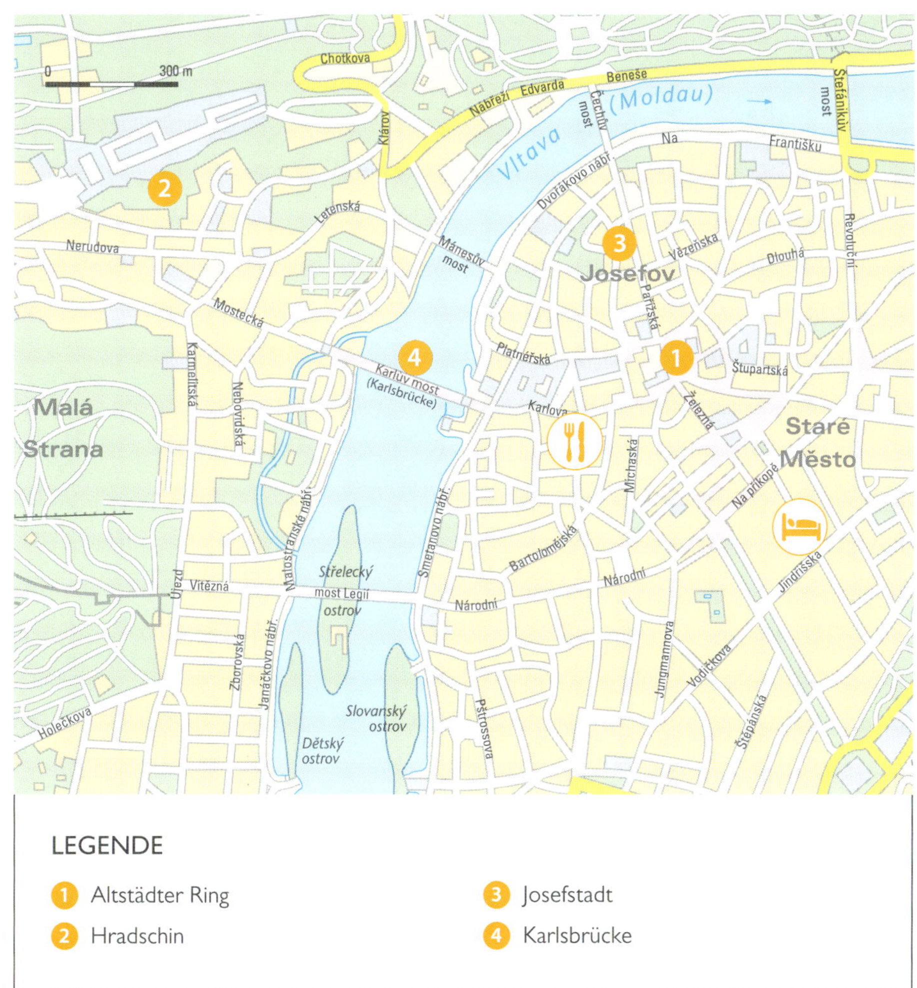

Schriftsteller Bohumil Hrabal zählte zu den Stammgästen, und Dichterpräsident Václav Havel hat hier US-Präsident Bill Clinton zu Kartoffelpuffern und Schinkenrollen mit Käsefüllung verführt. Husova ulice 17, Mo–Sa 15–23 Uhr, www.uzlatehotygra.cz, Tel. +420 222 22 11 11

LEGENDE

1 Altstädter Ring   3 Josefstadt
2 Hradschin   4 Karlsbrücke

Beste Reisezeit

Zum Prager Frühling (Pražské jaro) im Mai ist alles von Kopf bis Fuß auf Musik eingestellt. Das Programm setzt sich zusammen aus Klassik wie Moderne, interpretiert von Symphonieorchestern oder Kammerensembles.

1 Altstädter Ring

»Staromák« sagt der Prager kurz. Der alte Stadtkern war bereits um 1100 besiedelt, im Mittelalter lag der Platz noch eine Etage tiefer, in fast allen umliegenden Häusern führen Treppen in Kellerlokale, unterirdische Discos und mitunter auch skurrile Galerien. Zu den schönsten Häusern zählt »U Minuty« mit seinen schwarzweißen Sgraffiti. Über der Herzkammer der Alt-

stadt der mahnende Finger des Märtyrers Jan Hus (1370–1415): Aus dem Gruppendenkmal ragt er bedrohlich heraus, als würde er seine Gegner aufspießen wollen.

Staroměstské náměstí

2 Hradschin

Der große Stolz der Prager, seit elf Jahrhunderten der Sitz der Macht. Die Eigenart des Hradschin beruht auf einer Tradition, die sich über Generationen fortsetzt: Ob Fürst, König, Kaiser oder Präsident, jeder Herrscher hinterließ hier ein Baudenkmal nach seinem Gusto. Mit 70 000 m² steht das Burgareal im Guinness-Buch der Rekorde und auf der UNESCO-Liste. Es umfasst die Kanzlei des Präsidenten, fünf Paläste, vier Festsäle, sechs mittelalterliche Türme, fünf kirchliche Objekte, ein ehemaliges Kloster und acht Gärten nebst Dienstgebäuden für Burgbeschäftigte. Vom Hradschin aus herrschten zwei deutsch-römische Kaiser und sieben Könige über halb Europa. Neben dem St.-Veits-Dom mit Wenzelskapelle und dem

Strahov-Kloster mit seiner Bibliothek und den romanischen Sälen ist der Besuch der Burggalerie in den ehemaligen Stallungen Pflicht: 400 Gemälde (Tintoretto, Rubens, Tizian).

3 Josefstadt

In der Josefstadt (Josefov) finden sich sechs Synagogen im Umkreis von knapp 300 m. Auf seinen Namen wurde das Ghetto im Gedenken an den Kaiser Joseph II. getauft, der 1781 mit seinem Toleranzpatent auch den Juden im Reich die Religionsfreiheit gewährte. Eine der Hauptsehenswürdigkeiten markiert der Alte jüdische Friedhof. Die Besucher treten sich hier auf die Füße, alle wollen zum Grab von Rabbi Löw (1525–1609), der Symbolfigur des Prager Judentums. Ihm wird die Schöpfung von Golem, einer Lehmfigur, in der das ewige »Kernfeuer der Erde« loderte, angedichtet. Nach seinem Urbild kreierte Hollywood den modernen Terminator, in einer an-

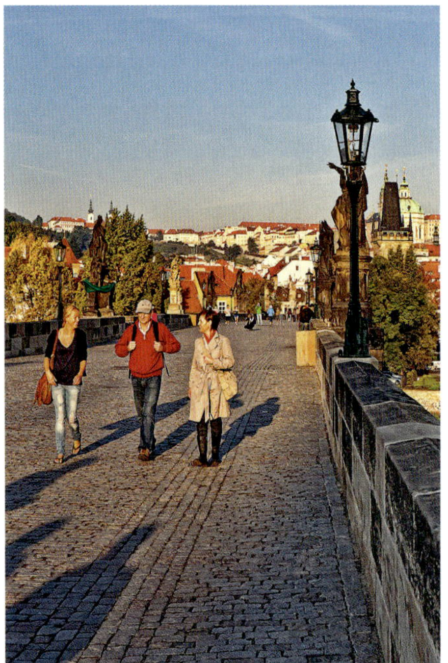

Die vom Architekten Peter Parleř konzipierte Karlsbrücke ist der wahrscheinlich schönste Weg über die Moldau.

deren Version den »unheimlichen Hulk«. Auf den schmalen Pfaden zwischen 12 000 Grabplatten auf einer Fläche kleiner als ein Fußballplatz herrscht freilich meistens Stau. Auch die Altneu-Synagoge, die älteste erhaltene jüdische Gebetsstätte Europas mit frühgotischem Charakter ist bedeutsam. Die Pinkassynagoge als zweitältester Bau der jüdischen Stadt wurde zur Gedenkstätte an die Holocaust-Opfer umgewandelt. Mit den Namen von 77 297 Toten ein sehr nachdenklicher Ort.

Fusion Hotel Prague

Das ehemalige Bankgebäude von Josef Gočár, dem legendären Architekten des Kubismus, im Jahr 1921 entworfen, wurde in ein futuristisches Cyber-Hotel mit 88 Zimmern verwandelt. Die rotierende 360°-Bar ist ein Partytreff. Panská 9, www.fusionhotels.com, Tel. +420 226 22 28 00, DZ ab 69 €

4 Karlsbrücke

Die einzigartige Statuenallee macht sie weltberühmt. Der hl. Nepomuk wurde 1683 als Erster aufgestellt. Das Spalier erweiterte sich auf 30 Steinheilige. Die Gesichter sind ausdrucksstark von Ferdinand M. Brokoff und Matthias Braun gestaltet, den bedeutendsten Bildhauern des böhmischen Barock. Die hl. Luitgard löste wegen ihrer fast erotischen Ausstrahlung auch Diskussionen aus. Christus am Kreuz reicht ihr die Hand, sie liebkost seine blutende Herzwunde. Die mystische Skulpturenszene ist eine Kopie von Berninis »Verzückung der hl. Theresa« in Rom. Den Grundstein zu seiner mittelalterlichen Brücke legte Kaiser Karl IV. selbst. Rund 520 m lang, 10 m breit und von 16 Pfeilern gestützt, betrug die Bauzeit 45 Jahre. Den Altstädter und Kleinseitener Brückenturm kann man besteigen. Einmal Frühaufsteher zu sein lohnt sich: Am Sonntag zwischen fünf und sechs Uhr früh ist man auf der Karlsbrücke beinahe allein und der Sonnenaufgang vergoldet die Gloriolen der Brückenheiligen. Es ist ein besinnlicher Augenblick.

Anreise

Berlin:	4:30 h
Frankfurt:	4:45 h
München:	4:39 h
Zürich:	6:30 h
Wien:	3:55 h

29 Krakau

Ein Feuer speiender Drache, ein Schloss und Könige zuhauf – Krakau hat wahrhaft Märchenhaftes zu bieten. Auch wenn der Drache nur aus Bronze ist und die Könige seit Jahrhunderten in ihren Grüften ruhen. Die Schlossanlage auf dem Wawelhügel über der Weichsel war über 500 Jahre lang Krönungs- und Begräbnisstätte der polnischen Könige, Krakau die Hauptstadt ihres Reichs. Seit dem Mittelalter ist die Stadt eines der wichtigsten europäischen Geistes-, Kultur- und Wirtschaftszentren Europas, bis zum Zweiten Weltkrieg war sie ein Schmelztiegel der Kulturen. Polen, Deutsche, Juden, Russen, Österreicher (und andere mehr) lebten hier zusammen und schufen eine zweifellos wunderschöne Stadt. Den Zweiten Weltkrieg hat Krakau – äußerlich – unbeschadet und den Kommunismus mit katholischer Standfestigkeit überstanden sowie den Neuanfang nach Ende des Kalten Krieges eindrucksvoll gemeistert. Heute machen die vielen Studenten und Kreativen die Stadt jung und bunt. So schwungvoll, selbstbewusst und international ist keine andere Stadt Polens. Historisches Erbe und kreative Lebenslust verbinden sich zu einer stimmungsvollen Atmosphäre. Der Bronze-Drache vom Wawelhügel, der bislang nur alle fünf Minuten einen Feuerstoß von sich gab, legt mittlerweile Extraschichten ein: SMS genügt.

Eine Art polnische Buchstabensuppe: »Miedzy/Between« von Stanislaw Dróźdź im MOCAK.

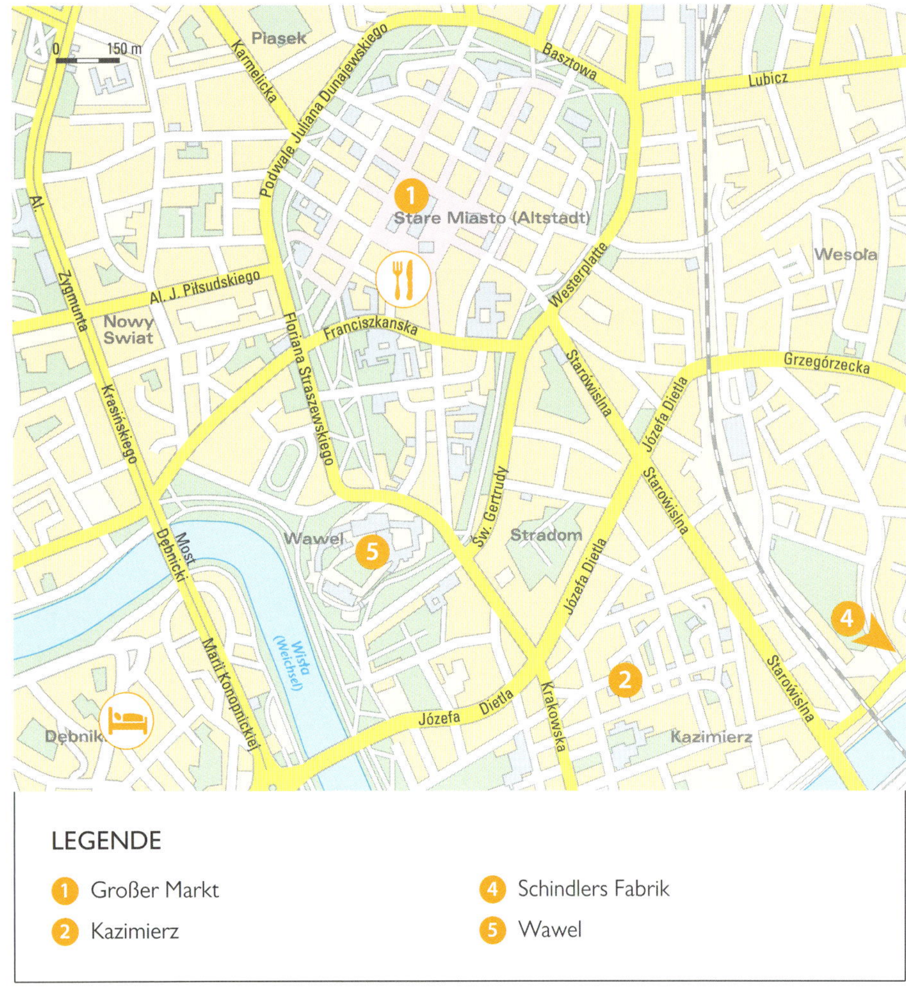

LEGENDE

1 Großer Markt
2 Kazimierz

4 Schindlers Fabrik
5 Wawel

1 Großer Markt

Auf dem Rynek Główny pulsiert das Leben von früh bis spät: Stets sind die Terrassencafés gefüllt, Musikanten spielen auf und Blumenfrauen verkaufen ihre duftende Ware. Von früherem Reichtum künden die Tuchhallen, die den Platz fast in seiner ganzen Länge teilen, die Marien- und die Adalbertkirche sowie das Mickiewicz-Denkmal und der Rathausturm. Rings

 Wierzynek

Die Einrichtung ist vom Wawel-Schloss inspiriert, Kellner in historischem Kostüm servieren altpolnische Adelsküche. Preiswerter und lockerer hingegen geht es im Café und im sommerlichen Hofgarten zu.
Rynek Główny 15, tgl. 13–23 Uhr,
www.wierzynek.com.pl,
Tel. +48 12 424 96 00

um den Platz zaubern die adeligen und bürgerlichen Paläste mit ihren eleganten Attiken einen Hauch Exotik ins Bild.

Rynek Główny

2 Kazimierz

Ein jüdisches Viertel fast ohne jüdische Bewohner, einst Krakaus Armenhaus, heute sein »Quartier Latin«. Künstler, denen die glanzvolle Altstadt zu teuer war, eröffneten hier Galerien, Ateliers und Alternativtheater. Nachdem 1495 die Juden aus Krakau vertrieben worden waren, wurde ihnen der östliche Teil der damals noch eigenständigen Stadt Kazimierz zugewiesen. Bis 1941 war dieser deshalb ausschließlich von Juden bewohnt. Nach der Ermordung fast aller Juden im Konzentrationslager wurde das Viertel zu einer Geisterstadt. Erst nach der Wende »entdeckten« die Krakauer Kazimierz wieder. Mittlerweile sind einige Synagogen restauriert und Cafés schießen wie Pilze aus dem Boden.

Rund um die Krakowska

Riesenlettern zu Ehren eines polnischen Ingenieurs am Empfangsgebäude der Nowa Huta.

 Nowa Huta

Die aus dem Boden gestampfte Arbeiterstadt, ein Geschenk Stalins, war als »Gegengift« zu Krakaus Konservatismus gedacht. 38 000 junge Arbeiter sollten die Stadt »aufweichen«. Die Siedlungen verkörperten alles, was im Sozialismus als modern galt: medizinische Versorgung, Sporteinrichtungen, Bildungseinrichtungen bis hin zum Avantgarde-Volkstheater etc. Im Gegenzug wurden hier jährlich bis zu 7 Mio. t Stahl geschmolzen. Schnell verflog die Euphorie, die Bewohner pfiffen auf die Volksbildung und erkämpften sich stattdessen ein Gotteshaus. Heute erhält man bei einem Spaziergang einen Eindruck vom eigenwilligen Architekturstil jener Zeit. Viele Künstler haben die Industriestadt als Aktionsfeld entdeckt – besonders das Teatr Ludowy und das Theater Łaznia Nowa machen von sich reden.

10 km östlich der Altstadt

 U Pana Cogito

Villa aus dem 19. Jh., wenige Gehminuten von der Altstadt, mit hellen, ruhigen Zimmern und Frühstück im Wintergarten. Die Einnahmen kommen der Arbeit mit psychisch Kranken zugute.
ul. Bałuckiego 6, www.pcogito.pl, Tel. +48 12 269 72 00, DZ ab 60 €

 Schindlers Fabrik/MOCAK

In der ehemaligen Emaille-Fabrik von Oskar Schindler erfährt man u. a., wie der Gestapo-Mann Juden als Sklavenarbeiter nutzte, doch sie später vor dem Tod rettete. Individuelle Biografien, als Jude, Widerstandskämpfer oder »normaler« Bürger, führen »durch die Zeit«. In den früheren Werkshallen taucht man in eine ganz andere Welt ab: Im Museum zeitgenössischer Kunst MOCAK gibt es viel Schräges.

ul. Lipowa 4, Fabryka: Apr.–Okt. Mo 10–16, Di–So 10–20, Nov.–März Mo 10–14, Di–So 10–18 Uhr, www.mhk.pl, MOCAK: Di–So 11–19 Uhr, www..mocak.pl

5 Wawel

Auf dem Nationalheiligtum thront die Kathedrale, in der Könige gekrönt und beigesetzt wurden; vom Schloss nebenan herrschten sie über ein mächtiges Reich. Nicht nur für Patrioten ist der Wawel ein »heiliger« Ort. Zu einem der sieben Chakren der Welt erklärt, pilgern auch Esoteriker hierher. Allen anderen bietet er Kunst und Architektur aus 1000 Jahren und einen schönen Blick auf die Weichsel. Am Fuße spuckt der legendäre Drache Feuer.

Wawel, Apr.–Okt. Di–Fr 9.30–17, Sa/So 10–17, Nov.–März Di–Sa 9.30–16, So 10–16 Uhr, www.wawel.krakow.pl

Anreise

Berlin:	5:20 h
Frankfurt:	1:30 h
München:	1:20 h
Zürich:	2:10 h
Wien:	4:40 h

30 Budapest

Schon der Name verrät, dass Budapest nicht so einfach auf einen Nenner zu bringen ist. Da gibt es »Buda«: hoch über dem Fluss, mit seinen engen Gassen, dem Burgpalast und der Zitadelle. Und da ist – am anderen Ufer – in der weiten Ebene »Pest« mit seinen Prachtstraßen, seiner Basilika, Synagoge und dem Parlament. Dazu kommen ganz unterschiedliche Prägungen vergangener Epochen: ungarische, deutsch-österreichische, jüdische, türkische Traditionen und, nicht zu vergessen, »realsozialistische«. Vielleicht ist es die Donau, die alles zusammenhält. Der Strom verbindet Budapest nicht nur mit Wien im Westen und dem Schwarzen Meer im Osten, sondern verknüpft auch die Stadtteile – ein Dutzend majestätische Brücken überspannt den Fluss. Deutlich werden die verflochtenen Traditionslinien an vielen Stellen der Stadt: Was jeweils einst in türkischer Zeit begonnen hatte, wurde in der k.u.k.-Zeit auf das Prächtigste ausgestaltet und gehört nun unverzichtbar zum ungarischen Selbstverständnis. Schöner als etwa im Café Gerbeaud oder im Gellért-Bad lässt sich kaum der Kaffeehauskultur bzw. den Thermalbadefreuden frönen. Man kann hier der bewegten Geschichte dieser Paläste nachsinnen oder jene Oasen der Entspannung inmitten großstädtischer Geschäftigkeit einfach genießen. Quirligere und zugleich bodenständigere Eindrücke bieten demgegenüber die vielen, über die Stadt verteilten Markthallen, von denen die Zentrale Markthalle sicher die schönste ist. Mit allen Sinnen lässt sich hier das Budapester und ungarische Lebensgefühl erspüren, riechen und schmecken: genussvoll und facettenreich – so wie Budapest eben ist.

Streng blickende Soldatenstatuen wachen über die am nordöstlichen Rand des Burgviertels gelegene Fischerbastei.

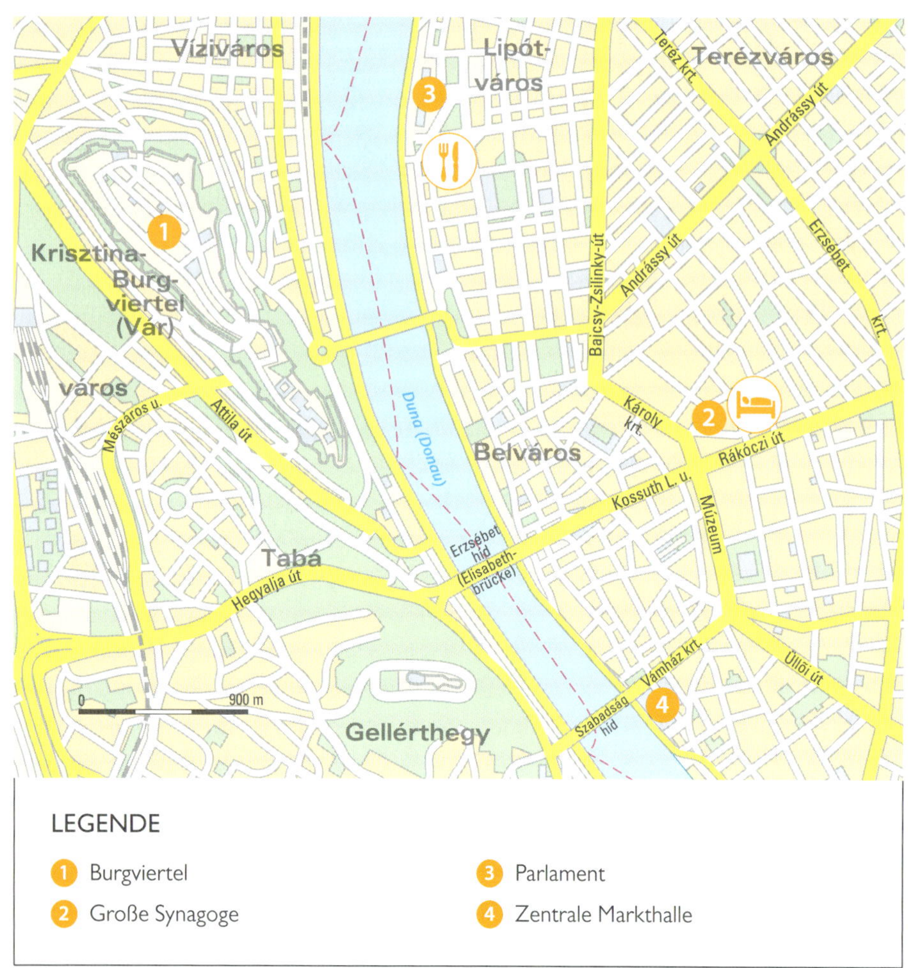

LEGENDE

1 Burgviertel

2 Große Synagoge

3 Parlament

4 Zentrale Markthalle

1 Burgviertel

Teile des I. Bezirks erheben sich gut sichtbar über der Stadt. Dort liegt eines der Wahrzeichen von Budapest, das Burgviertel. Die Geschichte der Burg reicht weit zurück. Aufzeichnungen zufolge begann ihr Bau 1243 auf dem damals noch als »Péster Neuberg« bezeichneten Burgberg. Als 1246 ein Sturm der Mongolen erwartet wurde, mussten die Bauarbeiten beschleunigt werden, und schon 1255

berichtete König Béla IV. von der fertigen Festung. Heute ist der Weg zum Burgpalast eine kleine Attraktion. Denn mit der Zahnradbahn gelangt man in kurzer Zeit vom Fuß des Burgbergs (Clark Ádám tér) zum Dísztér, dem Zierplatz. Mit etwa fünf Personen pro Abteil ist es etwas eng in den Kabinen, jedoch wird man mit einem schönen Blick entlang des Donauufers belohnt. Zehn Gehminuten nördlich befindet sich die Fischerbastei, das wohl prägendste Element des Budaer Donau-

Die Stadt lockt mit süßen Verführungen, da ist ein Besuch im »Az élet étterme« (»Das Restaurant des Lebens«) eine gute Alternative. Das erste Rohkost-Restaurant bietet Köstliches aus Obst und Gemüse – ganz ohne Kochen oder Backen.

Garibaldi utca 5, Tel. +36 20 384 4912

ufers. Der Name geht auf die Zeit zurück, als die Zunft der Fischer diesen Abschnitt der Stadtmauer schützte. Bei klarer Sicht blickt man von hier bis zur Stadtgrenze und darüber hinaus.

Zwischen Bécsi kapu (Wiener Tor) im Norden und dem Budavári palota (Burgpalast) im Süden

2 Große Synagoge

Das Gotteshaus umfasst neben den Gebetsräumen eine Dauerausstellung in einem Seitenflügel, einen Friedhof und ein Mahnmal. Eine Trauerweide aus Metall,

Beste Reisezeit

Budapest ist im Frühling am schönsten, wenn die Natur zu sprießen beginnt. Zwischen Ende Mai und Ende August kann es sehr heiß werden. Spätestens ab Oktober muss mit Regen, Schnee oder auch Stürmen gerechnet werden.

Budapests frisches Einkaufsparadies: In der dreistöckigen Zentralen Markthalle befinden sich über 180 Marktstände.

entworfen von Imre Varga, ist das vielleicht intensivste Stück der Synagoge. Auf den Blättern der Weide sind die Namen der Holocaust-Opfer, die aus ungarischen jüdischen Familien stammen, eingraviert.

Dohány utca 2, Fr 10–14, Apr.–Okt. bis 16.30, So–Do 10–16, Apr.–Okt. bis 18 Uhr, www.dohanyutcaizsinagoga.hu

 ## Parlament

Das Parlament ist nicht nur das zweitgrößte Regierungsgebäude Europas, sondern auch eines der opulentesten. Blattgold und Marmorsäulen gehören ebenso zur Ausstattung wie eine Zentralheizung und die frühe Konstruktion einer Klimaanlage, die Architekt Imre Steindl bewirkte, indem er von zwei Brunnen über Luftschächte wassergekühlte Frischluft ins Parlament schleusen ließ. Ein Blick auf die Homepage vor dem Besuch lohnt sich, denn zum einen ist die Besichtigung nur nach Voranmeldung möglich, zum anderen gibt es zu festen Zeiten einen Wachwechsel, bei dem die Soldaten in ausgeklügelten Choreografien an- und abtreten.

Kossuth Lajos tér, Apr.–Okt. Mo–Fr 8–18, Sa, So bis 16, Nov.–März tgl. 8–16 Uhr, www.parlament.hu

 ## Bazár Hostel

Das im Stadtzentrum gelegene Bazár Hostel hat Kultstatus. Denn hier wohnt es sich wie bei Freunden, neben den verschiedenen Zimmern gibt es auch Gemeinschaftsräume und -küchen.
Dohány utca 22–24,
www.bazarhostel.com,
Tel. +36 1 787 64 20, DZ ab 50 €

 ## Zentrale Markthalle

Entgegen aller Vermutungen, die sich beim ersten Blick aufdrängen: Die Zentrale Markthalle ist nicht als Bahnhof entstanden. Dabei meint man fast, beim Blick in die lang gestreckte Halle unter dem Gerüst aus Eisenstangen Züge hereinrollen zu hören. Das Gebäude gilt als Meisterwerk des ungarischen Historismus. Ungeachtet aller kulturhistorischen Aspekte hat sich die Halle ihren authentischen Flair bewahrt. Die Verkaufsstände im Erdgeschoss bieten immer noch Obst, Gemüse, Fleisch und Wurstwaren an, die Preise sind dabei nicht höher als auf anderen Märkten. Weil die Menschen hier noch immer ihren täglichen Einkauf verrichten, sieht man alte Damen am Obststand nach den schönsten Früchten suchen.

Fővám tér 11–12, Mo 6–17, Di–Fr bis 18, Sa bis 15 Uhr

Anreise

Berlin:	1:25 h	✈
Frankfurt:	1:35 h	✈
München:	7:15 h	🚆
Zürich:	1:35 h	✈
Wien:	3:01 h	🚆

31 Ljubljana

Der junge Staat Slowenien und seine geschichtsträchtige Hauptstadt werden gelegentlich unterschätzt (oder wie im Falle George W. Bushs mit der Slowakei verwechselt). Wer genauer hinsieht, entdeckt zwischen Alpen, Adria und Balkan eine mitteleuropäische Perle. Mit weniger als 300 000 Einwohnern verbindet Ljubljana auf faszinierende Weise kleinstädtischen Charme mit den Vorzügen einer Metropole. Das kulturelle Angebot ist enorm: Herausragende Theater- und Konzertbühnen, ausgefallene Galerien und hochkarätige Museen buhlen um die Gunst eines verwöhnten lokalen Publikums. In wohl keiner anderen Stadt begegnet man auf so kleinem Raum so vielen künstlerisch ambitionierten Menschen: Schon seit dem Mittelalter ist die Stadt mit zahlreichen Akademien, Werkstätten und Fachschulen ein Kulturzentrum von europäischem Rang.

Der 1701 gegründeten Philharmonie gehörten u. a. Haydn, Beethoven, Brahms und Mahler an. Laibach hieß die Stadt damals und war insgesamt fast 600 Jahre Teil des Habsburgerreichs (bis 1918). Das altösterreichische Erbe verbindet sich im Stadtbild auf das Harmonischste mit der romantisch-verspielten Eleganz der frühen jugoslawischen Jahre (1920er/30er), geprägt vom slowenischen Star-Architekten Jože Plečnik. In der kleinen kul-turbeflissenen Metropole beiderseits des Ljubljanica-Flusses geht es heute angenehm gelassen zu. Nicht nur die Musen werden ge-pflegt, auch Muße und Genuss kommen nicht zu kurz: schmucke Parkanlagen, zahlreiche bunte Märkte, entspannte Straßencafés, fröhliche Bars und gemütliche Restaurants – hier herrscht eine Atmosphäre unaufgeregter Lebensfreude. Ja, Ljubljana ist eine Perle, klein, schillernd und exquisit.

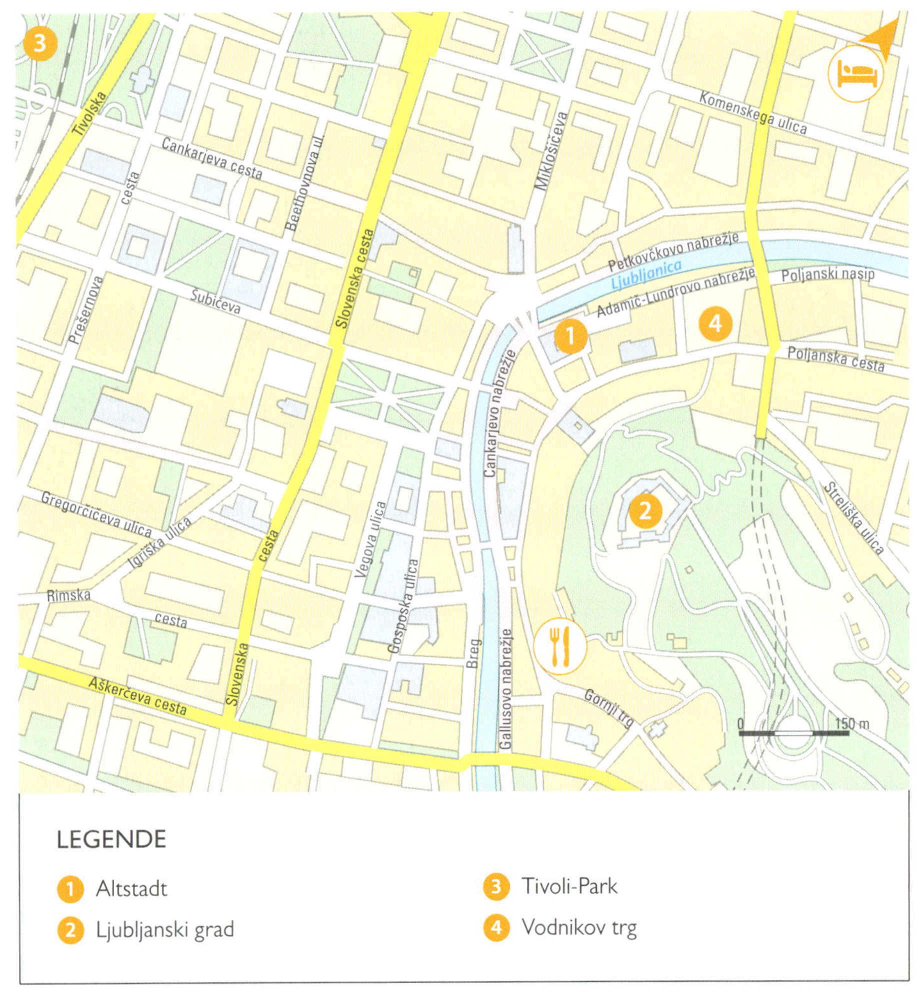

LEGENDE

1 Altstadt

2 Ljubljanski grad

3 Tivoli-Park

4 Vodnikov trg

immer wieder kleine Plätze und Grünanlagen mit Bars und Terrassencafés. Die dezente Eleganz vieler Plätze und Straßen ist dem slowenischen Stararchitekten Jože Plečnik zu verdanken, der die österreichische Provinzstadt in eine mitteleuropäische Metropole verwandelte. Das Eingangstor zur Altstadt ist der Prešerenplatz mit der Franziskanerkirche, über die augenfällige Dreibrückenanlage (Tromostovje) gelangt man zum Pogačarjevplatz mit dem romanisch-barocken Dom. Unweit befindet sich auch das Rathaus mit einem Brunnen davor, der die Flüsse Sava, Krka und Ljubljanica symbolisiert.

www.visitljubljana.com

1 Altstadt

Der Name der slowenischen Hauptstadt enthält das Wort »Ljubezen«, das übersetzt Liebe bedeutet. Ähnlich sympathisch geht es in der nahezu autofreien Altstadt zu. Hier lässt es sich mußevoll schlendern, der Blick fällt auf pastellfarbene Häuser und verspielte Brücken. Aus Habsburger Zeit stammen prachtvolle Barock- und Jugendstilpaläste, dazwischen öffnen sich

2 Ljubljanski grad

»Slowenische Akropolis« wird das weithin sichtbare Wahrzeichen der Stadt genannt. Schon zu Zeiten der Illyrer und Kelten war der Burghügel besiedelt. Ihr heutiges Aussehen erhielt die Burg im frühen 16. Jh. In ihrem Inneren sind mehrere Ausstellungen zu sehen, u. a. zur Geschichte Slowe-

Witzige Alternative zu Schlössern an Brücken: Alte Schuhe werden, z. B. am Prešerenplatz, über Oberleitungen geworfen.

niens. Die Vorführung »Virtuelle Burg« zeigt in 20 Minuten mit Animationen anschaulich die Entwicklung von Ljubljanski grad durch die verschiedenen Epochen hindurch und stellt die einzelnen Burgräume vor. Vom Aussichtsturm der Burg bietet sich ein schöner Blick, nicht nur auf die Stadt, sondern bei gutem Wetter bis zu 1/3 Sloweniens weit. Zu erreichen ist die Burg von der Altstadt aus zu Fuß oder per Standseilbahn.

3 Tivoli-Park

1813 wurde rings um das im 17. Jh. von Jesuiten als Kloster errichtete, 1852 von Kaiser Franz Joseph an Feldmarschall Radetzky übergebene Tivoli-Schloss ein

Celica

Das ehemalige Militärgefängnis aus dem 19. Jh. wurde von Studenten und 80 Künstlern aus aller Welt renoviert und zu einem Hostel umgestaltet. Hier bleibt man gerne freiwillig, und die Altstadt ist in 10 Minuten zu Fuß erreichbar.
Metelkova 8, www.hostelcelica.com, Tel. +386 1 230 97 00, DZ ab 25 €

großer Park errichtet. Ein Gewächshaus mit tropischen und fleischfressenden Pflanzen, Blumenfelder und Kastanienalleen sowie zahlreiche Statuen und Fontänen durchziehen die Anlage. Wem das Schlendern allein zu langweilig ist, dem stehen Trimmpfade zur Verfügung oder der besuch eines der Museen: Das der zeitgenössischen Geschichte befindet sich im Cekin-Palast, und im Tivoli-Schloss ist das Internationale Grafische Zentrum untergebracht.

4 Vodnikov trg

Am geschäftigen Vodnikplatz (benannt nach dem slowenischen Poeten Valentin Vodnik) kann man im Freien aus einem großen Angebot an Obst und Gemüse

wählen, das die Verkäufer in ihrer bäuerlichen Tracht feilbieten. Daneben, in den von Jože Plečnik gestalteten Markthallen, gibt es auf zwei Etagen u. a. frisches Fleisch, Brot aus dem Holzofen, hausgemachtes Gebäck, Käse und Öle. Sonntags hingegen lässt es sich schön auf dem Flohmarkt stöbern.

Anreise

Berlin:	9:00 h	🚗
Frankfurt:	1:15 h	✈
München:	4:05 h	🚗
Zürich:	1:10 h	✈
Wien:	3:40 h	🚗

Südwesteuropa

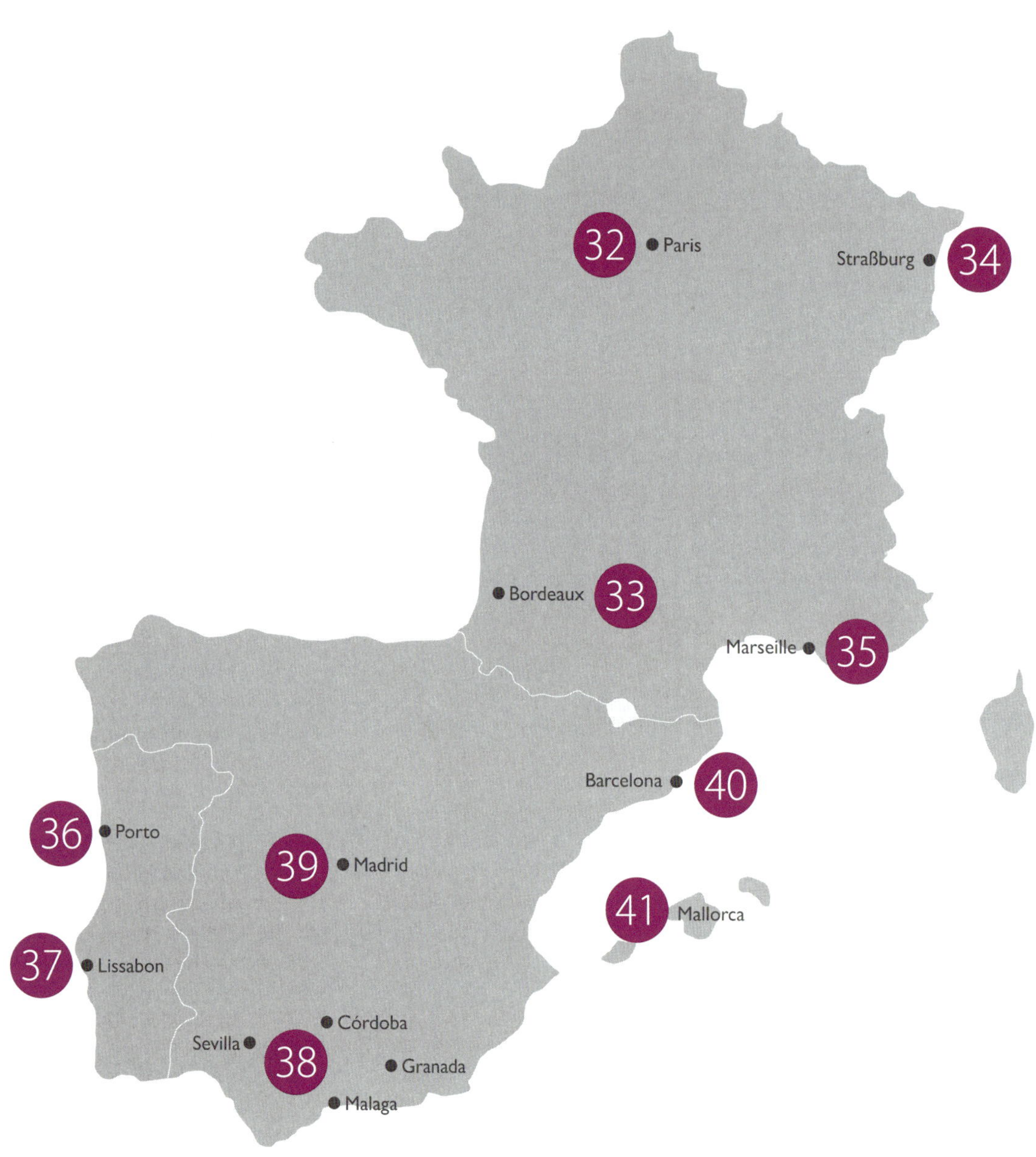

»Eine Reise ist ein Trunk aus der Quelle des Lebens.«

Christian Friedrich Hebbel

32 Paris

Mythos Paris: Keine andere Stadt ist so mit Sehnsucht aufgeladen, so verführerisch und zeitlos schön. Millionen Menschen aus aller Welt strömen an die Seine. Sie haben Bücher über Paris gelesen, Filme von Truffaut, Chabrol, Louis Malle gesehen, sind Kommissar Maigret in die Pariser Unterwelt gefolgt. Sie lieben die Chansons von Edith Piaf, Brassens und Aznavour. Bei Montmartre fällt ihnen Toulouse-Lautrec ein und dass Picasso 1907 in einem Waschhaus nahe Sacré-Cœur mit sieben nackten Frauen den Kubismus begründete. Am Sehnsuchtsziel angekommen, fragt sich: Wo beginnen? Ganz klar, trotz Andrang: bei den Hauptsehenswürdigkeiten, von denen viele Frankreich symbolisch verkörpern. Notre-Dame gehört dazu, die gotische Kathedrale, in der sich Napoleon zum Kaiser krönte. Der Eiffelturm, 324 m hoch, gehört dazu: 1889 als scheußlich gescholten, ist er heute aus dem Stadtbild nicht wegzudenken. Und natürlich als Lebensader die Seine. Ein Blick auf den Stadtplan genügt: Sie teilt Paris in zwei Hälften: rive gauche, das linke, und rive droite, das rechte Ufer. Zwei berühmte Literatencafés, das Café de Flore und das Café Les Deux Magots, liegen links der Seine im legendären Kulturviertel Saint-Germain-des-Prés. Die Bohème zog um 1900 ins Handwerkerviertel Montparnasse, das mit großen Cafés, kleinen Museen und einem wunderschönen Friedhof auf dem rechten Ufer liegt. Ebenso wie Louvre, Oper, Champs-Élysées, Place de la Concorde und Arc de Triomphe.

Hoch über lauten Blechkolonnen wachen die stummen Wasserspeier der Notre-Dame über die »Stadt der Liebe«.

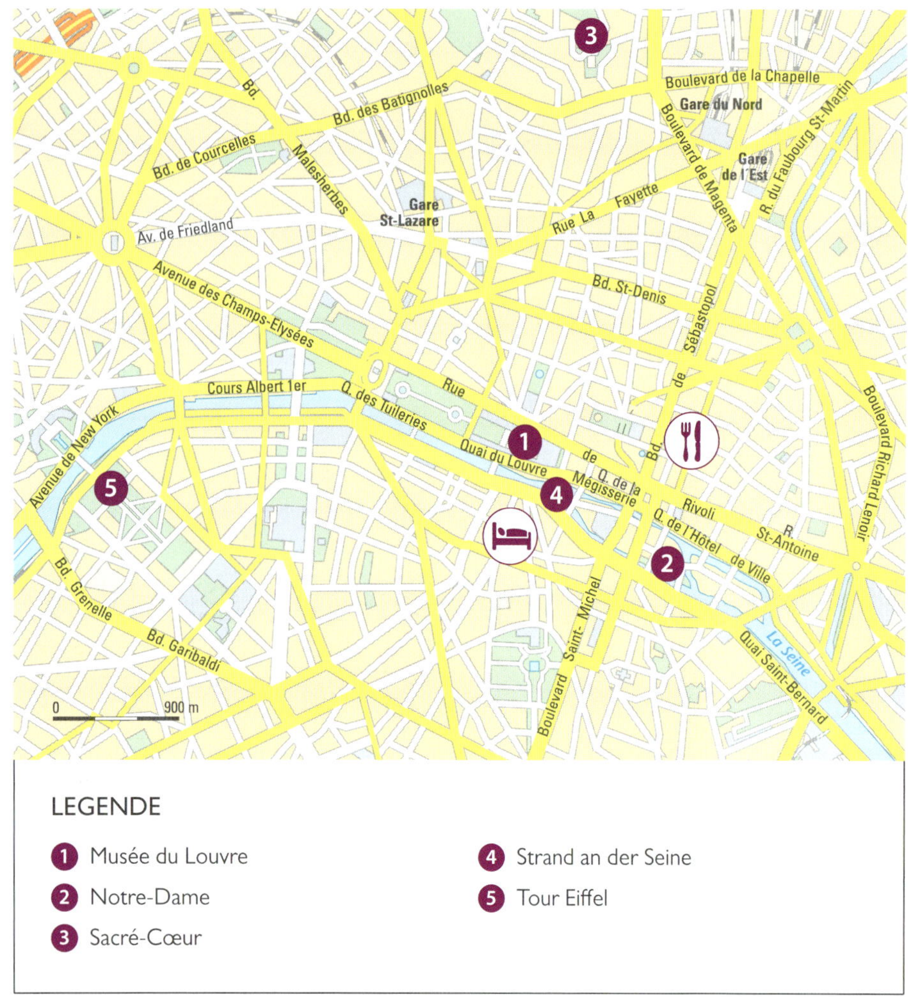

LEGENDE

1 Musée du Louvre
2 Notre-Dame
3 Sacré-Cœur
4 Strand an der Seine
5 Tour Eiffel

Beste Reisezeit

Im Mai, wenn es warm wird, wenig Regen fällt und die Touristenbusse die Seine-Metropole noch nicht erobert haben, ist es in Paris am schönsten. Für Kulturbegeisterte ist der Herbst wegen der vielen Neuinszenierungen und musikalischen Events interessant.

1 Musée du Louvre

Bereits im Jahr 1793 wurde die Festung des Louvre zum ersten Mal der Öffentlichkeit als Museum zugänglich gemacht. Fast 200 Jahre später wurde das größte Kunstmuseum der Welt modernisiert, seither gelangen die Besucher durch eine gläserne Pyramide über die unterirdische, lichtdurchflutete Napoléon-Halle zu den drei Flügeln Denon, Sully und Richelieu,

 **Georges**

Nicht zuletzt wegen des einzigartigen Blickes auf die Stadt ist das Restaurant auf dem Dach des Centre Pompidou so begehrt. Super gestylt, ein wenig zu teuer, aber wie gesagt: der Blick! 120, rue St-Martin, Mi–Mo bis 2 Uhr, www.beaumarly.com/georges/accueil, Tel. +33 1 44 78 47 99

die in die 198 Säle des Louvre führen. Highlights: »Mona Lisa«, »Venus von Milo« und »Nike von Samothrake«.

Pl. du Louvre, Mi–Mo 9–18, Mi, Fr bis 21.45 Uhr, www.louvre.fr

2 Notre-Dame

Die Kathedrale »Zu Unserer Lieben Frau« ist Wahrzeichen von Paris und eine der bedeutendsten Sakralbauten der Frühgotik, erbaut zwischen 1163 und 1345. Besonders eindrucksvoll ist die Fassade mit ihren drei Portalen: Portal des Jüngsten Gerichts (Mitte), Marienportal (links), Annenportal (rechts). Die Kirche wird von drei großen Rosettenfenstern durchbrochen: Bei der Westrosette (um 1230) steht Maria in der Mitte, die Nordrosette (um 1250) zeigt Figuren und Geschehnisse des Alten Testaments, die Südrosette (um 1270) Christus, umgeben von Aposteln und Märtyrern.

Pl. du Parvis-Notre-Dame, tgl. 8–18.45 Uhr, www.notredamedeparis.fr

Rund um die berühmte Basilika von Sacré-Cœur werden in den Gassen von Montmartre allerlei Souvenirs angeboten.

ges Pompidou vier Wochen lang gesperrt und mit Tonnen von Sand gefüllt. Wenn das kein Service ist!

Zwischen Pont des Arts und Pont de Sully und am Quai François Mitterrand

5 Tour Eiffel

Paris hat mehrere Wahrzeichen, aber der Eiffelturm ist ohne Frage das berühmteste. Als das anfänglich als »scheußliche Säule aus verschraubtem Blech« kritisierte Werk 1889 eingeweiht wurde, war die Skepsis bereits in Begeisterung umgeschlagen. Als »Venus aus Stahl« bezeichnete Jean Cocteau die Konstruktion, für Guillaume Apollinaire war sie die »Schäferin der Wolken«. Bei klarem Wetter hat man einen großartigen Blick.

Champ de Mars, Jan.–Mitte Juni, Sept.–Ende Dez. 9.30–23.45, Mitte Juni–Ende Aug. 9–0.45 Uhr, www.tour-eiffel.fr

3 Sacré-Cœur

Die Basilika im neoromanisch-byzantinischen Stil wurde als nationales Mahnmal nach der Niederlage Frankreichs im Krieg gegen Deutschland 1870/71 auf dem Montmartre errichtet. Von Weitem ist das Gotteshaus gut zu erkennen, seine hellen Steine scheinen geradezu zu leuchten. Wer die vielen Treppen hinauf zur Kirche nicht steigen mag, kann auch die Zahnradbahn nehmen. Alljährlich zu Ostern pilgern noch heute katholische Gläubige in Begleitung des Erzbischofs, der das Kreuz trägt, hinauf nach Sacré-Cœur.

35, rue du Chevalier de la Barre, 6–22.30 Uhr, www.sacre-coeur-montmartre.com

🛏 Hôtel des Marronniers

Charmantes Hotel mit ruhigen, französisch eingerichteten Zimmern, lauschigem Wintergarten und efeuumranktem Innenhof. Im Sommer werden Café und Croissant unter Kastanien serviert.
21, rue Jacob,
www.hoteldesmarronniers.com,
Tel. +33 1 43 25 30 60, DZ ab 180 €

4 Strand an der Seine

Zwischen Mitte Juli und Mitte August fühlen sich die Pariser an ihrem Seine-Strand wie an der Côte d'Azur: Liegestühle unter Palmen, Füße im Sand, Beach-Volleyball, ein Drink und viel Musik – vorausgesetzt, Sonne und Wärme beglücken nicht nur die Urlauber im Süden, sondern auch die französische Hauptstadt. Für den Strandspaß wird die Schnellstraße Geor-

33 Bordeaux

Wohl kein zweiter Stadtname lässt, wenn er fällt, jeden sofort an Wein denken. Sogar Zeitgenossen, die partout keinen Tropfen trinken. Doch steht Bordeaux nicht nur für große Winzerkunst. Die Stadt selbst empfiehlt sich als hochkarätiges Reiseziel, mit einem historischen Zentrum, das elegant dem Bogen der Garonne folgt. Und UNESCO-Welterbe ist. Monumentale Bauten, wie das Grand Théâtre, Prachtstraßen, ein pralles Kulturangebot und die feine Gastronomie verleihen Bordeaux – Hauptstadt der Region Aquitaine, Präfektursitz des Departements Girond – den Glanz einer Großstadt mit südfranzösischem Flair. Einem Flair unter den Bedingungen des nahen Atlantik, die Bordeaux in seiner Geschichte zu nutzen wusste: als prosperierende Hafen- und Handelsstadt, in der ein liberaler Geist wehte. Kein Wunder, mit einem Philosophen wie Montaigne als einstigem Bürgermeister. Und auch Montesquieu, der große Aufklärer, war ein Sohn der Stadt. Beide Denker stehen als Denkmal auf der Place des Quinconces, einem der größten Plätze Europas. Unweit, die Garonne im Rücken, beeindruckt die Place de la Bourse mit der barock-palastartigen Alten Hafenbörse, die sich seit 2006 in einem riesigen Reflexionsbecken, dem Miroir d'eau (3450 m²), wirkungsvoll spiegelt.

Der Blick nach oben beeindruckt im Konzertsaal des Grand Théâtre.

LEGENDE

1. Grand Théâtre
2. Musée d'Aquitaine
3. Place de la Bourse
4. Porte de la Grosse Cloche
5. Saint-Michel

Beste Reisezeit

Ende Juni zieht das Fête le Vin am Flussufer mit Feuerwerk, illuminierten Gebäuden, Konzerten und natürlich Wein an – auf einer 2 km langen Route kann man sich über den kulinarischen Fixstern der Region informieren und ihn probieren.

❶ Grand Théâtre

Hier präsentiert sich Bordeaux in der ganzen Pracht der Zeit Ludwigs XVI (1754 bis 1793). Geradezu monumental wirkt die Fassade des klassizistischen Glanzstücks, das der Pariser Architekt Victor Louis auf den Ruinen eines gallo-römischen Tempels erbaut hatte. Den Haupteingang ziert eine Kolonnade aus zwölf korinthischen Säulen, deren Balustrade von Statuen der neun Musen sowie der antiken Göttinnen Aphrodite, Hera und Athene geschmückt wird. Beachtung verdient auch das Vestibül mit Kassettendecke, dorischen Säulen und einem imposanten Treppenaufgang. Drei Mal wurde der Theatersaal in der Vergangenheit als Sitz der Nationalversammlung zweckentfremdet, und zwar in den Jahren 1870, 1914 und 1941, als sich die französische Regierung vor den heranrückenden deutschen Truppen nach Bordeaux zurückzog. Heute zeigt sich das Grand Théâtre wieder in seinem ursprünglichen Glanz und zeigt Opern, Ballette, Symphoniekonzerte usw.

Di–Sa 13–18.30 Uhr, Führungen: Mi/Sa 14.30, 16 und 17.30 Uhr, www.opera-bordeaux.com

❷ Musée d'Aquitaine

In dem lang gestreckten Bau stellt das Museum archäologische Funde der Region aus und bietet einen umfassenden Überblick über die Stadtgeschichte. Es gibt römische Spiegel und Parfümfläschchen zu sehen sowie Rüstungen und Wappen aus dem Hundertjährigen Krieg. Weitere Abteilungen widmen sich dem Weinbau, der Austernzucht und der Schifffahrt. Auch das 20. Jh. wird in einer Ausstellung über die Geschichte, Wirtschaft und Kultur der letzten 100 Jahre in Aquitanien historisiert.

20, Cours Pasteur, Di–So 11–18 Uhr, www.musee-aquitaine-bordeaux.fr

❸ Place de la Bourse

Der weitläufige Platz am Flussufer der Garonne ist seit seinem Enstehen im 18. Jh. ein Wahrzeichen der Stadt. Er ist halbkreisförmig angelegt und von klassizistischen Gebäuden – im Norden vom dreistöckigen Palais de la Bourse, in dem einst die Börse untergebracht war, und im

🍴 Baud et Millet

Die Fromagerie ist ein wahres Mekka für Käseliebhaber. Im Restaurant werden Wein, Käsespezialitäten u. v. m. serviert. Wer nicht genug bekommt, kann sich im Laden Käse nach Hause mitnehmen.

19 Rue Huguerie, Mo–Sa 10–23 Uhr, www.bsadiffusion.fr, Tel. +33 5 56 79 05 77

Spieglein, Spieglein auf der Granitplatte: Der Miroir d'Eau ist das wohl schönste Fotomotiv in Bordeaux.

Süden vom Stadtpalais Hôtel des Douanes, dem früheren Zollamt – umgeben. Die Fontaine Trois Grâces, der Brunnen der drei Grazien in der Platzmitte, kam 1864 hinzu. Seit 2006 gibt es gegenüber ein weiteres Wasserspiel: der 3450 m² große Miroir d'Eau des Landschaftsarchitekten Michel Corajoud. Er fasziniert durch die Spiegelungen und Nebeleffekte, die auf dem 2 cm »tiefen« Wasserfilm entstehen. Nicht nur Kindern macht es Spaß, sich vor der traumhaften Kulisse zu erfrischen.

Quai du Maréchal Lyautey

 Porte de la Grosse Cloche

Der wuchtige, unverwechselbare Bau im Viertel Saint-Pierre diente im 13. Jh. als Stadttor und Uhrturm des damaligen Rathauses. Er ist eines der wenigen erhaltenen Relikte der Plantagenêt-Herrschaft. Wie der Name sagt, hing hier seit jeher ei-

ne »dicke Glocke«, die etwa zu Beginn der Weinlese oder bei Bränden ertönte. Die heutige Glocke stammt aus dem 18. Jh.

Rue Saint-James

 Saint-Michel

Die äußerlich schmucklose Basilika Saint-Michel im gleichnamigen Stadtteil beeindruckt innen durch ihre prächtige Ausstattung: das geschnitzte Chorgestühl, die Barockorgel und die modernen Buntglasfenster, u. a. von Max Ingrand. Westlich des Gotteshauses steht der freistehende sechseckige Glockenturm (1472–1492), im Volksmund »La Flèche«, der Pfeil, genannt. Eine Besteigung des 114 m hohen Turms – nach dem des Straßburger Münsters der zweithöchste Frankreichs – ist bis zu einer Höhe von 47 m möglich. Von hier blickt man über die Garonne und

die Innenstadt bis weit über die Vororte hinaus. Auch von unten hat Saint-Michel eine gewisse Wirkung: Aus dem Friedhof wurden vom 18. Jh. bis ins Jahr 1990 ca. 70 Mumien ausgestellt. Ihre Gesichter, so die Legende, spukten lange Zeit in der Kirche. Sicher ist, dass sie viele Autoren, darunter Victor Hugo, Gustave Flaubert und Ferdinand Céline, inspirierten.

Place Meynard, Mo–Sa 14–17.30, Mo/Sa 10–12.30, Turm: tgl. 10–12, 13–18 Uhr

 Mama Shelter

Die Zimmer und das zum Hotel gehörige Restaurant wurden modern und mit viel Liebe zum Detail eingerichtet, ein weiteres Highlight ist die Dachterrasse.
19 Rue Poquelin Molière,
www.mamashelter.com,
Tel. +33 5 57 30 45 45, DZ ab 69 €

Anreise

Berlin:		3:55 h ✈
Frankfurt:		8:36 h 🚆
München:		1:55 h ✈
Zürich:		8:08 h 🚆
Wien:		4:30 h ✈

34 Straßburg

Auch wer nicht schwindelfrei ist, sollte auf die Plattform des Münsters steigen. Sind die 323 Stufen genommen, liegt einem die Stadt zu Füßen, ihre Gassen, Prachtstraßen und Kanäle, mit Vogesen und Schwarzwald als Hintergrund. Straßburg ist weltpolitisch kein Machtzentrum. Aber im Gebilde Europas eine Hauptstadt, prädestiniert dafür durch ihre Geschichte wie keine zweite. In den Zerreißproben zwischen Deutschland und Frankreich musste sie viermal die Seiten wechseln. Zwischen 1871 und November 1944, als die Trikolore auf dem Straßburger Münster den Sieg über das nationalsozialistische Joch verkündete. Auf den Trümmern des Zweiten Weltkriegs entstand das moderne Europa, in dessen Geschichte Straßburg eine Hauptrolle spielt. Auf dieser Geschichte ist Straßburgs kulturelle Vielfalt und Offenheit gebaut, die am Rande des zentralistischen Frankreichs nicht selbstverständlich ist. Die Kulturszene der Stadt schaut über die Grenzen. Am Théâtre National de Strasbourg, einziges Staatstheater in Frankreichs Provinz, helfen deutsche Untertitel beim Verständnis. In Straßburg sind viele Sprachen zu hören, schon der Europaparlamentarier wegen.

Idylle pur: das Viertel Petite France mit seinen vielen Cafés.

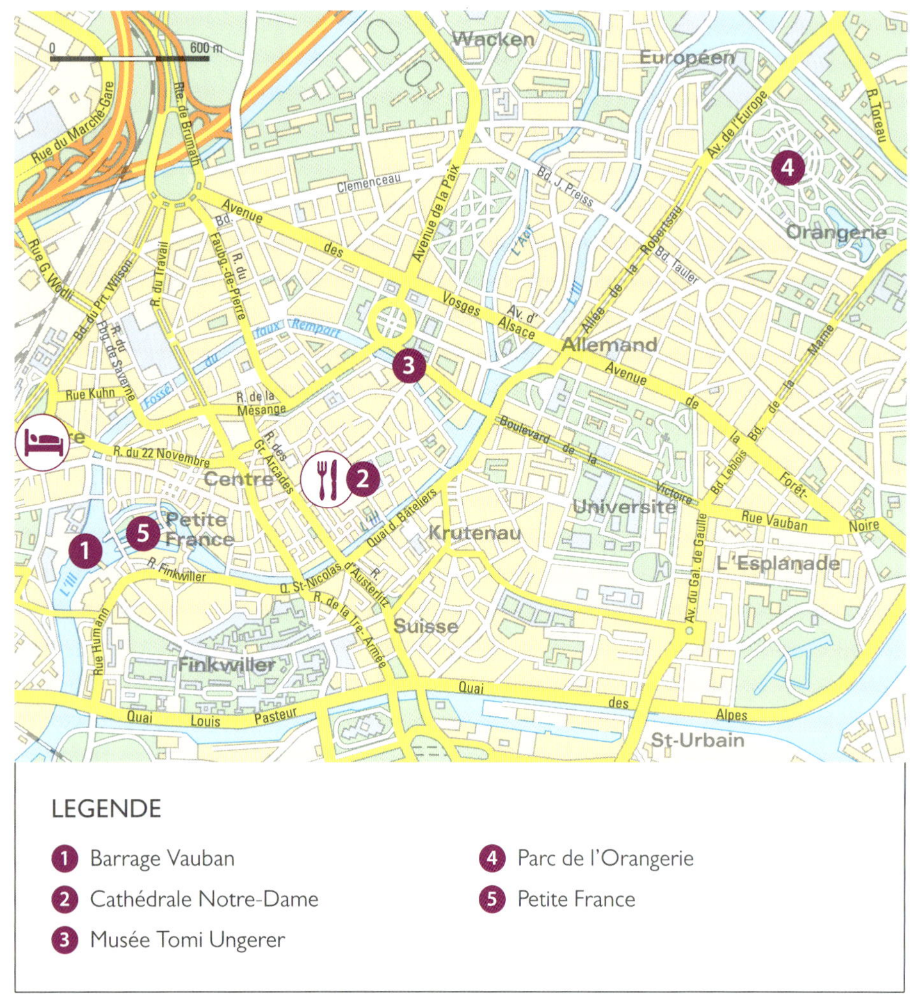

LEGENDE

1. Barrage Vauban
2. Cathédrale Notre-Dame
3. Musée Tomi Ungerer
4. Parc de l'Orangerie
5. Petite France

Maison Kammerzell

Das Kammerzell gehört zu den Häusern, die Modeerscheinungen einfach ignorieren. Die Karte setzt auf bewährte Klassiker. Hier wurde das Sauerkraut mit Fisch von Guy-Pierre Baumann erfunden. 16, pl. de la Cathédrale, tgl. ab 12 und ab 19 Uhr, www.maison-kammerzell.com, Tel. +33 388 32 42 14

Beste Reisezeit

Besonders angenehm sind Frühjahr und Herbst, dafür ist in der Ferienzeit mit weniger Verkehr rund um Straßburg zu rechnen. Stimmungsvoll sind auch die Weihnachtsmärkte in der Innenstadt, die kurz vor dem 1. Advent beginnen.

1 Barrage Vauban

Das Wehr entstand im 17. Jh. zur Verteidigung. Bei Gefahr konnten die Schleusentore herabgelassen und so der südliche Verteidigungsgürtel der Stadt geflutet werden. Auf der Terrasse blickt man wunderbar auf die vier Türme der Ponts Couverts, auf die Altstadt bis hin zum Münster.

Pl. du Quartier Blanc, tgl. 9–22 Uhr

2 Cathédrale Notre-Dame

Das Münster ist zu Recht weltberühmt, v. a. wegen seiner Hauptfassade mit den Portalstatuen, der Fensterrose und dem 142 m hohen Turm, der bis zum 19. Jh. als höchster Turm der Christenheit galt, und im Inneren wegen der Astronomischen Uhr, die die Bahnverläufe von Erde, Mond, Merkur und Saturn zeigt. Die romanische Krypta und die halbrunde Apsis sind bis heute erhalten. Um 1225 revolutionierten Steinmetze, die zuvor an der gotischen Kathedrale von Chartres mitgewirkt hatten, den Straßburger Skulpturenstil. Es entstanden der Engelspfeiler und die ritterlich vornehmen und mit geschmeidigen Körpern ausgestatteten Figuren der Ecclesia und Synagoge am Querschiffportal des Münsters. Noch im 13. Jh. sahen die Pläne des Straßburger Münsters eine Zweiturmfassade vor, eine Form, die jedoch in der Spätgotik aufgegeben wurde. Bis heute ist nicht zweifelsfrei geklärt, warum der zweite Turm nie gebaut wurde.

Pl. de la Cathédrale, tgl. 7–11.20, 12.40–19 Uhr, www.cathedrale-strasbourg.fr

15 m umfasst der Durchmesser der Fensterrose am Straßburger Münster.

See mit Ruderbooten, eine Storchenzucht und ein kleiner Zoo mit Affen, Papageien, Flamingos und exotischen Enten.

Av. de l'Europe

4 Petite France

Was früher einmal ein eher ungemütliches Handwerkerviertel war, gehört heute zum Malerischsten, was Straßburg zu bieten hat. Im Petite France blieb das Erbe der Färber und Gerber im Straßenbild erhalten. Dicht an dicht stehen die zuweilen sehr geduckten, schiefen Fachwerkhäuser an der Ill. In den offenen Dachstühlen, die noch an zahlreichen Gebäuden original zu sehen sind, hängten die Handwerker Felle und Häute zum Trocknen auf. Ihr gewöhnungsbedürftiger Geruch hielt, erzählt man sich, die feineren Leute fern. Heute flaniert man hier durch eine Art Freilichtmuseum mit Fußgängerzone.

Rund um den Quai de la Petite France

3 Musée Tomi Ungerer

Das Tomi Ungerer Museum – »Internationales Zentrum für Illustration« – präsentiert in einer Gründerzeitvilla Werke und Sammlungen des wohl bekanntesten Straßburger Künstlers. Die Exponate sind Teil einer Schenkung des Karikaturisten und Kinderbuchautors an seine Geburtsstadt. Das Museum kann für seine Ausstellungen aus rund 11 000 Einzelarbeiten und 6000 Spielzeugen schöpfen.

2, av. de la Marseillaise, Mi–Mo 10–18 Uhr

4 Parc de l'Orangerie

Nicht nur Abgeordnete finden den Weg hierher. Für einen Ausflug ins Grüne, Joggen und Spaziergänge ist er bei vielen Straßburgern die erste Wahl: weitläufig, grün und mit elegantem Flair. Die 26 ha große Anlage wurde im 17. Jh. nach einem Plan des Gartenarchitekten König Ludwig XIV. angelegt. Den Namen erhielt sie während der Französischen Revolution, als Straßburg 140 Orangenbäume des Grafen Johann Reinhard III. von Hanau-Lichtenberg bei Schloss Bouxwiller konfiszierte. Zur Orangerie gehören auch ein

Le Graffalgar

Jedes der 19 Zimmer wurde von einem anderen Künstler gestaltet. Mal wurden die Wände mit Graffiti, mal mit illusionistischen Wandmalereien, mal mit Fotokunst verschönert. Möbliert sind sie schlicht und funktionell.

17, rue Déserte, www.graffalgar.com, Tel. +33 388 24 98 40, DZ ab 80 €

Anreise

Berlin:	//////////////////	7:02 h	🚆
Frankfurt:	/////	2:00 h	🚆
München:	////////	3:45 h	🚗
Zürich:	//////	2:37 h	🚆
Wien:	//////////////////	7:15 h	🚗

35 Provence

Marseille, die lebensfrohe Hafenstadt in
der Provence, ist Frankreichs Tor nach
Afrika ist. Am Fuß der Hügel, die diese
Metropole umgeben, liegen 57 km Küste.
Ihr vorgelagert sind die vier Frioul-Inseln,
deren größere wunderbare Strände haben. Die berühmteste ist wohl die winzige
Île d'If, mit dem Gefängnis aus Alexandre
Dumas' »Graf von Monte Christo«. 2013
war Marseille Europas Kulturhauptstadt,
und wer Kultur sucht, wird sie hier
reichlich finden, nicht zuletzt in zahlreichen Museen. Eines der interessantesten
ist das MuCEM in einem supermodernen
Gebäude-Ensemble an der nördlichen Einfahrt des alten Hafens. Frankreichs bislang
einziges Nationalmuseum, das nicht in
Paris steht, widmet sich den Zivilisationen
Europas und des Mittelmeerraums. Einen
besseren Standort dafür gibt es kaum.
Ins nähere Umland locken die Calanques,
die tiefblauen Felsenbuchten südlich
von Marseille, mit ihren abgelegenen
Stränden. Oder, völlig gegensätzlich, der
Parc Naturel Regional de Camarque, ein
Naturschutzgebiet im Rhone-Delta, flach
ausgedehnt, mit frei lebenden Pferden und
Stieren. Unausrottbar scheint übrigens
die Mär, man müsse fließend Französisch
sprechen. Dabei sind viele Franzosen sehr
geduldig, wenn man nur geringe Kennt-
nisse ihrer Sprache hat. Und wer sich – in
Marseille oder einem provenzalischen
Dorf – abends mit entsprechenden Kugeln einem Bouleplatz nähert, erhält auch
ohne ein Wort Französisch die Chance,
zum Spiel eingeladen zu werden und wird
sicher gerne wiederkommen.

Die Calanque d'En Vau
zählt zu den schönsten
Buchten Südfrankreichs.

LEGENDE

1 Calanques
2 Grand Canyon du Verdon
3 MuCEM, Marseille
4 Parc Naturel de Camargue
5 Plage Sainte-Estève, Marseille

Beste Reisezeit

Frühjahrsurlauber, die in der Provence mit Frühsommertemperaturen rechnen, sind oft enttäuscht, weil Regen und Mistral bis in den Mai hinein für kühle Temperaturen sorgen können. Ab Pfingsten etwa kann man von stabilen Schönwetterlagen ausgehen.

La Menthe Sauvage

Nahe der Canebière serviert das kleine Restaurant kreative Spezialitäten aus Nordafrika, zubereitet aus marktfrischen Produkten. Manche Gäste sprechen gar vom besten Couscous der Stadt!
3, rue Guy Môquet, Marseille,
Mo–Fr mittags, Fr/Sa abends,
Tel. +33 491 58 48 82

sind die Calanques nicht nur bei Ausflüglern – die entweder per Boot oder wandernd kommen –, sondern vor allem bei Tauchsportlern. Die Unterwasserwelt ist sehr vielfältig, da die Wasserqualität trotz der Nähe zur Großstadt hervorragend ist.

Zwischen Marseille und Cassis

2 Grand Canyon du Verdon

Im Grand Canyon du Verdon zerschneidet der Fluss die Landschaft bis zu 700 m tief, teilt die Alpen von der Provence, zerklüftet Felsen, fordert Alpinisten und Kanuten heraus, bewahrt Adlern aber ungestörte Nistmöglichkeiten. In Europa gibt es kaum ein fantastischeres Naturwunder.

Nordwestlich von Moustiers

3 MuCEM, Marseille

Das »Musée des Civilisations de l'Europe et de la Méditerranée« (MuCEM) an der Einfahrt zum alten Hafen von Marseille

1 Calanques

Nur wenige Kilometer südlich der lauten und geschäftigen Hafenmetropole Marseille befinden sich überraschende Ruheoasen: die Calanques. Die zauberhaften kleinen und kleinsten Meeresbecken mit smaragdgrünem Wasser sind von bis zu 400 m hohen Kalksteinklippen umgeben. Winzige, teils sandige Strände schließen die fjordartigen Buchten ab. Beliebt

Der Neubau des MuCEM, den ein Betonsteg mit dem Fort St.-Jean verbindet, ist der architektonische Höhepunkt am alten Hafen von Marseille.

zeigt alle Facetten des mediterranen Traumes vom 18. bis zum 21. Jh., nicht nur in Ausstellungen, sondern auch in Debatten, Filmen, Veranstaltungen – es ist abwechslungsreiche, innovative Kulturstadt innerhalb der zweitgrößten Stadt Frankreichs und lädt zu imaginären Reisen ein. Die meisten Besucher sind schon beeindruckt, bevor sie das Museum überhaupt betreten haben, schließlich hat Architekt Rudy

 **Au vieux Panier**

Das Gästehaus in Marseilles historischem Panierviertel stammt aus dem 18. Jh. Jedes der sechs Zimmer wurde von einem anderen Künstler gestaltet.
12, rue du Panier, Marseille,
www.auvieuxpanier.com,
Tel. + 33 491 91 23 72, DZ ab 100 €

Ricciotti einen supermodernen Kubus entworfen, der von einem Sonnenlicht filterndem Fiberglasnetz umschlossen ist.

Esplanade du J4, Mai–Okt. Mi–Mo 11–19, Fr bis 22, Nov.–Apr. Mi–Mo 11–18 Uhr, www.mucem.org

4 Parc Naturel de Camargue

86 300 ha groß ist das Gebiet zwischen Großer und Kleiner Rhône, das sich seit 1972 Naturpark nennen darf. Durch Küstenströmungen sind herrliche Lagunen entstanden, südlich von Arles über Saintes-Maries-de-la-Mer erstrecken sich endlose Sandstrände bis nach Le Grau-du-Roi im Westen. Ein Paradies für Tiere und Naturliebhaber.

www.parc-camargue.fr

5 Plage Sainte-Estève, Marseille

Im Hafen von Marseille empfiehlt es sich, dem Wasser fern zu bleiben, aber rund um die Stadt liegen einige schöne Badeplätze. Plage Sainte-Estève heißt der originellste Strand, denn er befindet sich auf der Inselgruppe von Frioul und ist per Schiff vom alten Hafen in 30 Minuten erreichbar.

Schiffe fahren regelmäßig vom Quai de Belges.

35 Porto

Ein grandioses Gesamtkunstwerk und nach wie vor so etwas wie ein Geheimtipp:
Porto, die »heimliche Hauptstadt« Portugals. Vom Ufer des Douro, der hier in den
Atlantik mündet, zieht sich die Stadt weit hinauf in die Hügel. Alte Trambahnen und
gläserne Aufzüge überwinden die Höhenunterschiede. Malerische Bauten, enge Gassen und prachtvolle Plätze bezaubern. Wer die 225 Stufen des barocken Torre dos
Clérigos erklimmt, wird mit einem herrlichen Rundblick über die charmante nordpor-
tugiesische Stadt belohnt. Mit der Hauptstadt im Süden rivalisiert man seit Jahrhunderten. Während in Lissabon die politische Macht angesiedelt war (und ist), gaben in
Porto Kaufleute und Kirchenherren den Ton an. Prunkvollste Häuser der Stadt sind
daher auch Börsenpalast und Bischofsresidenz. Noch heute ist der Einfluss alteinge-
sessener Patrizierfamilien groß. Ihren Wohlstand begründet hat vielfach das »flüssige
Gold« der Stadt: »Port«. Der schwere Südwein, der in ganz unterschiedlicher Farbe
und Süße produziert wird – von blassgelb bis tiefrot, von sehr süß bis extra trocken –
ist weiterhin eines der wichtigsten Handelsgüter. Von Porto aus geht er in alle Welt.
Doch nirgendwo schmeckt Portwein besser als in der Stadt, die ihm den Namen gibt.

Wie bunt durcheinander gewürfelt drängen sich Portos
Häuser über dem Cais da Ribeira an den Hang.

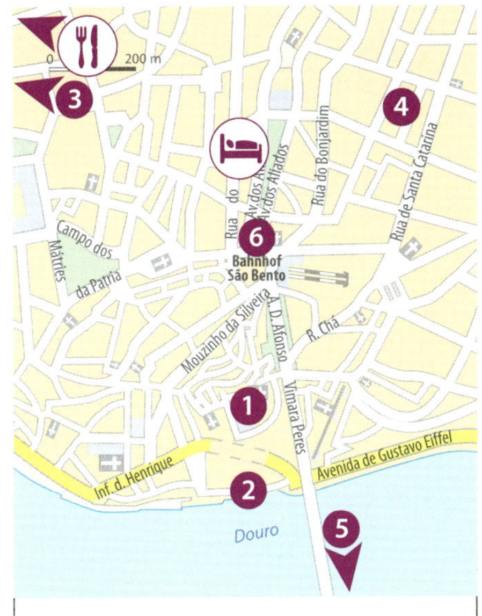

LEGENDE

1. Bairro da Sé
2. Cais da Ribeira
3. Casa da Música
4. Mercado do Bolhão
5. Portweinprobe
6. Praça da Liberdade

1 Bairro da Sé

Das Bairro da Sé ist das älteste und volkstümlichste Stadtviertel. Der Verfall des historischen Ensembles, Welterbe der UNESCO, wurde durch ein vorbildliches Instandsetzungsprogramm aufgehalten, das streng am Erhalt des Bestands orientiert ist. Die Kathedrale Sé thront auf dem höchsten Punkt des granitenen Altstadtfelsens. Im 12. Jh. war sie eine Wehrkirche. Trotz späterer Umbauten ist der massige Festungscharakter des Gründungsbaus

---

in der Außenansicht erhalten. Von eindrucksvoller Düsterkeit ist das strenge romanische Langhaus. Kostbarstes Objekt der Sé ist der barocke Sakramentsaltar aus 800 kg getriebenem Silber. Reizvoller erscheint aber der kleine gotische Kreuzgang (14. Jh.) mit Azulejos aus dem Rokoko. Ein langer Treppensteig zieht sich am nackten Felshang von der Sé hinunter zum Largo do Colégio mit der imposanten Schaufassade der ehemaligen Jesuitenkirche dos Grilos (17. Jh.).

Kathedrale: Terreiro da Sé, tgl. 9–12.30 und 14.30–18 Uhr

2 Cais da Ribeira

Der pittoreske Cais da Ribeira am ehemaligen Flusshafen ist eine Besucherattraktion. Er liegt neben der eleganten, 395 m langen Eisenbrücke Dom Luís I von Teófilo Seyrig, einem Schüler Gustave Eiffels (der Einfluss Eiffels ist unschwer zu erkennen), von der man einen Postkartenblick auf die am Granitfels klebende Altstadt hat. Wieder unten angekommen, setzt man sich am besten in eines der Cafés, die

---

sich in den höhlenartigen Lauben der granitenen Kaimauer reihen. Von hier bietet sich eine ebenfalls schöne Aussicht auf die Brücke und den Douro. Wer dann noch einmal den Blickwinkel wechseln möchte, steigt am besten in eines der Schiffe am Cais da Ribeira. Die Flussrundfahrten führen unter den sechs Brücken hindurch insgesamt eine Stunde flussauf- und flussabwärts zur Mündung des Douro.

Flussrundfahrten: mehrmals tgl. zwischen 10 und 18.30 Uhr

3 Casa da Música

Portos Musentempel mit Konzerten von Klassik bis Techno zieht auch Fans moderner Architektur an – es gibt Führungen durch das 2005 eröffnete Konzerthaus, entworfen vom Niederländer Rem Koolhaas. Ebenfalls empfehlenswert ist das Restaurant mit Dachterrasse.

Avenida da Boavista 604, tgl. 10–19, So bis 18 Uhr, Führungen: 11 und 16 Uhr, www.casadamusica.com

Der Mercado do Bolhão, der größte Lebensmittelmarkt Portos, versprüht typisch portugiesischen Charme.

4 Mercado do Bolhão

An den Ständen unter einer umlaufenden Galerie werden Obst, Gemüse, Fleisch, Fisch, Gebäck und andere Spezialitäten angeboten. Ein Markt, wie er sein muss.

Zwischen Rua Formosa und Fernandes Tomás, Mo–Fr 7–17, Sa 7–13 Uhr

Residencial Pão de Açúcar

Gepflegtes kleines Hotel mit 50 Zimmern in altportugiesischem Charme. Besonders schön sind die Art-Déco-Wendeltreppe und die Dachterrasse.
Rua do Almada 262,
www.paodeacucarhotel.pt,
Tel. +351 2 22 00 24 25, DZ ab 40 €

5 Portweinprobe

Auf der südlichen Seite des Douro, in Vila Nova de Gaia, befinden sich die Lagerhallen der großen Portwein-Fabrikanten. Von hier werden die Süßweine seit Jahrhunderten verschifft, während die Weinberge ca. 100 km stromaufwärts über dem Douro-Tal liegen. Die Holzfässer und Flaschen unterschiedlichster Größen und verschiedenster Altersstufen können gegen eine geringe Gebühr besichtigt werden. Anschließend kostet man einige erlesene Portweine und genießt die Aussicht von der Gartenterrasse. Eine gute Adresse für unterhaltsame und informative Führungen ist etwa die Portweinkellerei Taylor's.

Taylor's: Rua do Choupelo 250, Mo–Fr 10–18, Sa/So 10–17 Uhr, Führungen ca. alle 30 Min. in verschiedenen Sprachen, www.taylor.pt

6 Praça da Liberdade

Die Praça da Liberdade, der weite Platz am unteren Ende der ansteigenden Renommierstraße Avenida dos Aliados, ist mit seinen imposanten Bauten vom Anfang des 20. Jh. Mittelpunkt des Geschäftszentrums und ein zentraler Ausgangsort für Stadtspaziergänge. Sie wird bewacht von der Statue des Königs Dom Pedro IV., der als Pedro I. 1822–1831 Kaiser von Brasilien war. Den oberen Abschluss der Avenida dos Aliados bildet das Rathaus (Câmara Municipal) aus Granit, 1929–1948 im Stil flämischer Paläste erbaut, mit einem 70 m hohen Glockenturm. Vom unteren Ende ist es nicht weit zum Bahnhof: Von der Praça da Liberdade führt eine Unterführung zum São Bento mit seinen riesigen Azulejo-Bildwänden von 1930 in der Eingangshalle. Auf 20 000 Fliesen stellte der Maler Jorge Colaço das Leben und die Geschichte Portugals dar.

Bahnhof: tgl. 5–1 Uhr

Anreise

Berlin:	////////////	5:00 h	✈
Frankfurt:	////////	2:40 h	✈
München:	////////	3:05 h	✈
Zürich:	//////	2:25 h	✈
Wien:	////////////	5:00 h	✈

Die Standseilbahn Elevador da Bica führt seit 1892 im Bairro Alto durch die steile Rua da Bica do Duarte Belo.

37 Lissabon

Eine Stadt zum Verlieben, das ist Lissabon schon auf den ersten Blick. Allein die Lage ist traumhaft. Wo der Tejo in den Atlantik mündet, ziehen sich die Altstadtviertel am Fluss entlang über zahlreiche Hügel und Taleinschnitte. Lissabon, die Schöne, ist eine Verführerin, die ständiges Auf und Ab verlangt. Immerhin überwinden museumsreife Straßenbahnen selbst kühnste Steigungen, verbinden Standseilbahnen und sogar ein spektakulärer Fahrstuhl die Höhenunterschiede. Eine frische Meeresbrise durchweht die Gassen, in denen alte Traditionen lebendig geblieben sind und neue Trends geboren werden. Hinter kunstvoll mit Azulejo-Fliesen geschmückten Fassaden erklingt, etwa im Alfama- oder Bairro-Alto-Viertel, allabendlich der melancholische Fado. Lissabons Seele. Dazu gehören inzwischen aber auch die hippen Clubs am Tejo, wo eine quicklebendige, vor Kreativität sprühende Szene die Nächte durchtanzt. Die portugiesische Hauptstadt vibriert vor Kreativität. Für Graffitikünstler hat die Stadt eine ungeheure Attraktivität. Leer stehende Häuser, Mauern, Fabrikwände werden mit Graffitis gestaltet. Sie sind zu einem neuen Markenzeichen der Stadt geworden Dass Aufbruchstimmung und globale Ambitionen in Lissabon nichts Neues sind, wird im Stadtteil Belém am alten Hafen deutlich. Dort ist man darüber hinaus mit einer süßen Verführung konfrontiert, der man unbedingt nachgeben sollte: sündhaft leckere Blätterteigpasteten in der »Pastelaria de Belém« – auch die: einfach zum Verlieben.

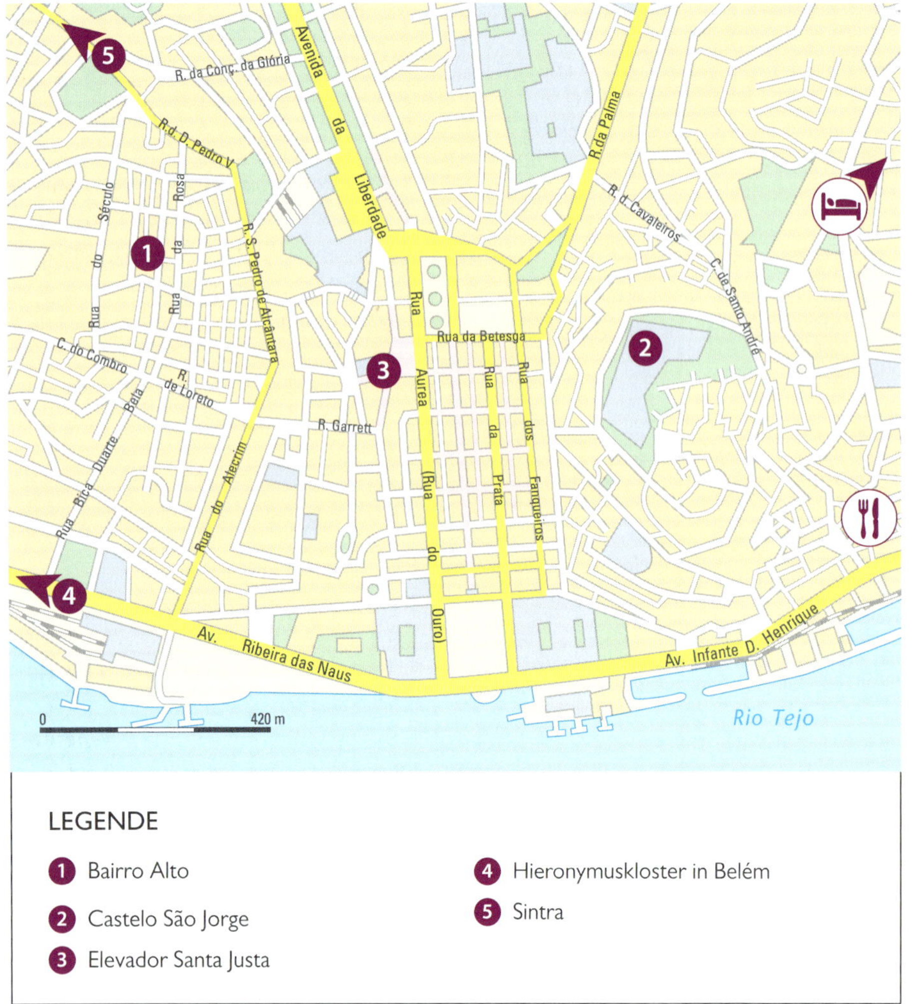

LEGENDE

1 Bairro Alto

2 Castelo São Jorge

3 Elevador Santa Justa

4 Hieronymuskloster in Belém

5 Sintra

streckt sich, es ist noch ein wenig schläfrig, vielleicht gar verkatert, aber bereit, sich hübsch zu machen für eine weitere lange Nacht. Vom Miradouro São Pedro de Alcantâra mit seinen zwei plätschernden Brunnen hat man die schönste Aussicht auf den Burgberg und den Osten der Stadt, ganz besonders am späten Nachmittag, wenn das Sonnenlicht den Hügel in warmen Farben erstrahlen lässt.

Zwischen Rua do Século im Westen und Rua Dom Pedro V im Nordosten

2 Castelo São Jorge

Auf dem 112 m hohen Burgberg bauten die Mauren im 11. Jh. eine Festung. Die strategisch gute Lage ist unmittelbar ersichtlich – der Blick erstreckt sich weit über den Tejo. Heute genießt man von hier oben einfach diese prächtige Aussicht auf das enorm gewachsene Lissabon und den Fluss, geht oben auf den Mauern spazieren, schaut sich die Funde aus der Zeit des 8. bis 18. Jh. im Archäologischen Museum an, dessen Schwerpunkt bei den Mauern

Beste Reisezeit

Eher ungewöhnlich, aber umso stimmungsvoller ist es, die Metropole am Tejo im Winter zu besuchen. Mit ein wenig Glück ist es sonnig-klar, mit strahlendem Licht, das die Farben der Hausfassaden leuchten lässt.

1 Bairro Alto

In dem Viertel westlich der Innenstadt pulsiert das Leben – vor allem nachts. Das Bairro Alto ist verrucht, mondän, so traditionell portugiesisch wie exotisch, verrückt und romantisch – alles zugleich. Am späten Nachmittag entfaltet sich im tiefer stehenden Licht der Charme dieses Viertels. Das Bairro Alto gähnt und

Patéo 13

Ein auch von den Lisboetas geschätztes Restaurant, wo man auf Bänken und an Holztischen unter Bäumen sitzt und nur auf dem Holzkohlengrill zubereiteten Fisch und Fleisch bekommt.
Calçadinha Sto. Estevão 13,
Di–So 12.30–15, 19.30–22.30 Uhr,
Tel. +351 21 888 23 25

Der Palácio da Pena, ein farbenfrohes Märchenschloss in Sintra.

des der Portugiesen ist im Kreuzgang des ab 1501 erbauten Hieronymusklosters zu spüren, ein unendlicher Reichtum an Formen und Gestaltung. In der Mittagszeit ist das Licht im Kreuzgang am schönsten.

Praça do Imperio, Okt.–Apr. 10–17.30, Mai–Sept. bis 18.30 Uhr, www.mosteirojeronimos.pt

liegt. Man sollte sich Zeit nehmen für die Anlage mit ihren kleinen Grünbereichen, den Pfauen und den Kunsthandwerkern.

Rua de Santa Cruz, Nov.–März 9–18, März bis Okt. bis 21 Uhr, www.castelodesaojorge.pt

3 Elevador Santa Justa

Es ist der einzige historische Aufzug der Stadt, 1902 eingeweiht, eine Konstruktion von Raoul Mesnier de Ponsard, einem Schüler Eiffels. Oben auf der umlaufenden Galerie hat man eine schöne Aussicht auf die Baixa, den Burghügel und die Ruine der Carmo-Kirche gleich gegenüber vom Aufzug Santa Justa. Er überwindet einen Höhenunterschied von 30 m und schafft eine schnelle Verbindung zwischen den Vierteln Baixa und Chiado.

Rua do Ouro, tgl. 7–21.45 Uhr

4 Hieronymuskloster in Belém

Die Klosteranlage in Belém, 6 km westlich der Innenstadt, gehört unverzichtbar zu einem Lissabonbesuch. Sie ist der große steinerne Zeuge der glanzvollen Zeit der portugiesischen Seefahrt und des Reichtums, der Portugal durch Gewürz-, Gold- und Sklavenhandel zufiel. Hier, vom Hafen Restelo, brach Vasco da Gama im Juli 1497 auf, den Seeweg nach Indien zu finden. Viel von der Ausweitung des Weltbil-

5 Sintra

Die Kleinstadt, gut 20 km westlich von Lissabons Zentrum gelegen, beherbergt eine einzigartige Kulturlandschaft der Romantik, die seit 1995 zum Welterbe gehört. Neben dem Palácio da Pena ist vor allem der immer noch etwas verwunschene Palácio de Monserrate sehenswert. In dem hügeligen Landschaftspark haben seit Mitte des 19. Jh. mehr als 3000 Pflanzenarten aus aller Welt zusammengefunden.

www.parquesdesintra.pt

Anreise

Berlin:		3:40 h ✈
Frankfurt:		3:00 h ✈
München:		3:10 h ✈
Zürich:		2:40 h ✈
Wien:		3:35 h ✈

39 Andalusien

Orient und Okzident – hier sind sie auf einzigartige Weise verschmolzen. Über Jahrhunderte, insbesondere im »Goldenen Zeitalter« der toleranten Maurenreiche des Mittelalters, verbanden sich römische, arabisch-islamische, sephardisch-jüdische und kastilisch-christliche Einflüsse zu einer faszinierenden kulturellen Symbiose. Andalusien reizt zu längeren Reisen, doch selbst wenige Tage können ausreichen, in seine Faszination einzutauchen. Dann darf die imposante Festungs- und Palastanlage der Alhambra nicht fehlen, die majestätisch über Granada thront, und die atemberaubende Mezquita in Córdoba – einst Moschee, nun katholisches Gotteshaus – mit ihrem Säulenwald sowie die märchenhafte Altstadt der andalusischen Kapitale Sevilla mit ihrer gewaltigen Kathedrale. Dabei will Andalusien nicht nur betrachtet, sondern mit allen Sinnen erlebt werden. Einschließlich der hinreißenden kulinarischen Spezialitäten, die über Tapas weit hinausgehen. Der eine oder andere Sherry gehört natürlich dazu. Sinnlich erfahrbar wird Andalusien nicht zuletzt beim Flamenco: Vielfältige kulturelle Traditionen haben sich zu einer temperament- und charaktervollen Komposition verbunden, die begeistert. Olé!

Postkartenreif: die Aussicht vom Mirador de San Nicolas auf die Alhambra, dahinter die schneebedeckten Gipfel der Sierra Nevada.

LEGENDE

1 Alhambra, Granada

2 Altstadt von Sevilla

3 Mezquita, Córdoba

4 Weiße Dörfer der Sierra de Grazalema

 Casa Morales

In der traditionellen Bodega-Bar gibt es eine kleine Auswahl an leckeren, preisgünstigen Tapas und eine große Auswahl an Weinen. Das Ambiente ist rustikal und gemütlich.

Calle García de Vinuesa 11, Sevilla, Mo–Sa 12–16 und 20–24 Uhr, Tel. +34 954 22 12 42

mächtige Festung erscheinen und verstecken die verspielten Gärten und Paläste, die als irdisches Paradies entworfen wurden. Im Inneren der Alhambra kommt man sich vor wie in einem Märchen aus Tausendundeiner Nacht, und die Paläste, Gärten, Brunnen und Bäder folgen einander in solcher Dichte, dass es scheint, als existiere das arabische Andalusien noch. Gegenüber der Alhambra befindet sich der Palast Generalife, der als Rückzugsort der Monarchen diente.

Calle Real de la Alhambra s/n, Mitte März–Mitte Okt. 8.30–22.30, Mitte Okt.–Mitte März 8.30–18 Uhr, 20–21.30 Uhr, www.alhambra-patronato.es

Beste Reisezeit

Die besten Besuchsmonate sind April, Mai/Juni und Sept.–Nov. Im Mai und Okt. ist wenig los an den Stränden und man kann schon/noch gut baden. Eines der wichtigsten Feste, v. a. in Sevilla, ist die Semana Santa, die Osterwoche, mit ihren feierlichen Prozessionen.

1 Alhambra, Granada

Die spektakuläre Alhambra wurde 1238 bis 1391 als Residenz der Dynastie der Nasriden erbaut. Die Nasriden herrschten bis 1498 über das Königreich von Granada. Von außen sieht man der Alhambra ihre militärische Funktion deutlich an. Ihre Mauern und Türme und v. a. der Torre de Homenaje, der herrliche Blicke über die Stadt bietet, lassen die Palastanlage als

2 Altstadt von Sevilla

Ihr besonderes Licht, die verwinkelten Gassen, ihr architektonischer Reichtum, die weltberühmten Sehenswürdigkeiten und die Lebensfreude der Bewohner machen Sevilla zur Quintessenz Andalusiens. Einige der Sehenswürdigkeiten stammen aus der Zeit der arabischen Herrschaft,

Erholung und Romantik: eine Ruderbootfahrt auf dem Kanal der Plaza de España in Sevilla.

oberung im Jahr 1236 wurde die Moschee zur katholischen Kathedrale, und 1523 begann man mit dem Bau einer Basilika.

Calle del Cardenal Herrero 1, Mo–Sa 10–18, So 8.30–11.30 und 15–18 Uhr, März–Okt. tgl. bis 19 Uhr, www.catedraldecordoba.es

4 Weiße Dörfer der Sierra de Grazalema

Sie sind eine ganz bestimmte Gruppe von Dörfern mit weißen Häuschen inmitten eines schroffen Kalksteingebirges in der Provinz Cádiz um und in dem Naturpark Sierra de Grazalema. Teilweise sind sie sogar unter die Felsen gebaut, um diese als Dach zu nutzen. Grazalema ist z. B. ein guter Ausgangspunkt für Ausflüge zu den anderen hübschen Orten der Umgebung, etwa Zahara de la Sierra, El Gastor, Ubrique oder Jimena de Líbar.

www.cadizturismo.com

aber v. a. war es Sevillas Rolle als Hafen und somit Tor zur Neuen Welt, die der Stadt einen unglaublichen Reichtum bescherte. Auch wenn sie als größtes gotisches Gotteshaus der Christenheit betrachtet wird, ist die Kathedrale in Wirklichkeit eine Sammlung vieler Baustile – ein gutes Beispiel dafür ist die 94 m hohe Giralda: Ursprünglich ein Minarett, wurde sie in der Renaissance zum Glockenturm umgebaut. Das Hauptwerk des Baustils des andalusischen Regionalismus ist die Plaza de España. Sie nimmt einen Halbkreis von 170 m Durchmesser ein, der von hohen Türmen flankiert und von einem Kanal mit vier Brücken eingefasst wird.

Kathedrale: Av de la Constitución s/n, www.catedraldesevilla.es

3 Mezquita, Córdoba

Mit dem Bau der großen Moschee wurde im Jahr 784 begonnen. Die im Laufe der Jahre folgenden Erweiterungen machten aus ihr die zweitgrößte Moschee der Welt, die nur von der Mekkas übertroffen wurde. Die Mezquita ist ein atemberaubender Säulenwald, in dem auch römische Einflüsse zu erkennen sind. Viele der Säulen und Kapitelle stammen aus früheren römischen Gebäuden und die Bögen und abwechselnden Farben erinnern an römische Aquädukte. Nach der christlichen Er-

 **Carmen del Cobertizo**

Das Hotel stammt aus dem 16. Jh. und bietet seinen Gästen sechs Zimmer und einen romantischen Garten. Von der Suite genießt man einen unbezahlbaren Blick auf die Alhambra.
Calle Cobertizo de Santa Inés 6, Granada, www.carmendelcobertizo.es, Tel. +34 958 22 76 52, DZ ab 148 €

Anreise (über Málaga)

Berlin:	3:20 h	✈
Frankfurt:	2:55 h	✈
München:	2:55 h	✈
Zürich:	2:35 h	✈
Wien:	3:15 h	✈

39 Madrid

Es lohnt sich, in diese Stadt voller Kontraste einzutauchen, die einen zum Staunen bringt. Madrid hat diesbezüglich viel zu bieten: das Getöse der Gran Vía, die Eleganz der Einkaufsmeile Calle Serrano. Oder Vormittage unter Akazienbäumen im Parque del Retiro, Abende mit »tinto« auf der Plaza Dos de Mayo in Malasaña, zwischen Hipstern, Familien und Stadtteiloriginalen. Und da sind die Straßen der Stadtviertel: das touristische Habsburgerviertel Austrias, das ehrwürdige Dichterviertel Huertas, das hippe Chueca und das gediegene Barrio de Salamanca. Kunstfreunden offeriert die spanische Hauptstadt mit dem Paseo de Prado ein städtebauliches Meisterwerk aus dem 18. Jh., einen Kunstboulevard von Weltrang auf gerade mal 1 km Länge: das Museo del Prado, das Museo Thyssen-Bornemisza oder das Reina Sofía. Eine kleine, feine Kunstsammlung bietet das Círculo de Bellas Artes – und vom Dach aus einen fantastischen Blick über die Stadt.

Im Parque del Retiro, zu Füßen der Reiterstatue von Alfonso XII., passt jeder das Tempo seinem Gemüt an.

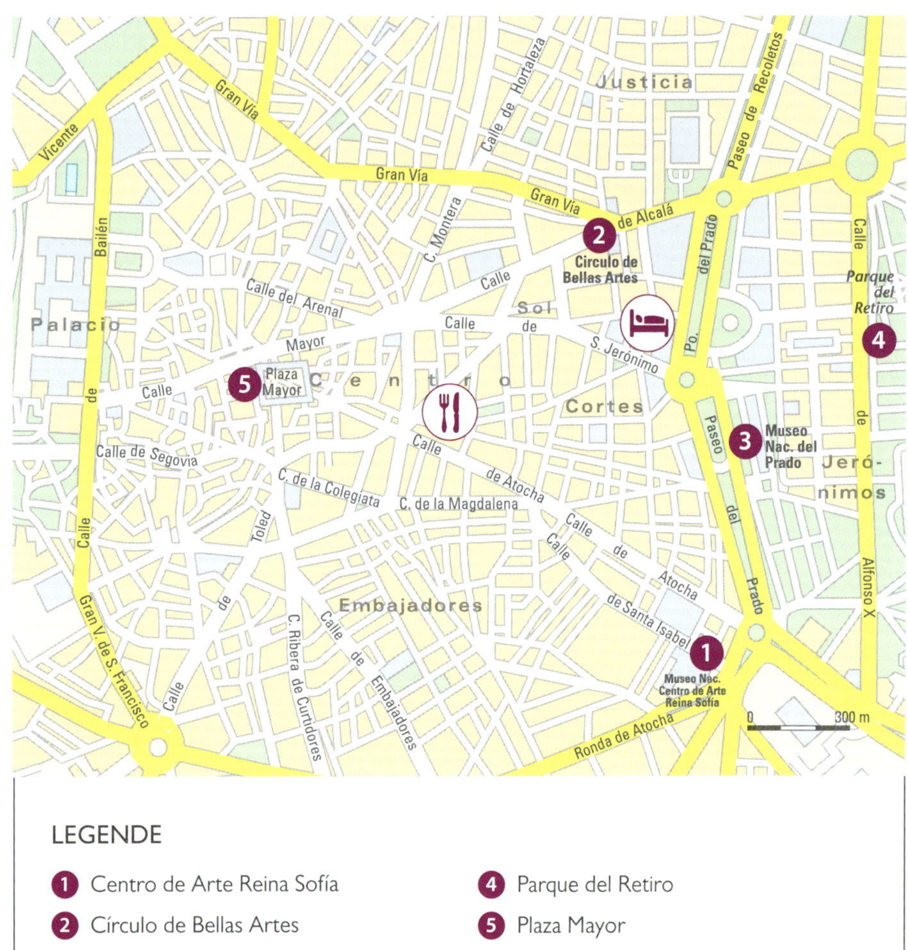

LEGENDE

1. Centro de Arte Reina Sofía
2. Círculo de Bellas Artes
3. Museo Nacional del Prado
4. Parque del Retiro
5. Plaza Mayor

Beste Reisezeit

Mitte September bietet die »noche en blanco« (dt. weiße Nacht) nicht nur freien Eintritt zu den kulturellen Einrichtungen der Stadt. Wie so oft das Faszinierendste: Ganz Madrid ist auf der Straße.

1 Centro de Arte Reina Sofía

Seit 1992 beherbergt das Sabatini-Hospiz aus dem späten 18. Jh. diese Sammlung zur Gegenwartskunst. Den Auftakt bildete dabei die Überführung von Picassos »Guernica« aus dem Prado. Innerhalb der mehr als 16 000 Objekte umfassenden Bestände des Museums sind vor allem die ersten Jahrzehnte des 20. Jh. gut doku-mentiert. Nicht nur Picassos »Guernica«, sondern auch die Werke Dalís, Mirós sowie die nichtspanischer Künstler wie Man Ray, Magritte oder Picabia sind in diesem Kontext erwähnenswert. Im Bereich der Kunst der letzten Jahrzehnte sind Werke von Tapiés, Yves Klein, Rothko, Fontana und Miquel Barceló zu nennen.

C. Santa Isabel 52, Mo, Mi–Sa 10–21, So bis 14.30 Uhr, www.museoreinasofia.es

2 Círculo de Bellas Artes

Der absolut sehenswerte Art-déco-Palast unweit der Gran Vía ist seit den 1920er-Jahren das grandiose Setting für die Aktivitäten des madrilenischen Kunstvereins. Ausstellungen, Theater, Filmzyklen, Konferenzen und der legendäre Karneval setzen ebenso Akzente wie das Belle-Époque-Café im Erdgeschoss oder die Dachterrasse mit einem der besten Ausblicke der Stadt.

C. Alcalá 42, Di–Sa 11–14, 17–21, So 11–14 Uhr, www.circulobellasartes.com

 ## La Tía Cebolla

Trubelige Taverne mit Flamenco, großzügige Tapas. Der Hit ist das »Canapé Don Paco«, ein mit Käse überbackenes Schinkentoastbrot von der Größe eines Herrenschuhs.
C. de la Cruz 27, tgl. 12–1 Uhr, www.latiacebolla.es, Tel. +34 91 522 90 50

Eine Skulptur von Roy Lichtenstein ziert den Innenhof des Centro de Arte Reina Sofía.

und Straßenkünstler. Die Seeufer vor dem Palacio de Cristal dienen Sonnenhungrigen bei schönem Wetter als Liegefläche. Die große Seeanlage des Estanque mit dem Denkmal zu Ehren Alfons XII. lädt nicht nur zum Rudern, sondern auch zu einer kleinen Pause in den nebenan gelegenen Cafés ein.

③ Museo Nacional del Prado

Im Volksmund einfach als »Prado« bekannt, befindet sich hier mit einem Bestand von mehr als 21 000 Objekten (davon etwa 7500 Gemälden) die weltweit beste Sammlung zur spanischen Malerei von der Romanik bis zur Romantik. Im Spanischen Bürgerkrieg wurden nach diversen Bombenangriffen der Franco-Luftwaffe sämtliche Werke vonseiten der republikanischen Regierung über abenteuerliche Umwege nach Genf abtransportiert und beim damaligen Völkerbund gelagert. 1940 kehrte die Sammlung unversehrt wieder nach Spanien zurück. Der Publikumserfolg (3 Mio. Besucher jährlich!) war in den letzten Jahren so stetig, dass 2008 durch Rafael Moneo ein Erweiterungsbau konstruiert wurde. Jetzt wird also noch mehr Kunst geboten, daher empfiehlt sich einmal mehr der Ratschlag: Weniger ist mehr.

🛏 Lapepa Chic B & B

Von diesem freundlich ausgestatteten Bed & Breakfast muss man nur die Straße überqueren, und schon hat man eine Verabredung mit Goyas »Majas«.
Plaza de las Cortes 4,
www.lapepa-bnb.com,
Tel. +34 648 47 47 42, DZ ab 50 €

④ Parque del Retiro

Mit seinen 117 ha Madrids größter und schönster Innenstadtpark und zugleich Treffpunkt für Ruhebedürftige, Sportler

⑤ Plaza Mayor

Madrids rechteckiger Hauptplatz wurde im Jahr 1619 nach Planungen des Hofarchitekten Juan Gómez de Mora auf dem Gelände eines mittelalterlichen Marktplatzes errichtet. Nach einem Brand wurde das Ensemble 1790 von Juan de Villanueva mit klassizistischen Fassaden aus Kalkstein und Granit mit Portikus und 237 Balkonen neu aufgebaut.

Anreise

Berlin:	////////////	3:05 h ✈
Frankfurt:	////////	2:25 h ✈
München:	////////	2:35 h ✈
Zürich:	//////	2:20 h ✈
Wien:	////////////	3:05 h ✈

40 Barcelona

Barcelona fasziniert in seiner Widersprüchlichkeit. Der hingebungsvollen Pflege uralter Traditionen steht der Drang gegenüber, immer vorderste Avantgarde zu sein: einerseits etwa die archaischen Menschentürme der Volksfeste, die »castells«, andererseits hypermoderne Architektur, Design, Kunst, ja sogar Kulinarik, man denke an die Molekularküche. Barcelona kann so kosmopolitisch wie provinziell sein, so hektisch wie demonstrativ gelassen. »Seny« und »rauxa« heißt im Katalanischen ein weiteres Gegensatzpaar: vernunftgesteuerte Geschäftstüchtigkeit und extatisch-leidenschaftliche Kreativität. Barcelona beschränkt sich nie auf das eine oder andere Extrem. Stattdessen ist es das befruchtende Wechselspiel einander ergänzender Gegensätze, das diese Stadt so einzigartig macht. Sogar sprachlich trifft man auf ein spannendes »Sowohl-als-auch« von Spanisch und Katalanisch. Welche Sprache auch gesprochen wird, stets ist Barcelona bestimmt von einer besonderen Intensität und ansteckender Vitalität. Gerne und oft geht man zu Fuß; die Wege in den Altstadtvierteln und zum Großteil auch im »Eixample«, der Neustadt, sind überschaubar. In keiner anderen europäischen Metropole sind Stadt und Meer so eng verknüpft wie hier. Kultur, Strand und Shopping lassen sich einfach verbinden: Wer will, kann den Vormittag beim Stadtbummel, den Nachmittag am Wasser und den Abend wieder auf hochkarätigen Kulturveranstaltungen verbringen.

Verspielte Formen der Natur prägen die Bauten im Park Güell.

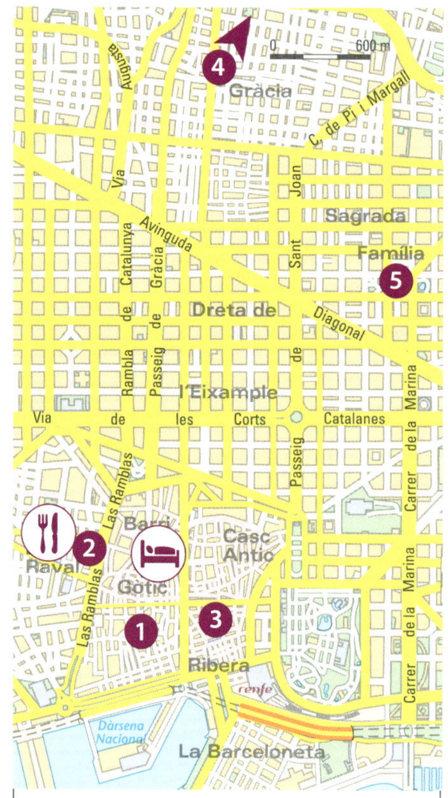

LEGENDE

1 Barri Gòtic

2 La Boquería

3 Museu Picasso

4 Park Güell

5 Sagrada Família

Beste Reisezeit

Sehr angenehm sind das späte Frühjahr und der frühe Herbst. Günstige Unterkünfte sind im Winter zu finden. Auch dann hat die Stadt noch viele sonnige, milde Tage zu bieten.

1 Barri Gòtic

Im Barri Gòtic schlägt das historische Herz von Barcelona: Viele Sehenswürdigkeiten gehen bis auf das späte Mittelalter zurück – etwa der königliche Palastkomplex, die Kathedrale oder die Kirche Santa Maria del Pi. So erklärt sich auch der Name des Viertels: Errichtet wurden diese und zahllose weitere Bauten im gotischen Stil – in jener Epoche, die für Barcelona eine Zeit großer Blüte darstellte. Damals fungierte die Metropole als Zentrum des vereinigten aragonesisch-katalanischen Königreichs. Dessen Könige herrschten über weite Teile des westlichen Mittelmeers, ihr Einflussbereich erstreckte sich sogar bis nach Griechenland. Daheim manifestierte sich ihr Reichtum in einer Reihe von Pracht- und Prestigebauten.

Zwischen Les Rambles, Plaça de Catalunya, Via Laietana und Mittelmeer

2 La Boquería

Der direkt an den Rambles gelegene, als »Bauch von Barcelona« berühmte Mercat de San Josep de la Boquería ist schon lange nicht mehr nur eine Einkaufsmöglichkeit für Obst und Gemüse, sondern hat sich zu Recht zur Sehenswürdigkeit entwickelt. Mit frisch zubereiteten Tapas und Snacks für Zwischendurch locken hier auch mehrere Bars, Bistros und Cafés die Kundschaft.

Les Rambles 91, Mo–Sa 8–20.30 Uhr (viele Stände schließen allerdings schon deutlich früher), www.boqueria.info

Pòrtic Boquería

An der Bar gibt es Frühstück und täglich wechselnde Pintxos. Im lässig eingerichteten Speisesaal werden vor allem Fisch und Meeresfrüchte serviert, zu empfehlen ist der ausgezeichnete Jamón Ibérico. Plaça de Sant Josep 13, tgl. 9–22.30 Uhr, www.porticboqueria.com, Tel. + 34 93 667 35 39

3 Museu Picasso

Pablo Picasso lebte als junger Mann mehrere Jahre lang in Barcelona. Mit dem Museu Picasso hat ihm die Stadt längst ein Denkmal gesetzt. Über gleich fünf historische Stadtpaläste erstreckt sich die renommierte Institution. Mit 3500 Werken illustriert das Haus heute gut Picassos künstlerische Entwicklung. Besonders eindrucksvoll ist der Saal der »Meninas« (Hoffräulein). Von einem gleichnamigen Gemälde, das Diego Velázquez schon 1656 gemalt hatte, war Picasso so fasziniert, dass er es eingehend studierte – und 1957 dann insgesamt 58 Variationen vorlegte. Seine Versionen der »Meninas« zeigen meist nur einzelne Ausschnitte aus der ursprünglichen Arbeit. Sie sind oft so abstrakt gehalten, dass die Verbindung zum Original auf den ersten Blick kaum erkennbar ist. Das Museum zeigt sämtliche »Meninas«. Vor allem in der Gegenüberstellung zu Velazquez erhält man einen faszinierenden Einblick in die Denkweise von Pablo Picasso.

C. de Montcada 15–23, Di–So 10–20 Uhr, www.bcn.cat/museupicasso

Früher Wächter der Kunstschätze, heute schnatternde Touristenattraktion: die 13 Gänse der gotischen Kathedrale.

4 Park Güell

Im Grunde genommen ist es eine Investitionsruine, die hier von der UNESCO zum Welterbe erklärt worden ist. Ursprünglich hatte der Architekt Antoni Gaudí gar keinen Park anlegen, sondern ein exklusives Wohnviertel für das wohlhabende Bürgertum seiner Zeit bauen wollen. Im Auftrag seines Förderers, des Industriellen Eusebi Güell i Bacigalupi, sollte Gaudí eine Gartenstadt nach englischem Vorbild entwerfen. Damals, um das Jahr 1900, lag das zu entwickelnde Gebiet noch am äußersten Rand der zu jener Zeit rasant wachsenden Mittelmeermetropole. Mindestens 60 prächtige Villen waren geplant. Zur Finanzierung des ehrgeizigen Vorhabens sollten die Häuser schon vorab veräußert werden. Doch Gaudí und Güell fanden kaum Investoren. 1914 wurde das Projekt daher eingestellt, viele Bauten waren jedoch

Hotel Colón

Eine Hotellegende im Herzen der Stadt – hier haben schon Ernest Hemingway und Jean-Paul Sartre genächtigt. Heute atmet das Colón einen herrlich altmodischen Charme.
Av. de la Catedral 7,
www.colonhotelbarcelona.com,
Tel. +34 93 301 14 04 , DZ ab 110 €

bereits vollendet worden. Im Jahr 1922 erwarb die Stadt dann das brachliegende Gelände, um es der Öffentlichkeit als Park zugänglich zu machen. Auf dem weitläufigen Areal warten zahlreiche Überraschungen, etwa Viadukte, die eher an naturbelassene Grotten als an von Menschenhand geschaffene Bauwerke erinnern. Je weiter der Weg den teils steilen Hang hinaufführt, desto unberührter gibt sich das Gelände. Bäume, Sträucher und Kakteen wachsen scheinbar wild, die Wege wirken wie in den schroffen Fels gehauen. Der Anstieg lohnt auch, weil ihn die meisten Besucher meiden – hier oben herrscht eine entspannte Stille.

C. d'Olot 7, tgl. 10 Uhr bis abends

5 Sagrada Família

Sie gilt zwar gemeinhin als Werk von Antoni Gaudí – und natürlich geht die Sagrada Família vor allem auf die Entwürfe des gefeierten Genies zurück. Aber niemand weiß wirklich, wie sich Gaudí den bizarren Sakralbau ursprünglich vorgestellt hatte: Viele seiner Modelle gingen im Spanischen Bürgerkrieg verloren, für weite Teile des Gebäudes hatte er wohl ohnehin nur Skizzen gezeichnet. Nicht zuletzt deshalb sorgt das beispiellose Gotteshaus immer wieder für Kontroversen. Mehrmals wurde gefordert, die Arbeiten einzustellen, u. a. von Architekten wie Walter Gropius und Le Corbusier. Trotzdem wird das längst als Wahrzeichen Barcelonas geltende Bauwerk nun wohl tatsächlich vollendet werden. Wann es endlich so weit ist? »Mein Auftraggeber kennt keine Eile«, antwortete der tiefgläubige Gaudí gern. Heutige Bauherren äußern sich deutlich konkreter. Man spricht davon, das Gotteshaus pünktlich zu Gaudís 100. Todestag im Jahr 2026 fertigstellen zu wollen

C. de Mallorca 401 (Eingang C. de Sardenya), Apr.–Sept. tgl. 9–20, Okt.–März 9–18 Uhr, www.sagradafamilia.cat

Anreise

Berlin:	/////////////	2:30 h ✈
Frankfurt:	/////////////	2:00 h ✈
München:	/////////////	2:00 h ✈
Zürich:	///////////	1:40 h ✈
Wien:	///////////	2:00 h ✈

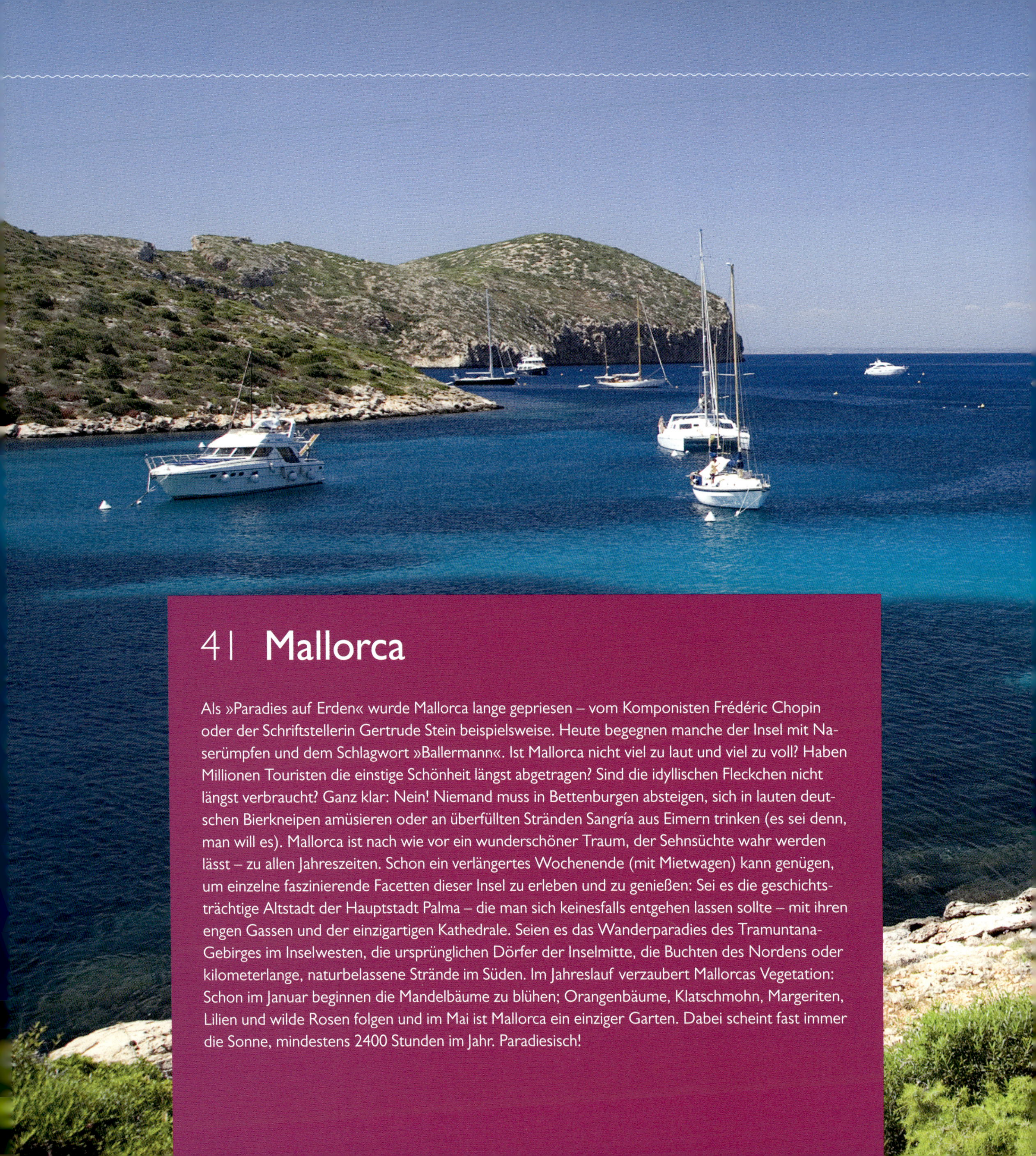

4 | Mallorca

Als »Paradies auf Erden« wurde Mallorca lange gepriesen – vom Komponisten Frédéric Chopin oder der Schriftstellerin Gertrude Stein beispielsweise. Heute begegnen manche der Insel mit Naserümpfen und dem Schlagwort »Ballermann«. Ist Mallorca nicht viel zu laut und viel zu voll? Haben Millionen Touristen die einstige Schönheit längst abgetragen? Sind die idyllischen Fleckchen nicht längst verbraucht? Ganz klar: Nein! Niemand muss in Bettenburgen absteigen, sich in lauten deutschen Bierkneipen amüsieren oder an überfüllten Stränden Sangría aus Eimern trinken (es sei denn, man will es). Mallorca ist nach wie vor ein wunderschöner Traum, der Sehnsüchte wahr werden lässt – zu allen Jahreszeiten. Schon ein verlängertes Wochenende (mit Mietwagen) kann genügen, um einzelne faszinierende Facetten dieser Insel zu erleben und zu genießen: Sei es die geschichtsträchtige Altstadt der Hauptstadt Palma – die man sich keinesfalls entgehen lassen sollte – mit ihren engen Gassen und der einzigartigen Kathedrale. Seien es das Wanderparadies des Tramuntana-Gebirges im Inselwesten, die ursprünglichen Dörfer der Inselmitte, die Buchten des Nordens oder kilometerlange, naturbelassene Strände im Süden. Im Jahreslauf verzaubert Mallorcas Vegetation: Schon im Januar beginnen die Mandelbäume zu blühen; Orangenbäume, Klatschmohn, Margeriten, Lilien und wilde Rosen folgen und im Mai ist Mallorca ein einziger Garten. Dabei scheint fast immer die Sonne, mindestens 2400 Stunden im Jahr. Paradiesisch!

Ein Bootsausflug zum Cabrera-
Archipel führt durch zauberhafte, fast unberührte Natur.

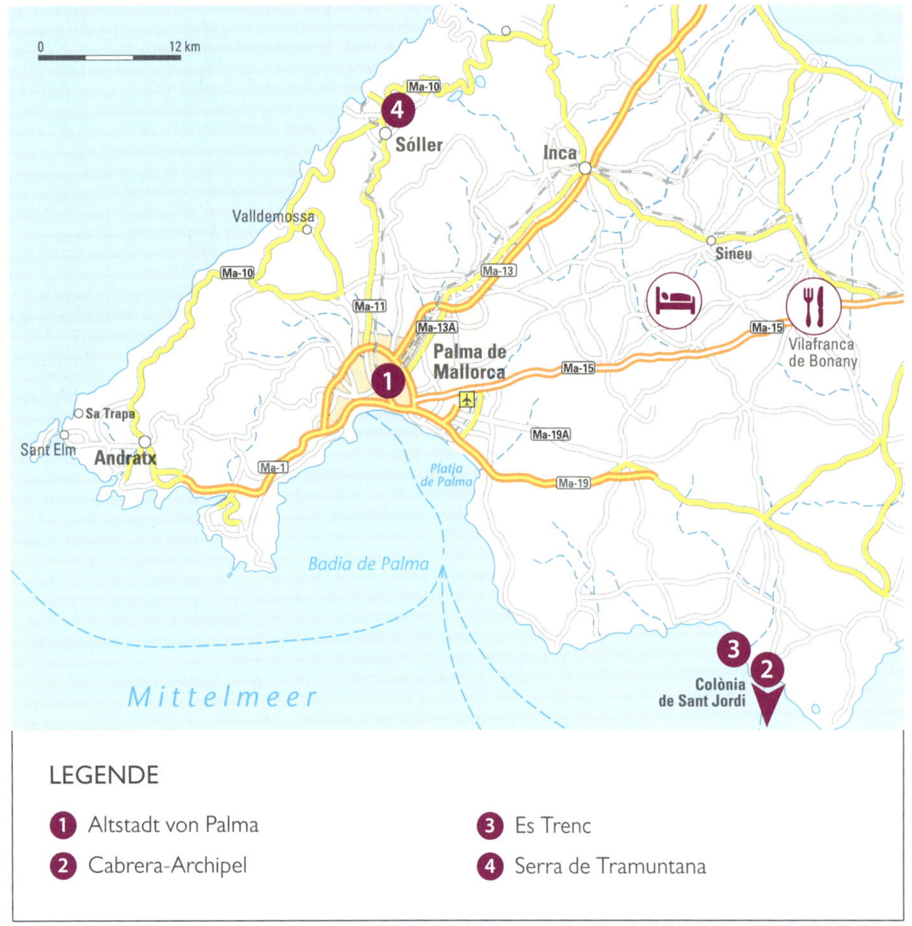

LEGENDE

1 Altstadt von Palma

2 Cabrera-Archipel

3 Es Trenc

4 Serra de Tramuntana

Beste Reisezeit

In der zweiten Maiwoche finden die beeindruckenden Schaugefechte Moros y Cristianos in Sóller im Gedenken an den Sieg über die muslimischen Piraten im Jahr 1561 statt.

einst Festung der arabischen Herrscher, später Residenz der Mallorquiner Könige. Auch der Bogen eines alten Stadttors und die Arabischen Bäder sind Überbleibsel der maurischen Vergangenheit. Durch die Gassen mit ihren Geschäften, Wohnungen und Werkstätten weht ein Hauch des späten Mittelalters. Viele der Häuser, meist Stadtpaläste des Adels, wurden im 13. Jh. errichtet. Die Fassaden sind schlicht, doch hinter den wuchtigen Toren verbergen sich die zauberhaften Mallorquiner Patios mit ihren Ziehbrunnen und Palmen.

Tourist Info: Plaça de la Reina 2, Mo–Sa 8.30–18, Sa bis 15 Uhr, www.infomallorca.net

 ## Son Bauló

Ein 500 Jahre alter Gutshof, umgeben von Palmen, Obstplantagen und Getreidefeldern. Das ist die eine Seite. Die andere, dass den Gästen Konzerte, Theateraufführungen oder auch mal Vorlesungen geboten werden.
Cami de Son Bauló 1, Lloret de Vistalegre, www.son-baulo.com, Tel. +34 971 52 42 06, DZ ab 98 €

 ## Altstadt von Palma

Viel gibt es zu sehen in der Inselhauptstadt, die auf eine 2000-jährige Geschichte zurückblicken kann. Palma ist eine richtige Großstadt, aber immer noch gut überschaubar. Schnell gelangt der Besucher von den breiten Zufahrtsstraßen in die anheimelnden Gassen der Altstadt, wo die Sehenswürdigkeiten auf engem Raum stehen. Gegenüber der Kathedrale La Seu, ein herausragendes Beispiel gotischer Architektur, erhebt sich der Almudaina-Palast,

 ## Cabrera-Archipel

In Sichtweite der Küste befindet sich das Cabrera-Archipel mit seinen seltenen Pflanzen und Tieren. Die Inselgruppe und die Gewässer rund um die »Ziegeninsel« Illa de Cabrera sind artenreich, nicht zuletzt deshalb, weil sie 1991 zum Naturpark erklärt wurden. Geschützt werden etwa Wanderfalken, Delfine und eine schwarze Eidechsenart, die es nur hier gibt und sonst nirgendwo auf der Welt. Ein Bootsausflug führt einmal rund um die Insel,

Rötliche Häuser am Hang, umgeben von Orangengärten und Olivenhainen: Deià, ein typisches Bergdorf der Serra de Tramuntana.

dann hält man in Port de Cabrera, einem schönen Naturhafen, und hat Gelegenheit zu einem Museumsbesuch, zum Baden in der Blauen Grotte und zum Wandern.

Mehrmals tgl. ab Colònia de Sant Jordi, www.excursionsacabrera.es

③ Es Trenc

Kaum zu glauben: So viel Sand und Strand – und kein einziges Hotel! Doch ohne Kampf der Umweltorganisationen Anfang der 1980er-Jahre ist das nicht erreicht worden. Das Tauziehen war erfolgreich – und so sind die Dünen und Pinienwäldchen, die sich über 3 km von Colònia de Sant Jordi bis Sa Ràpita erstrecken, bis heute in naturbelassenem Zustand. Längst hat sich dieser einstige Geheimtipp zu einem wohlbekannten Ausflugsziel gewandelt.

1 km nordwestl. von Colònia de Sant Jordi

El Cruce

Eine Autobahnraststätte auf mallorquinische Art: Von Weitem sieht man viele Lastwagen – und traut sich evtl. nicht hinein. Die munteren Kellner bringen die kräftige Inselküche aber schnell näher.
Carretera Palma–Manacor, km 41, Vilafranca de Bonany, tgl. 6–22, Fr/Sa bis 1 Uhr, Tel. +34 971 56 00 73

④ Serra de Tramuntana

Romantische Bergdörfer, Klöster und Wachtürme: Die Serra de Tramuntana ist der wohl reizvollste Teil der Insel. Im Windschatten dieses eindrucksvollen Bergmassivs erstrecken sich zwei Gartenlandschaften: die Horta d'Andratx und die Horta de Sóller. Während auf den 1000 m hohen Bergspitzen im Januar Schnee liegt, reifen in den geschützten Tälern die Orangen, blühen im Inselinneren die Mandelbäume. Oft waren die Dörfer und Kleinstädte an der Küste das Ziel von Piratenangriffen. Die Wehrtürme, die im Mittelalter gebaut wurden, krönen heute noch die Klippen. Doch die Landschaft hat stets auch Fremde angezogen, die in friedlicher Absicht kamen. Zu ihnen gehörten der Komponist Frédéric Chopin und seine Geliebte George Sand, die den wohl griffigsten Slogan über den gebirgigen Teil Mallorcas der Nachwelt hinterließ: »Eine grüne Schweiz unter blauem Himmel«.

Im Schatten des über 1000 m hohen Bergs Teix, liegt Mallorcas berühmtes Künstlerdorf Deià, in dem schon Joan Miró, Eric Clapton und viele andere wohnten. Hinter den Orangenplantagen und dem Hafen im Tal von Sóller wird die Küstenstraße zu einer regelrechten Hochgebirgsstrecke. Hier liegen die Dörfer Fornalutx und Biniaraix, die bereits mehrmals zu den schönsten Ortschaften Spaniens gewählt wurden.

Im Nordwesten Mallorcas, www.serradetramuntana.net

Anreise

Berlin:	2:30 h ✈
Frankfurt:	2:05 h ✈
München:	2:05 h ✈
Zürich:	1:35 h ✈
Wien:	2:20 h ✈

Süd- und Südosteuropa

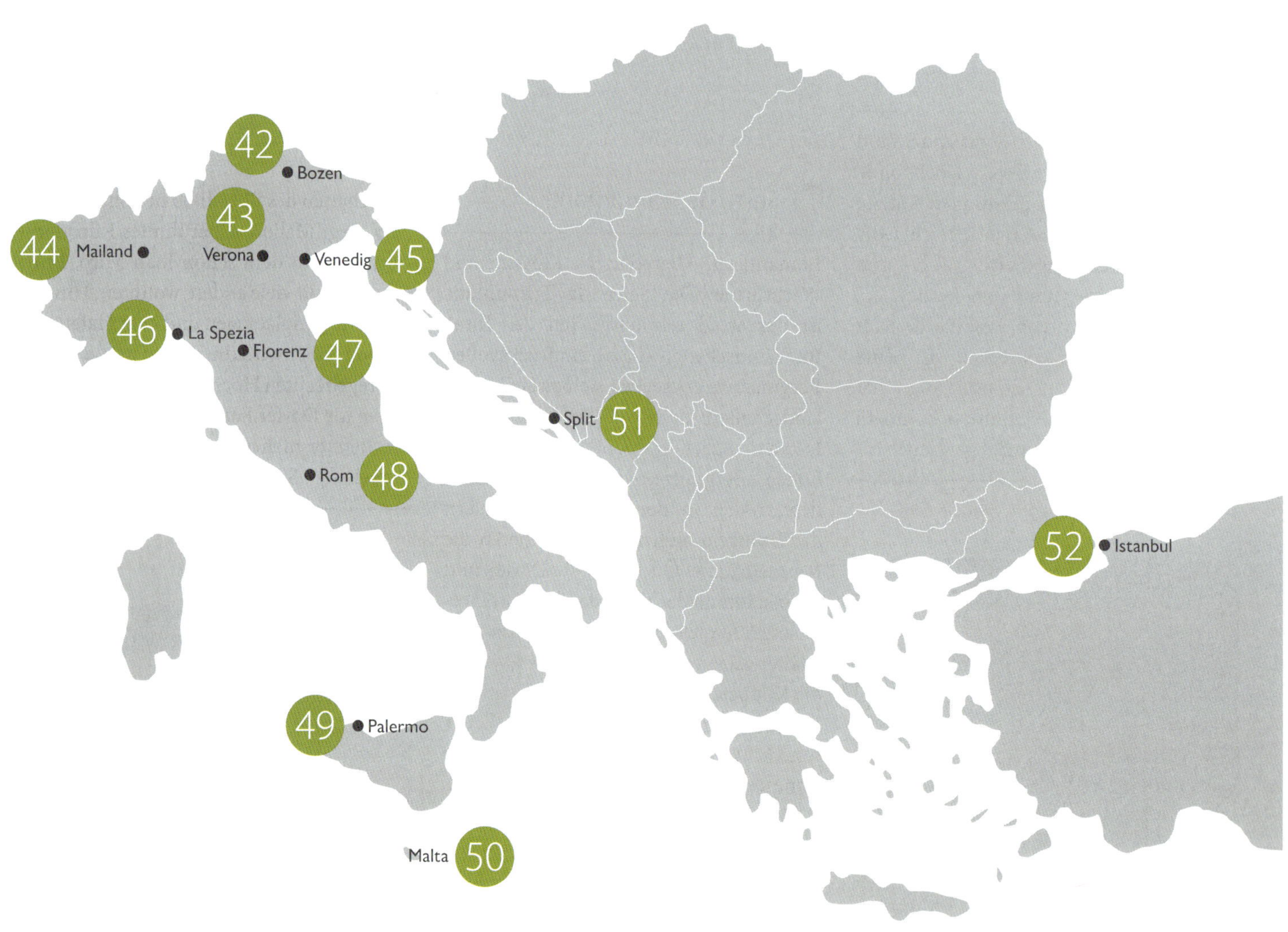

»Die Welt ist ein Buch.
Wer nie reist, sieht nur
eine Seite davon.«

Augustinus von Hippo

42 Südtirol

Viel Sonne und wenig Regen machen den
Südhang der Alpen zum Urlaubsland mit
Traumklima. Die Vegetation reicht von
Palmen im Meraner Becken, Weingärten in
den Tallagen über dichte Nadelwälder bis zu
Gletschern, die Einzigartigkeit der farbenrei-
chen Dolomiten erklärte die UNESCO gar
zum Welterbe. Seit jeher hat die Touris-
muswerbung auf Wetter und Landschaft
gesetzt, daneben wurden Klischees von
Knödeln, Marende und Weinseligkeit
hochglänzend verpackt. Mit Erfolg. Doch
die Zeiten haben sich geändert. Tradition
und Zukunftsvision mischen sich zu einem
besonderen Cocktail: Gletscherseen und
Glamour-Pools, Jugendstil und Jausen-
station, Minnesänger-Kult und Mountain-
Museum finden sich nahe beieinander. Die
Landeshauptstadt Bozen gibt den Ton an.
Hier mischen sich Studenten mit Altein-
gesessenen, verschmilzt südliches Flair mit
Tiroler Lebensart, treffen drei Sprachen
und Kulturen aufeinander. Eine umtriebige
Kunst- und Kulturszene prägt das Lebensgefühl, es empfiehlt sich, das Südtiroler
Archäologiemuseum zu besuchen, das den
wohl berühmtesten Tiroler beherbergt:
Ötzi, eine der weltweit ältesten Mumien.
In Meran verbinden sich Natur und Kultur
in den Botanischen Gärten des Schlosses
Trauttmannsdorff aufs Feinste: Italiens
schönster Garten bietet exotisches Gehölz
und senkrechte Beete. Im Schloss befindet
sich das Touriseum, das der Geschichte
des Tourismus gewidmet ist. Trotz Wandel
ist die Liebe zu Heimat und Brauchtum
fester Bestandteil der Südtiroler Volksseele
geblieben.

Traumblick vom Ritten auf die Erdpyramiden und nach Mittelberg mit Schlern, Langkofel und Geislerspitzen.

LEGENDE

1 Bozner Lauben
2 Südtiroler Archäologiemuseum
3 Erdpyramiden auf dem Ritten
4 Sarntal
5 Schloss Trauttmannsdorff

Beste Reisezeit

Im Herbst frönt man beim Wandern durch Weingärten und Kastanienhaine dem alten Brauch des Törggelen: einkehren in urigen Bauernhöfen, Buschenschänken am Wegesrand, unter Pergeldächern sitzen und den jungen Wein verkosten.

1 Bozner Lauben

In der malerischen Altstadt Bozens fallen unweit des Walther-Platzes (benannt nach dem Minnesänger Walther von der Vogelweide) und des Rathausplatzes die berühmten Lauben auf: Das merkantile Herz des alten Bozen ist eine prächtige Gasse, die von alten Bürgerhäusern, zum Teil aus dem 12. Jh., flankiert wird. Die Enge der Laubengasse und die schmalen Fassaden verraten den mittelalterlichen Ursprung der Geschäftshäuser. Bis heute kann man hier gut flanieren und einkaufen. In den restaurierten Sälen des Merkantilpalastes wird über die erfolgreiche Handelstätigkeit der Bozner Familie Menz informiert, für Gaumenfreuden sorgt am westlichen Ende der Lauben der Obstmarkt. Auch Goethe schlenderte seinerzeit hier entlang und fand's ein »wohlbehagliches Dasein«. Viel hat sich bis heute nicht daran geändert – der Obstmarkt mit seinem mediterranen Flair ist ein Muss für jeden Bozenbesucher.

Laubengasse, Altstadt von Bozen

2 Südtiroler Archäologie-museum, Bozen

Vom Ende der letzten Eiszeit um 15 000 v. Chr. bis zur Zeit Karls des Großen um 800 n. Chr. reichen die Exponate. Zahlreiche Objekte und multimediale Animationen erzählen vom Leben in den südlichen Alpentälern. Zentraler Mittelpunkt: »Ötzi«, der »Mann aus dem Eis«. Die etwa 5300 Jahre alte Gletschermumie wird im Hightechverfahren konserviert.

Museumstr. 43, Bozen, Di–So 10–18, Juli/Aug. und Dez. tgl. 10–18 Uhr, www.iceman.it

3 Erdpyramiden auf dem Ritten

Der Ritten, Bozens Hausberg, ist ein weit ausgedehntes, durchschnittlich 1200 m hoch gelegenes Plateau, das im Rittner Horn (2260 m) gipfelt. Hierher zogen sich schon im 17. Jh. die reichen Patrizier zurück, wenn ihnen im Sommer die Luft im Talkessel zu stickig wurde. Unterhalb der Seilbahnstation Oberbozen sowie zwischen Lengmoos und Mittelberg trifft man auf die bizarr geformten Erdpyramiden. Damit diese nadelförmigen, bis zu 30 m hohen Erosionsformen entstehen können, müssen ganz bestimmte Voraussetzungen erfüllt sein: vorhandener späteiszeitlicher Moränenlehm, das Klima (zunächst starke Regenfälle, dann ausgedehnte Trockenphasen), eine geschützte Lage gegenüber Winden sowie das Vorkommen von größeren Steinen bzw. Felsblöcken (diese liegen auf dem Moränenehm und schützen die sich bildende Säule vor Erosion).

Wanderweg 24 in das Erdpyramidental ab Klobenstein, www.ritten.com

Haselburg

Hoch über Bozen liegen die Gemäuer der Haselburg, die bis ins 12. Jh. zurückreichen. Nach aufwendiger Renovierung sind dort Gaumenfreuden, kulturelle Highlights und ein sensationeller Blick auf die Stadt angesagt.
Kuepachweg 48, Bozen, Di–So 12–14, Di–Sa 19–22.30 Uhr, www.haselburg.it, Tel. +39 0471 40 21 30

Im Sarntal werden alte Traditionen, etwa das Spinnen mit der Hand, bewusst gepflegt.

④ Sarntal

Schon lange führt eine direkte Straßenverbindung von Bozen durch das Sarntal (Valle Sarentina) und über seinen nördlichen Endpunkt, das Penser Joch (2215 m), bis nach Sterzing im anschließenden Wipptal. Trotzdem hat das von der Talfer durchflossene Sarntal seine bäuerliche Tradition behalten. Heimisches Kunsthandwerk wie die Federkielstickerei und Holzschnitzerei zeugt von lebendigem Brauchtum. Wer einmal den Weg durch die enge, von bizarren Felsformationen gesäumte Schlucht in dieses Schatzkästlein der Natur gefunden hat, kehrt immer wieder gern hierher zurück. Das ebenso weitläufige wie abwechslungsreiche Wandergebiet steht größtenteils unter Naturschutz. Moderne Zweckarchitektur findet sich kaum, dafür viele alte Bauernhöfe und so manches historische Gasthaus. Hinter dem Hauptort Sarnthein öffnet sich das Durnholzer Tal

Kematen

Das ehemalige Herrenhaus eines 40 ha großen Patrizieransitzes am Ritten liegt wunderschön auf einer Anhöhe an einem kleinen See. Großzügiger Komfort, stilvolles Ambiente sowie traumhafter Blick auf die Westdolomiten.
Kematerstr. 29, Klobenstein/Ritten, www.kematen.it, Tel. +39 0471 35 63 56, DZ ab 78 €

mit dem fischreichen, von Nadelwäldern umrahmten Durnholzer See, der sich in einer Stunde umwandern lässt.

Rund um Sarnthein, www.sarntal.com

⑤ Schloss Trauttmannsdorff

Von der Kurpromenade in Meran führt der »Sissi-Weg« vorbei am Kurhaus, an Jugendstilbauten und Schlössern nach Trauttmannsdorff. Die Kaiserin verbrachte acht Monate mit ihrer kränkelnden Tochter Marie Valerie im Schloss – diesem Aufenthalt und der schnellen Genesung der Tochter ist Merans Ruf als Luftkurort zu verdanken. Die Attraktion der am Hang gelegenen Schlossanlage aus dem 15. Jh. ist der herrliche, im Jahr 2001 eröffnete Botanische Garten. Um elf Pavillons gruppiert sich eine botanische Weltreise: 80 Gartenlandschaften mit Südtiroler und

mediterraner Flora, Wein-, Wasser- und Waldgärten, Orchideenhaus, Klematissammlung, Reisterrassen und japanischen Magnolien, Sukkulenten- und Kakteenhügeln u. v. m. Der Garten gilt als schönste Gartenanlage Italiens, im Schloss ist in 20 Räumen die Geschichte des Tourismus in Tirol und Südtirol dokumentiert.

St. Valentin-Str. 51a, Meran, Apr.–Okt. tgl. 9–19, Anfang–Mitte Nov. 9–17, Juni–Aug. Fr bis 23 Uhr. www.trauttmansdorff.it

Anreise

Berlin:		7:50h
Frankfurt:		6:10h
München:		3:00h
Zürich:		4:15h
Wien:		5:40h

23 Gardasee

Naturerlebnis, Genuss und Dolcefarniente, das süße Nichtstun, kommen am Gardasee zusammen. Da sind die Gerüche von gebratenen Maroni im Herbst, die Düfte der ersten Blumen, wenn der Schnee vom Monte Baldo weicht, dann ein Rausch von Gelb, wenn der Goldregen blüht, das Zirpen der Grillen im Sommer. Und stets wellt sich das tiefblaue Wasser sanft an die Hafenmauer. Es gibt viele Lieblingsplätze, jeder hat Charme. Der Norden ist so imposant wie wild. Zerklüftete Felswände und das mächtige Massiv des Monte Baldo locken Naturfreunde, Wanderer und Radler. Wer auf den Spuren der Dichter wandeln will, den zieht es in den Osten. In der Scaligerburg in Malcesine erinnert eine Ausstellung an Goethes Besuch. Und in Torri del Benaco kann, wer mag, sich bei Bodo Kirchhoff in literarischem Schreiben üben. Der Westen des Sees lockt mit alter Pracht, feinem Essen, Spa- und Wellness-Tagen in bester Lage. Atemberaubend ist auch der Blick von der Wallfahrtskirche Madonna di Monte Castello, die auf einem Felsvorsprung thront. Ebenso schön wie überlaufen ist der Süden. Dort kutschieren Eltern ihre Kinder ins Gardaland, Italiens größten Freizeitpark. Wem es zu viel wird, der radelt durch die Weinberge, um sich bei einem Lugana zu erholen.

Gegenüber von Malcesine mit seiner Skalierburg fallen die schroffen Felswände der Gardaseeberge steil zum Seeufer ab.

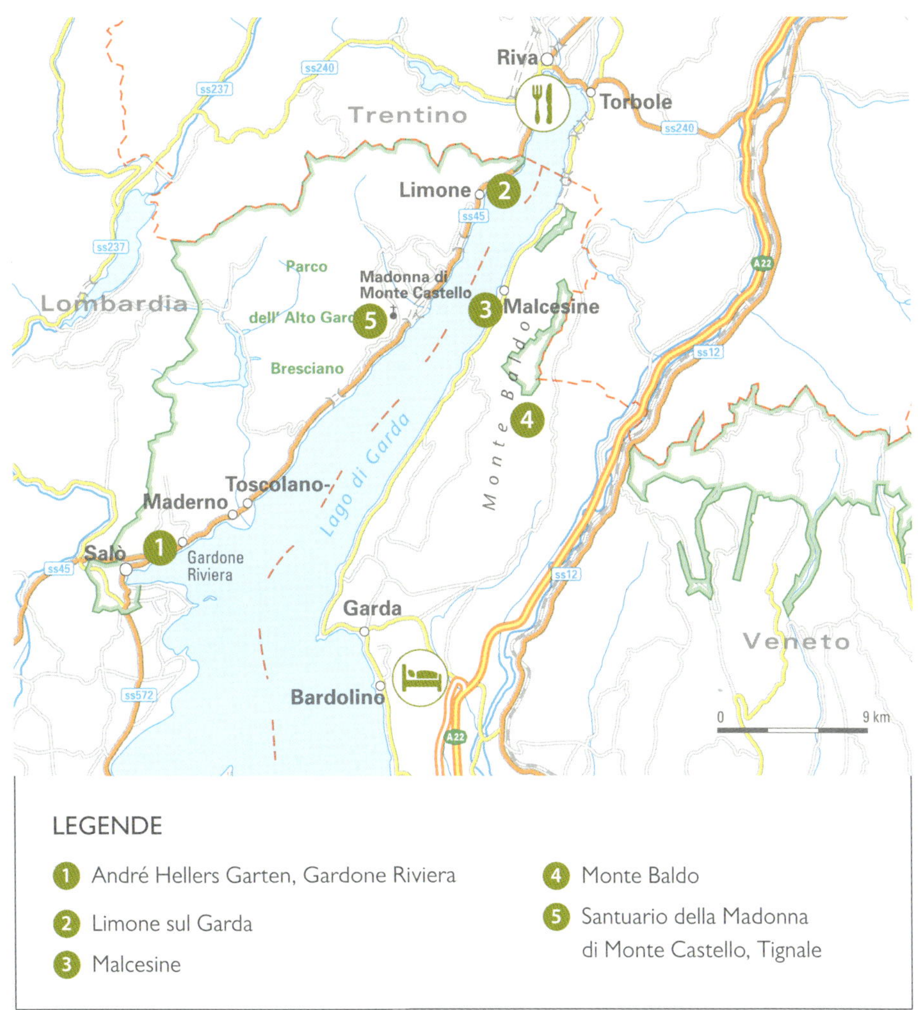

LEGENDE

1. André Hellers Garten, Gardone Riviera
2. Limone sul Garda
3. Malcesine
4. Monte Baldo
5. Santuario della Madonna di Monte Castello, Tignale

Pizzeria Leon d'Oro

In einem verträumten Gässchen, das die Stadtmauern mit dem Hafen von Riva verbindet, liegt dieses Restaurant. Familie Salvaneschi führt es bereits seit 1939. Exzellente Küche, beste Weine aus der Region verwöhnen den Gast.

Via Fiume 28, Riva del Garda, www.leondororiva.it, Tel. +39 04 64 55 23 41

deen, Baumfarne neben Granatäpfeln. Und bei allem darüber hinaus: schmeichelndes Licht und kühlender Schatten.

Via Roma 2, Gardone Riviera, März– Nov. 9–19 Uhr, www.hellergarden.com

2 Limone sul Garda

Limone ist geprägt von den Zitronengärten, den *Limonaie*. Nicht erst heute beliebt bei Reisenden, schon Goethe schärmte davon: »Wir fuhren bei Limone vorbei, dessen Berggärten, terrassenweise angelegt und mit Zitronenbäumen bepflanzt, ein reiches und reinliches Ansehen geben.« Zu Beginn des 19. Jh. wurde der Anbau dann »industrialisiert«, da sich die Zitronenbauern aber gegen die günstigere Konkurrenz aus Sizilien nicht durchsetzen konnten, endete die Zitronen-Ära am Gardasee gegen 1930. 70 Jahre später baute man wieder 50 Zitrusgewächse an und öffnete den Garten für die Öffentlichkeit.

Zitronengarten in der Via Castello, www.visitlimonesulgarda.com

Beste Reisezeit

Im Sommer wird der See mit einem Augenzwinkern gerne als »Badewanne Münchens« bezeichnet, dann gehört Bairisch fast schon zu den Verkehrssprachen. Fast noch ein Geheimtipp sind die stimmungsvollen Weihnachtsmärkte rund um den See.

1 André Hellers Garten, Gardone Riviera

Zwischen Gardone di sotto und Gardone di sopra füllt André Hellers Gartentraum die Fläche zwischen oben und unten. Dr. Hruska, der Zahnarzt des letzten Zaren, war der Begründer des Gartens. Und Heller – danke! – lässt seit 1988 die Welt eintreten in dieses einzigartige Pflanzenparadies. Edelweiß inmitten von Orchi-

3 Malcesine

Die Ostseite ist die bekanntere Seite des Sees. Zumindest aus deutschsprachiger Sicht, denn Johann Wolfgang von Goethe höchstpersönlich war hier quasi der erste prominente Tourist, der mit seiner Reisebeschreibung die Sehnsucht nach italienischem Licht und Sonne in die deutsche Seele pflanzte. Von Norden kommend, ist Malcesine einer der ersten Orte am Ostufer. Das kleine Städtchen befindet sich auf einem schmalen Uferstreifen und wird überragt von einem zum See hin steil abfallenden Burgberg. Dort erhebt sich mächtig die Scaligerburg, die den Besucher beim Schlendern durch die engen Gassen der Stadt wie ein Magnet anzieht. Am Hafen und an der Uferfront reihen sich venezianische Palazzi. Der Palazzo dei Capitani war einmal Sitz der venezianischen Gouverneure, der kleine Palmengarten im Hinterhof lädt zur Pause im Schatten ein. Überall in der Stadt färben Kunstobjekte internationaler Bildhauer die Stadtansicht modern. In der Altstadt gibt es eine Menge hübscher Cafés und netter kleiner Läden – vor allem für Ta-

Quattro Stagioni

Gepflegter Familienbetrieb mitten in der Altstadt von Bardolino, ein Pool im Garten lädt zum Relaxen nach dem Shoppen ein. Ruhige Lage in großem Park mit mediterraner Vegetation.
Borgho Garibaldi 25, Bardolino,
www.hotel4stagioni.com,
Tel. +39 04 57 21 00 36, DZ ab 70 €

Geschickte Hände bei der alljährlichen Zitronenernte in Limone sul Garda.

schen und Schuhe. Im Sommer sind leider kaum ruhige Ecken zu finden, denn dann wälzen sich Touristenströme durch die engen Gassen. Unvergleichlich zauberhaft ist allerdings der Moment, wenn es glückt, ganz alleine auf den Zinnen der alten Burg zu stehen. Das geht! Und dann kann die Seele hoch überm Gardasee im warmen Licht baden.

4 Monte Baldo

Es gibt kaum ein schöneres Panorama als im Spätherbst oder im Frühling, wenn der Monte Baldo mit einer weißen Schneehaube sich über dem Azurblau des Sees

erhebt. Aber freilich ist auch im Sommer ein Ausflug auf den Monte Baldo empfehlenswert. Ist unten das Ufer überlaufen mit Touristen, so kann man oben auf den vielen Wanderwegen durchaus Ruhe finden. Wandermöglichkeiten gibt es für geübte und ungeübte Trekker.

Seilbahn in Malcésine, Via Navene 12,
Apr.–Okt. tgl. 8–18, Dez.–März bis 16 Uhr,
www.funiviedelbaldo.it

5 Santuario della Madonna di Monte Castello, Tignale

Atemberaubend ist der Blick von der Wallfahrtskirche Madonna di Monte Castello. Auf 680 m Höhe hängt sie wie ein Schwalbennest auf einem Felsvorsprung. Die Wände darunter fallen senkrecht ab zum See. Es könnte einem schwindelig werden, wenn denn der Ort nicht so erhebend wäre. Im Inneren gibt es einen reich vergoldeten Altar, im Gewölbe dahinter einige schöne Fresken.

1 km östlich von Tignale,
geöffnet zu den Gottesdiensten,
www.santuariomontecastello.it

Anreise

Berlin:	1:35 h	✈
Frankfurt:	1:25 h	✈
München:	4:00 h	🚗
Zürich:	4:30 h	🚗
Wien:	6:30 h	🚗

44 Mailand

Es soll Besucher geben, die sich auf den ersten Blick in Mailand verliebt haben – doch das ist eher selten. Mailand ist vielmehr eine Stadt, die man sich genauer ansehen muss, die im Verborgenen blüht – und sie ist eine Stadt der Gegensätze. Die Millionenmetropole der Gegenwart mit ihren modernen Vierteln und Top-Designerläden lebt friedlich neben dem traditionellen Mailand mit seinen kleinen, verwinkelten Gassen, winzigen Handwerksbetrieben und Tante-Emma-Läden. Mailand ist gewiss die weltoffenste und geschäftstüchtigste Stadt Italiens, Tempo und Big Buisness kennzeichnen ihren Rhythmus. Doch über all der Arbeit wird die Lebensfreude nicht vergessen: Mailand ist ein Sündenbabel für Einkäufer, ein Paradies für Feinschmecker und Nachtschwärmer. Kulturgenuss der besonderen Art bieten das legendäre Opernhaus »Teatro alla Scala«, der Dreh- und Angelpunkt italienischer Musikgeschichte. Und wer einen Gottesdienst im Dämmerlicht des märchenhaft schönen Mailänder Doms erlebt, danach in der prächtigen, mit Glaskuppeln überdachten »Galleria Vittorio Emanuelle II« bummelt und anschließend in einer gemütlichen Osteria einen goldgelben »risotto alla milanese« genießt, wird spätestens dann dem Zauber der hektischen Wirtschaftsmetropole erliegen.

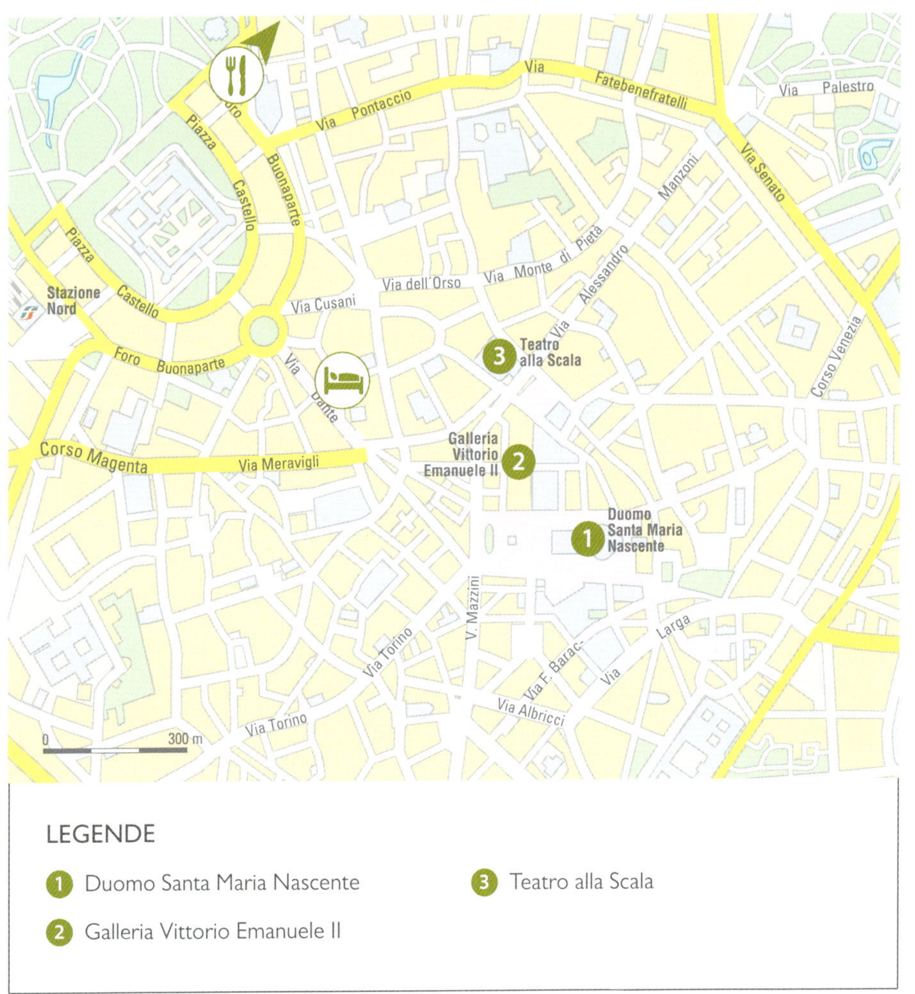

LEGENDE

1 Duomo Santa Maria Nascente

2 Galleria Vittorio Emanuele II

3 Teatro alla Scala

Beste Reisezeit

Die Haute Couture herrscht im Frühjahr und Herbst in der Modestadt, und die Straßen werden zu einem farbenfrohen Laufsteg. Im Winter wird dem »O Bej O Bej« entgegengefiebert, dem bunten Stadtfest (5.–8. Dez.) auf der Piazza Sant'Ambrogio.

Meinungsverschiedenheiten waren vorprogrammiert. Erst unter Filippino degli Organi schritten die Bauarbeiten voran, 1418 konnte der Hochaltar eingeweiht werden. Organi ging, die Renaissance-Architekten Solari und Amadeo kamen. Nach einer vorübergehenden Pause ging es 1567 unter Kardinal Carlo Borromeo wieder zügig voran, allerdings in einem völlig anderen Stil. Tibaldi entwarf 1616 eine zeitgemäße Barockfassade, die später wiederum von Buzzi in gotische Formen verwandelt wurde. Die unvollendete Außenfassade ließ Napoleon I. nach einem Entwurf von Amati teilweise fertigstellen. Ergänzungen an den oberen Bauteilen und an den Portalen zogen sich bis 1950 hin. Und dann war es schon wieder Zeit für erste Renovierungsarbeiten, die bis heute andauern. Für eine Besichtigung sollte man sich Zeit lassen, denn es gibt viel zu entdecken – nur einige Anregungen: der Marmorfußboden aus dem 16. Jh., in der Mitte das Santurio, ein Hochaltar mit vergoldetem Ziborium und dem Tabernakel mit Szenen aus dem Leben Christi.

Piazza del Duomo, tgl. 7–18.40 Uhr, www.duomomilano.it

1 Duomo Santa Maria Nascente

Majestätisch erhebt sich die zweitgrößte Kirche der Christenheit in den Himmel. Der unendliche Dombau zu Mailand begann 1386 auf Anregung von Graf Gian Galeazzo Visconti. Die ersten Jahre versuchte man sich in europäischer Koproduktion und legte die Bauleitung abwechselnd in die Hände italienischer, französischer und deutscher Meister –

 ## Casa Fontana

Spezialität des Hauses sind »risotti«. Es werden insgesamt 23 Reisgerichte aufgetischt, eines schmackhafter als das andere. Die anderen italienischen Gerichte sind ebenfalls empfehlenswert.
Piazza Carbonari 5, Di–So, www.23risotti.it, Tel. +39 02 670 47 10

Bellagio: ehemals Fischer-, heute Villenort. Der schönste Blick über den Comer See bietet sich allemal.

② Galleria Vittorio Emanuele II

Zwischen Dom und Scala liegt die schickste und exklusivste Einkaufspassage Italiens, von den Mailändern liebevoll »il salotto« (Salon) genannt. Ein Laufsteg der Eitelkeiten, auf dem man, vor allen Launen des Wetters geschützt, flaniert und parliert. Die monumentale Anlage wurde 1865 bis 1877 von Giuseppe Mengoni erbaut und sollte das Selbstbewusstsein des Mailänder Bürgertums repräsentieren. Die Bogengänge sind 165 m bzw. 105 m lang, 14,5 m breit und 32 m hoch. Die Glaskuppel liegt in 47 m Höhe.

Piazza del Duomo/Piazza della Scala

③ Teatro alla Scala

Wer Oper sagt, der meint in Mailand natürlich die Scala mit ihrer exzellenten Akustik. Seit dem Jahr 1778 ist dieses Theater, das über 3000 Zuschauer fasst, der Ort stimmgewaltiger Auftritte. Es kamen, sangen und spielten Caruso, Gigli, Tebaldi, Tomagno – und natürlich die Callas. Seit 1968 steht auch zeitgenössische Musik auf dem Spielplan. Die Saison beginnt stets am 7. Dezember und dauert bis Juli. Von September bis November spielt das Symphonieorchester.

Piazza della Scala 1, Sept.–Juli,
www.teatroallascala.org

④ Comer See

Der glitzernd azurblaue See, umgeben von grünen Bergen, mediterraner Vegetation und mit einem milden Samtklima gesegnet, ist eines der beliebtesten Ausflugsziele. An den Promenaden der hübschen Uferstädtchen bummelt man entlang, schleckt ein Eis und genießt die Seeluft. Eine Besichtigung wert sind die Orte Lecco, Menaggio sowie Bellagio mit der wunderschönen Villa Melzi und Tremezzo mit der Villa Carlotta, der berühmtesten aller Lario-Villen. Das Städtchen Como betrachten die Mailänder sogar gerne als ihren Vorort. Es strahlt die Eleganz einer Großstadt aus, und das trotz der gerade knapp 100 000 Einwohner. Oberhalb des Sees wurden die ehemaligen Verbindungswege wieder hergestellt und als Wanderpfade inmitten einer zauberhaften Naturlandschaft markiert. Wem nicht nach Wandern zumute ist, der kann den Lago di Como auch auf den Straßen entlang des Ufers entdecken.

70 km nördlich von Mailand, über die A 9,
www.lakecomo.it

Antica Locanda dei Mercanti

Die Zimmer in dieser gemütlichen Locanda im ersten Stock sind liebevoll eingerichtet, manche haben sogar eine eigene Dachterasse. Die Lage ist zentral.
Via San Tomaso 6, www.locanda.it,
Tel. +39 02 805 40 80, DZ ab 210 €

45 Venedig

Venedig eine fragile, morbide Stadt? Die einen denken an Thomas Manns »Tod in Venedig« und an die (angeblich?) versinkende Serenissima, die anderen an goldglänzende Paläste und prächtige Kirchen, die – auf Wasser erbaut – der Wassergefahr bis heute standhielten. Die einen stürzen sich ins Maskengetümmel des »Carnevale di Venezia« oder lassen sich bei einer Gondelfahrt einschaukeln, andere machen sich auf die Suche nach Architektur. Die einen sehen in der Lagunenstadt nur zerbrechliches Glas und vermodernde Holzpfähle, die anderen bewundern, wie die Stadt den Massenzustrom an Touristen verkraftet. So erschafft sich jeder sein eigenes Venezia. Venedig ist so facettenreich, hat so viel zu bieten, dass es niemanden enttäuscht. Die Stadt ist und bleibt ein Mythos. Einzigartig und unvergleichlich. Vom Mittelalter an sind Abermillionen Baumstämme in den schlammigen Grund der Lagune gerammt worden, als Halt und Stütze für Paläste, Kirchen, Brücken. Und für Wohnhäuser, denn auch hier leben Einheimische ihren Alltag. Venedig hat umgeblättert und aus der Klischeetraumstadt ist eine moderne Kunst- und Kulturmetropole von internationalem Rang geworden. Einer solchen Stadt sollte man mit offenen Augen begegnen, dabei aber die Sommertage meiden, an denen Venedig einen Numerus clausus zur Kontrolle der Tagestouristen brauchen könnte. Aber was, wenn man wirklich nur wenige Tage für Venedig hat? Der Markusplatz mit Markuskirche und Dogenpalast sind ein Muss und einzuplanen wäre auch ein zielloser Gang durch die Stadt, in der es überall Sehenswertes gibt und gerade das Sichverlaufen Spaß macht. Nicht verzichten sollte man auf eine Pause an einem volkstümlichen Platz – wie dem Campo Santa Margherita im Sestiere Dorsoduro –, auf den Besuch einer der »großen« Kirchen wie den Frari, auf einen Bummel durch die Flaniermeile Calle larga XXII Marzo bis zur Accademiabrücke oder durch die orientalisch anmutenden Gassen der Frezzerie bis zur Rialtobrücke.

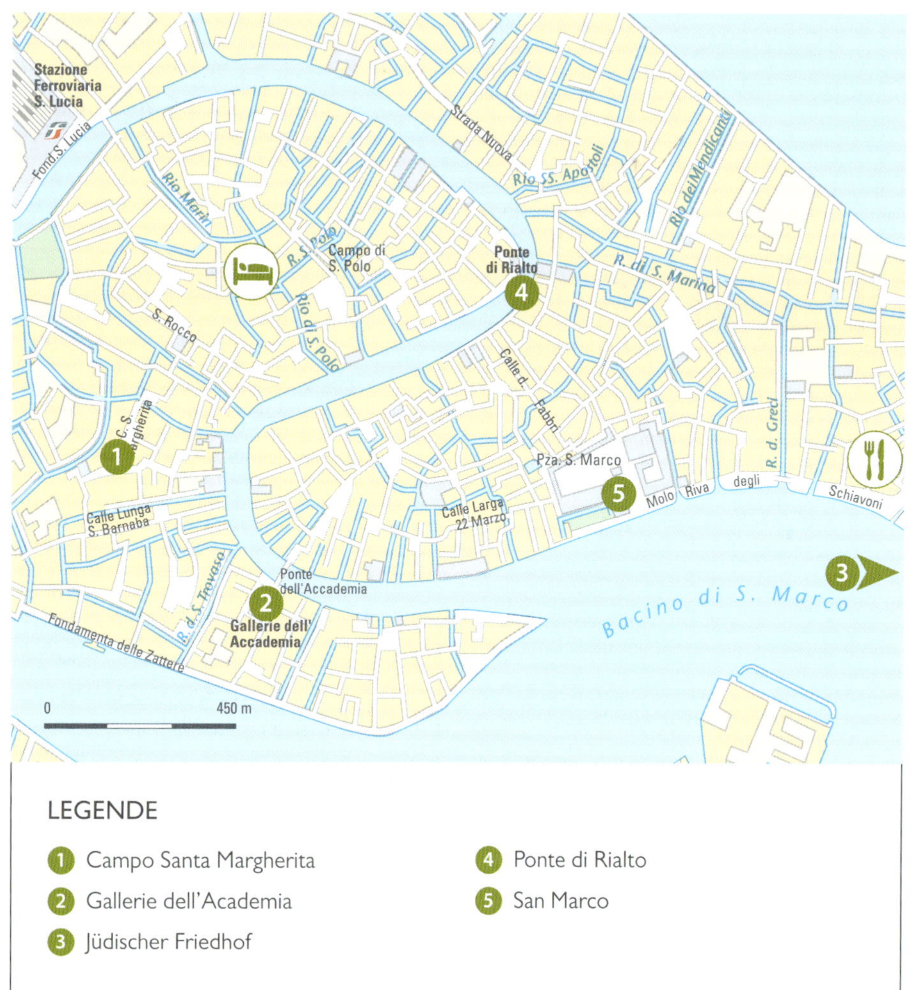

CoVino

In dem gemütlichen Lokal gibt es nur sechs Tische, doch auf die, die sich einen Platz ergattern, warten kulinarische Hochgenüsse zu für Venedig korrekten Preisen. Reservierung geboten! 3892, Calle Pestrin, Do–Mo 12–15, Mi–Mo 19–23 Uhr, www.covinovenezia. com, Tel. +39 04 12 41 27 05

LEGENDE

- **1** Campo Santa Margherita
- **2** Gallerie dell'Academia
- **3** Jüdischer Friedhof
- **4** Ponte di Rialto
- **5** San Marco

1 Campo Santa Margherita

Echt venezianischen Alltag kann man auf dem lang gestreckten Campo Santa Margherita, dem drittgrößten Platz in Venedig, erleben. Hier zieht das Leben wie in einem Film vorüber: am Vormittag die Hausfrauen, die an den Marktständen Fisch und Gemüse einkaufen und sich mit schweren Einkaufstaschen auf einer der Sitzbänke ausruhen, zu Mittag die An-

gestellten, die zu einem schnellen Imbiss herüberkommen, am Nachmittag spielende Kinder, am Abend und bis spät in die Nacht hinein junges Volk von der nahen Universität. Und ringsum gotische Palazzi und die barocke Scuola Grande dei Carmini mit Tiepolo-Gemälden.

Campo Santa Margherita

2 Gallerie dell'Accademia

In das Dorsoduro, einem sehr vielgesichtigen Sestiere, das vom Canal Grande berührt wird und über die Accademiabrücke erreichbar ist, drängen die Tagestouristen kaum herüber. So bleiben die Kunstwerke hier interessierten Kennern vorbehalten. Von internationaler Bedeutung sind die venezianischen Gemälde des 14. bis 18. Jh. in den Gallerie dell'Accademia. Seit 2012 erstrahlt auch die restaurierte Sala dell'Albergo mit ihrer wertvollen vergoldeten Holzdecke wieder in altem Glanz.

Campo della Carità, Mo 8.15–14, Di–So 8.15–19.15 Uhr, www.gallerieaccademia.org

Die meistbegangene, meistfotografierte und meistbewunderte Brücke Venedigs: Ponte di Rialto.

3 Jüdischer Friedhof

Stiller und stimmungsvoller geht es nicht: Der alte jüdische Friedhof auf der Lido-Insel ist eine Oase der Ruhe und Meditation. »Vier Ellen Erde in dieser Einfriedung als Besitz für die Ewigkeit«, heißt es auf dem Grabstein für den berühmten Rabbiner Leone da Modena, der seit 1648 hier begraben liegt. Auch auf Dichtergrößen wie Goethe und Byron übte der »antico cimitero ebraico« mit seinen Grabplatten aus dem 14. bis 17. Jh. großen Reiz aus.

Riviera di San Nicolò, So–Fr 10–17.30, Juni–Sept. bis 19 Uhr

🛏 Oltre il Giardino

Das von viel Grün umgebene Haus gehörte einst Alma Schindler, verwitwete Mahler, geschiedene Gropius und spätere Werfel. Es wurde 2004 in das familiäre Hotel »Jenseits des Gartens« verwandelt. 2542, Fondamenta Contarini, www.oltreilgiardino-venezia.com, Tel. +39 04 12 75 00 15, DZ ab 180 €

4 Ponte di Rialto

Klar, dass die beiden Ufer des Canal Grande in Rialto, dem Handelszentrum der Stadt, seit jeher verbunden wurden. Dies bewerkstelligte man ab 1264 durch eine hölzerne Brücke, die 1444 unter der Last der Zuschauer, die den Hochzeitszug der Markgräfin von Ferrara bewunderten, zusammenbrach. Danach entstand eine Holzkonstruktion, die im 16. Jh. dem Staatsrat nicht mehr gut genug war. Bei einem Wettbewerb ging Da Ponte als Sieger hervor. 12 000 Ulmen- und Eichenpfähle wurden für seine Brücke in den Boden gerammt, bis Mitte des 19. Jh. der einzige Fußweg über den Canal Grande.

San Polo

5 San Marco

San Marco ist der kleinste, aber (kunst-) historisch bedeutungsvollste Stadtteil. Hier liegen die Zentren der politischen und religiösen Macht rund um die Piazza San Marco: Im Laufe eines Jahres wird sie von Millionen von Touristen bevölkert sowie mehrmals vom Hochwasser überflutet. Im 12. Jh. war die Piazza der größte Platz der Welt und bot Raum für die Selbstdarstellung der aufstrebenden Großmacht. Ein Muss sind der gotische Palazzo Ducale, ein zarter, fast irrealer Bau, und die mittelalterliche, orientalisch geprägte Basilica di San Marco mit ihren goldglänzenden Mosaiken.

Piazza San Marco, Dogenpalast: tgl. 9–17, Apr.–Okt. bis 19 Uhr, www.museicivici veneziani.it, Markuskirche: Mo–Sa 9.45–17, So 14–17 Uhr, www.basilicasanmarco.it

Wo die Steilküste unterbrochen wird, liegen die pittoresken Dörfer, wie hier Vernazza.

46 Cinque Terre

»Cinque Terre« – fünf abgelegene Dörfer in einem kargen Landstrich am Ligurischen Meer. Und doch glaubt man, hier dem Paradies ganz nah zu sein – einem Paradies aus Menschenhand. Wo Ausläufer des ligurischen Apennins bis ans Wasser reichen und steil zum Ufer abfallen, blieb wenig Raum für Siedlungen. Über Jahrhunderte wurden die steilen Hänge in Terrassenfelder verwandelt, gestützt von mörtellosen Steinmauern, damit Olivenbäume und Weinreben Halt finden. Die Ortschaften drängen sich eng zusammen; dicht gestaffelte farbenfrohe Häuser, scheinbar planlos ineinandergeschachtelt. Malerische kleine Häfen mit bunten Fischerbooten vollenden die Bilderbuch-Idylle. Ein ungezügelter Bauboom wie an der westlichen Riviera ist den Dörfern glücklicherweise erspart geblieben. So sind die Cinque Terre bis heute eine einzigartige Seelenlandschaft, die alle Sinne verwöhnt. Spektakulär schöne, panoramareiche Wanderwege verbinden alle fünf Dörfer, das Meer lockt zu Schwimmvergnügen oder Bootsfahrten und die ligurische Küche sorgt für authentische Gaumenfreuden. Fangfrischer Fisch und hausgemachtes Pesto gehören dazu. Hervorragende lokale Weine, wie der weiße »Cinqueterre« oder der charaktervolle Dessertwein »Sciacchetrà«, halten weitere paradiesische Genüsse bereit.

LEGENDE

1 Corniglia
2 Manarola
3 Monterosso al Mare
4 Riomaggiore
5 Vernazza

Beste Reisezeit

Am dritten Samstag im Mai dreht sich bei der »Sagra del Limone« in Monterosso alles um die saure Frucht. Das Dorf ist in Gelb geschmückt und an jeder Ecke können Besucher Limoncino oder die sagenhaft gute »Torta al Limone« probieren.

2 Manarola

In Manarola stapeln sich bunte mehrstöckige Fischerhäuser auf zwei Felsenklippen bis hinunter zum Meer. Noch vor wenigen Jahrzehnten wurden die beiden Ortshälften von dem Flüsschen Groppo geteilt, erst dann wurde das Flussbett abgedeckt und die elf Brücken durch die heutige Hauptstraße ersetzt. Die verwinkelten Treppengässchen des Ortes wirken wie ein kunstvolles Labyrinth. Oberhalb liegt in dem Dorf Valostra die Wallfahrtskirche Nostra Signora della Salute.

Vierter Zughalt von Levanto

 La Lampara (Ciak)

Seit Jahrzehnten ist dieses Lokal in Monterosso für seine Fischspezialitäten bekannt, egal ob gegrillt oder als leckerer »risotto alla marinara«.
Piazza Don Minzoni 6, Monterosso al Mare, März–Dez. Do–Di 12–15 und 18.30–22.30 Uhr, www.ristoranteciak.it, Tel. +39 01 87 81 70 14

1 Corniglia

Corniglia unterscheidet sich von den übrigen Dörfern der Cinque Terre allein durch seine Lage: Es hat keinen direkten Zugang zum Meer, sondern erstreckt sich auf einem wuchtigen Felsvorsprung in rund 100 m Höhe über dem Meer. Vom Bahnhof aus windet sich eine nicht enden wollende Treppe in Serpentinen zum Ortskern hinauf. Eine lang gezogene Hauptgasse, die Via Fieschi, durchquert den ganzen Ort und endet als Panoramaterrasse mit fantastischem Meerblick.

Besonders einladend präsentiert sich der kleine Dorfplatz, auf dem spätabends nur noch die Einheimischen und einige wenige Übernachtungsgäste – in Corniglia gibt es kein Hotel, nur Privatzimmer – zusammensitzen. Insgesamt erinnert die Atmosphäre mehr an ein Bauern- als an ein Fischerdorf. Am Abend, wenn der große Besucheransturm vorbei ist, kehrt in Corniglia Ruhe ein, und auf der Panoramaterrasse wird die untergehende Sonne zu einem eindrucksvollen Erlebnis.

Dritter Zughalt von Levanto

Ein Küstenwanderweg – hier zwischen Vernazza und Monterosso al Mare – verbindet die fünf reizvollen Dörfer an der schroffen Steilküste und bietet spektakuläre Ausblicke.

 Monterosso al Mare

Der größte Ort der Cinque Terre ist weitläufiger als die benachbarten Dörfer. Monterosso strahlt zwar nicht den Charme eines typischen Dorfes der Cinque Terre aus, dennoch hat die Ortschaft ihre Vorzüge. Für einen längeren Aufenthalt empfiehlt sich der Ort wegen seines großen Unterkunftsangebots und der zwei schönen Strände. Die Altstadt, die durch die Eisenbahntrasse vom Meer getrennt ist, gefällt mit ihren arkadengesäumten Häusern und der großen Piazza, an die die Loggia del Podestà und die Pfarrkirche San Giovanni Battista grenzen.

Erster Zughalt von Levanto

 Porto Roca

Wegen seiner traumhaften Lage über dem Meer gehört das Porto Roca zu den schönsten Hotels der Cinque Terre. Buchen Sie ein Zimmer mit Meerblick, der Aufpreis lohnt sich allemal!
Via Corone 1, Monterosso al Mare, www.portoroca.it, Tel. +39 01 87 81 75 02, DZ ab 160 €

4 Riomaggiore

Mit seinen schmalen, mehrstöckigen Häusern vermittelt das westlich der Hafenstadt La Spezia gelegene Riomaggiore einen guten Eindruck von der typischen Architektur der Cinque-Terre-Dörfer. Die scheinbar planlos durcheinandergewürfelten Häuser mit ihren bunt leuchtenden Fassaden strahlen einen ästhetischen Reiz aus, dem sich die meisten Besucher nur schwer entziehen können. Direkt von der Hauptstraße zweigt ein kaum überschaubares Gassengewirr ab, das sich wie ein unendliches Netz aus Treppen, Galerien und Torbögen die beiden Hänge hinaufzieht.

Fünfter Zughalt von Levanto

 Vernazza

Dank seines malerischen Hafens und den farbenfrohen Häuserfassaden wird Vernazza – der Ortsname leitet sich wahrscheinlich vom Vernaccia-Wein ab – als schönster unter den Orten der Cinque Terre gehandelt. Von einem runden Wachturm geschützt, drängen sich die Häuser in einer kleinen Senke bis ans Meer hinunter. Stimmungsvoller Höhepunkt dieses architektonischen Gesamtkunstwerks ist die belebte kleine Hafenpiazza mit ihren Fischerbooten, Laubengängen und Restaurants. Doch die permanente Raumnot ist augenscheinlich: Der Platz ist knapp, so knapp, dass die Fischerboote in den Gassen gestapelt werden müssen und der Zug mit der Mehrzahl seiner Waggons im Tunnel halten muss. Dennoch scheint sich niemand an dieser Enge zu stören: Vernazza verströmt selbst im Hochsommer mediterrane Behaglichkeit. Vom Bahnhof aus erstreckt sich die »Hauptstraße« bis zum Hafen, der von der Pfarrkirche Santa Margherita di Antiochia und dem quadratischen Stumpf eines Sarazenenturmes eingerahmt wird.

Zweiter Zughalt von Levanto

Anreise

Berlin:	1:50 h	✈
Frankfurt:	1:30 h	✈
München:	6:25 h	🚗
Zürich:	5:10 h	🚗
Wien:	1:30 h	✈

47 Toskana

Die Toskana ist chronisch *in* – und *out* war sie nie. Jedenfalls nicht, seit vor allem Deutsche und Engländer, darunter viele VIPs, den Mythos vom toskanischen Landleben erschufen. Sie erwarben alte Gemäuer und Weingüter, was auch die Immobilienpreise hochtrieb. Hier ist alles etwas teurer als anderswo, besonders in Florenz. Mit etwa 3,7 Mio. Bürgern zählt die Region zu den größten, aber auch am dünnsten besiedelten des Landes. Eine Region von solch landschaftlichen Gegensätzen, dass zu behaupten, die Toskana sei so oder so und nicht anders, schlicht falsch wäre. Da ist der bergige Apennin mit seinen Beckenlandschaften. Da sind die Tuffgebiete im Süden und der Berg Monte Amiata, der sich als isoliert stehender Vulkan in die Höhe reckt. Es gibt herrliche Sandstrände und die Maremma, die einzige Gegend der Toskana übrigens, wo man auch ein Häuschen erstehen kann, ohne Millionär zu sein. Und da sind Publikumsmagneten wie Siena oder Pisa. Berühmt wurde die Toskana in der Renaissance, deren Wiege Florenz ist. Die Medici-Fürsten machten die Stadt zur Kunstmetropole schlechthin. Die Stadt ist klein, doch ob an der Kathedrale Santa Maria del Fiore mit ihrer enormen Kuppel oder dem Ponte Vecchio – stets hat man den Eindruck, nur einen Bruchteil der immensen Kulturschätze zu erfassen.

54 m im Durchmesser misst die Kuppel der Kathedrale von Florenz, noch heute die größte gemauerte Kuppel der Welt.

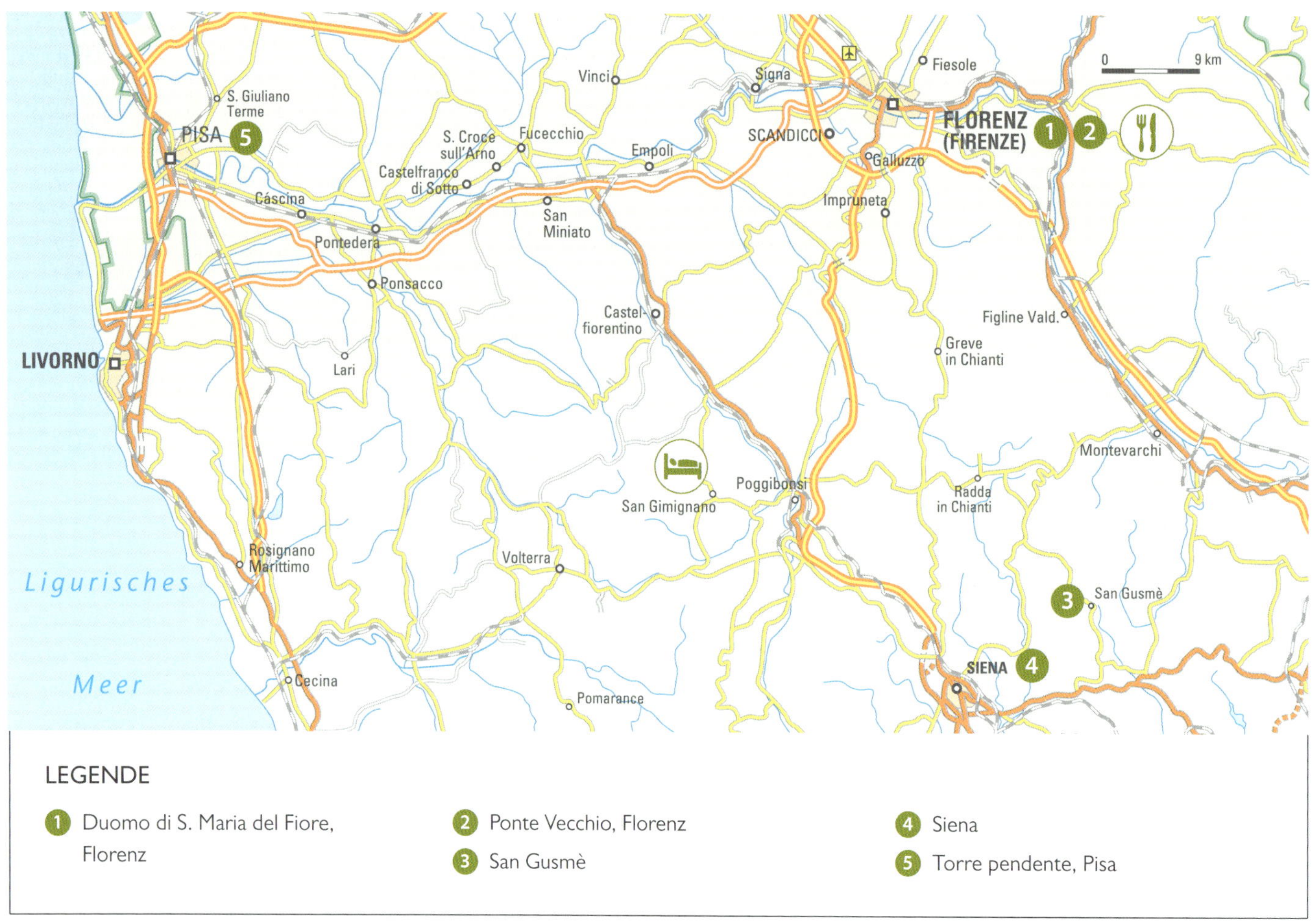

LEGENDE

1. Duomo di S. Maria del Fiore, Florenz
2. Ponte Vecchio, Florenz
3. San Gusmè
4. Siena
5. Torre pendente, Pisa

Beste Reisezeit

Die Toskana ist am schönsten und am wenigsten überfüllt zwischen März und Ende Juni und von Mitte September bis Ende Oktober. Im Frühjahr und Herbst kann es auch schlechtes Wetter geben. Kenner kommen im Januar und Februar, wenn ein besonders klares Licht herrscht.

1 Duomo di S. Maria del Fiore, Florenz

Auch wenn die in ihrem Stil an Giottos Glockenturm erinnernde Fassade aus dem 19. Jh. stammt, ist der Dom eines der beeindruckendsten Bauwerke der Stadt. Er wird von Brunelleschis zu Anfang des 15. Jh. konzipierter Kuppel gekrönt. Sie war damals die weltweit größte ihrer Art. Im dreischiffigen Innenraum finden sich Malereien und Skulpturen von Renais-

sancemeistern wie Bicci di Lorenzo. Drei Glasfenster entwarf Lorenzo Ghiberti.

Piazza San Giovanni, Mo–Fr 10–17, Sa 10 bis 16.45, So 13.30–16.45, Okt.–Mai Do 10–16, Kuppel Mo–Fr 8.30–19, Sa 8.30–17.40 Uhr

2 Ponte Vecchio, Florenz

Die 1345 errichtete Brücke dient nicht nur als Verbindungsglied zwischen den

Flussufern des Arno, sondern auch als Zentrum des Florentiner Schmuckhandels. Nicht nur Kitschläden, sondern auch Traditionsgeschäfte haben hier ihren Sitz.

③ San Gusmè

Eine von schlanken Zypressen gesäumte Straße führt zum kleinen Dorf San Gusmè, bewohnt von gerade einmal 250 Seelen. Ein historisch gewachsenes Zentrum mit alten Gebäuden, die so harmonisch beisammenstehen, dass man den Eindruck gewinnt, hier sei ein Bühnenbildner am Werk gewesen, um einem ein typisch

Schön schräg: Einst ein Lapsus, heute ein USP – die Schieflage des Glockenturms von Pisa.

toskanisches Dorf zu präsentieren. In San Gusmè gibt es keine große Kunst und keine prächtigen Paläste wie anderswo, dafür aber toskanische Idylle pur. Ideal für einen Aperitif vor dem Abendessen oder einfach nur zum Träumen und Bummeln.

30 km nordöstlich von Siena, über die SS 73 und die SP 484 (Castelnuovo Berardenga)

④ Siena

Die „Hauptstadt der Südtoskana" war lange Zeit die ganz große Gegenspielerin zum Florenz der Medici – so lange hier wohlhabende Patrizier und Händler regierten. 1559 wurde sie jedoch Teil des Medici-Staats und fiel in eine Art Winterschlaf. Zum Glück für uns heutige Besucher, denn die Stadt wurde architektonisch so gut wie gar nicht modernisiert. Ihr Gesamteindruck ist noch immer der spätmittelalterlichen Architektur verhaftet.

⑤ Torre pendente, Pisa

Schief war der frei stehende Glockenturm schon gleich nach seiner Fertigstellung, da auf viel zu sandigem Boden errichtet. Daraufhin wurde der Bau für etwa 100 Jahre unterbrochen, erst 1372 konnte weitergearbeitet werden. Vor einigen Jahren wurde er einen Tick aufgerichtet. Sieht man nicht!

Campo dei Miracoli, Dez.–Jan. 10–16.30, Nov., Feb. 9.30–17.30, März 9–17.30, Apr.–Sept. 8.30–20, Okt. 9–19 Uhr

Die Ruinen der Herren aus
dem Lateinbuch zeugen im
Forum Romanum vom politi-
schen und geschäftigen Rom.

48 Rom

Rom ist ewig. Und ewig schön. Die Stadt prahlt, prunkt und protzt mit der Grandezza von Jahrtausenden. Man stolpert über Tempel, Triumphbögen, Säulen, Statuen – und die Archäologen graben noch weiter. Rom ist ein einziges Open-Air-Museum (auch wenn etliche der schönsten Museen, die lange geschlossen waren, in den letzten Jahren wieder geöffnet wurden). Durch die Stadt zu wandern ist ein Stelldichein mit den antiken Göttern, wie Jupiter, Minerva, Apollo, die im Pantheon zu Hause waren. Alte Bekannte aus dem Lateinbuch wie Caesar, Cicero und Kollegen begegnen in steinerner Form an fast jeder Ecke und stehen für die Anfänge des Abendlands. Das Kolosseum oder die Katakomben verweisen auf das Leben und Leiden der frühen Christen. Die weitere Entwicklung des Christentums kommt spätestens mit Blick auf die Kuppel des Petersdoms in den Sinn. In zahllosen Kirchen sind die Werke der größten Künstler gratis zu besichtigen. So ist Rom eine Schule für die Archäologie des Wissens, eine Art ständiges Déjà-vu. Doch die Stadt ist mehr als nur Reminiszenz: Die faszinierenden Kulissen – ob antik, barock oder modern – sind bis zum Rand mit Leben erfüllt. Daher darf eine Prise »Dolce Vita« in Rom nicht fehlen, ob beim Kaffee auf der barocken Bühne der Piazza Navona, dem Aperitif in den verwinkelten Gassen von Trastevere oder der hausgemachten Pasta eines kleinen Ristorante in einer Nebenstraße – es muss ja nicht unbedingt ein Bad im Trevi-Brunnen sein. Es war noch nie schwer, als Reisender dem Charme dieser Stadt in kurzer Zeit zu erliegen: Der Rom-Reisende Johann Wolfgang Goethe fühlte sich 1787 regelrecht neugeboren »von dem Tage an, da ich Rom betrat«.

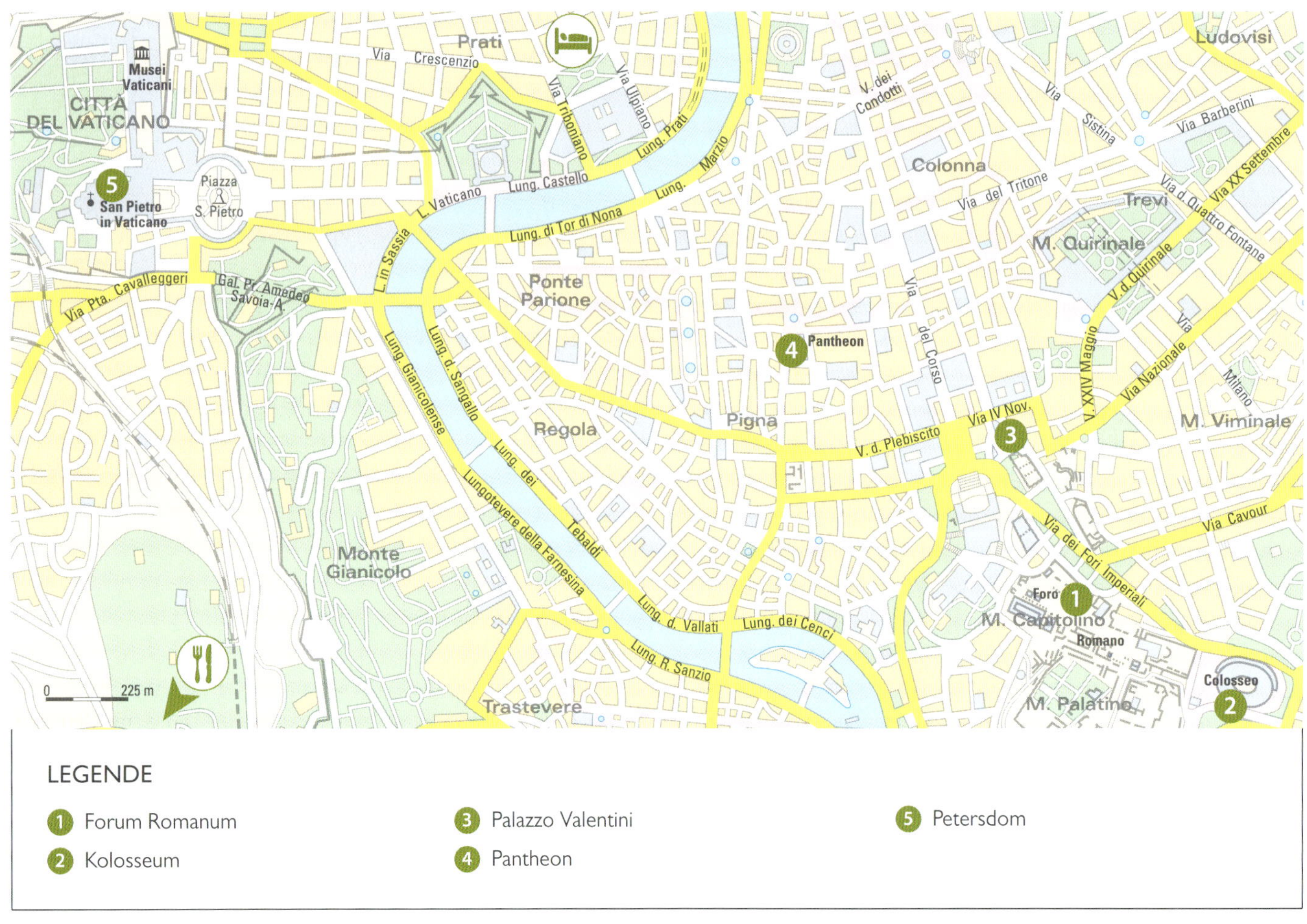

LEGENDE

1 Forum Romanum

2 Kolosseum

3 Palazzo Valentini

4 Pantheon

5 Petersdom

1 Forum Romanum

Bereits zur Zeit der Republik (510–44 v. Chr.) war es das politische Zentrum, während der Kaiserzeit zogen siegreiche Feldherren über die Via Sacra, die Heilige Straße, hoch zum Jupiter-Tempel auf dem Kapitol. Heute ist das Forum Romanum eine beeindruckende Ausgrabungsstätte.

www.archeoroma.beniculturali.it, tgl. 8.30–19 Uhr

2 Kolosseum

»Dem verkommenen Haufen der Römer liegen nur noch Brot und Spiele lüstern am Herzen«, zürnte der Satirendichter Juvenal (58–140 n. Chr.). Das alte Rom schätzte bereits die Spaßgesellschaft, freilich eine recht grausame: »panem et circenses« (Brot und Spiele). Tausende Menschen und Tiere wurden bei den manchmal monatelangen Festspielen massakriert. Das gewaltige Amphitheater

Da Cesare

Die Menükarte dieser beliebten Trattoria ist lang und alles schmeckt köstlich – von Buletten aus Kochfleisch über frittierte Auberginenbällchen bis zu Tagliatelle oder Gnocchi »ai frutti di mare«.
Via Casaletto 45, Do–Di 12.30–15 und 19.30–23 Uhr, Tel. +39 06 53 60 15

bot Platz für 80 000 Zuschauer. Drei Bogenreihen umschließen die Sitzreihen im Inneren, ihre Halbsäulen erinnern je nach Geschoss an dorische, ionische oder korinthische Formen. Die mächtigen Bögen dagegen sind eine römische Erfindung.

Piazza del Colosseo, tgl. 8.30 Uhr bis eine Stunde vor Sonnenuntergang, www.archeoroma.beniculturali.it

3 Palazzo Valentini

Unter diesem Palast, seit 1873 Sitz der Provinz Rom, fanden Archäologen die Reste eines Hauses aus der Kaiserzeit und

Isa Design Hotel

Das Boutiquehotel ist nicht weit vom Vatikan entfernt und hat eine Terrasse, wo man beim Frühstück die Kuppel des Petersdoms schon vor dem Besuch dort bewundern kann.
Via Cicerone 39, www.hotelisa.net, Tel. +39 063 21 26 10, DZ ab 93 €

»Special effect« der Antike: Die 9 m breite Öffnung in der Kuppelmitte des Pantheons.

nun gibt es Antike mit Mediashow. Ein virtueller Gang rekonstruiert die Magie alter Fresken, die Säulen und die bunten marmornen Böden mit raffinierter Lichttechnik. Hier lebt das alte Rom.

Via IV Novembre 119 A, Mi–Mo 9.30–17.30 Uhr, www.palazzovalentini.it

4 Pantheon

Dieser Tempel steht noch so herrlich da, weil ihn Kaiser Phokas 609 n. Chr. Papst Bonifaz IV. schenkte, der ihn zur Kirche weihte. Vor dem mächtigen Rundbau erhebt sich die Vorhalle mit 16 Granitsäulen, im Inneren beeindruckt die Besucher v. a. die Kuppel, mit 43,3 m ebenso hoch wie breit und größer als die des Petersdoms.

Piazza della Rotonda, Mo–Sa 8.30–19.30, So 9–18 Uhr

5 Petersdom

Das berühmteste Gotteshaus der Christen steht im Vatikanstaat, dem kleinsten Staat der Welt. 186 m lang und 136,5 m breit, ist es der Sakralbau der Superlative schlechthin. Hier zelebriert Papst Franziskus Hochämter und sonntags vom Päpstlichen Palast daneben das Angelus-Gebet.

Piazza San Pietro, Okt.–März tgl. 7–18.30, April–Sept. 7–19 Uhr

Anreise

Berlin:		2:00 h
Frankfurt:		1:50 h
München:		1:25 h
Zürich:		1:25 h
Wien:		1:25 h

49 Palermo

Sizilien ist nicht Italien. Zwar ist die Straße von Messina nur drei Kilometer breit, doch zwischen der Insel und dem italienischen Festland liegen Welten. Sizilien ist schillernder, bunter und archaischer. Selten ist man den europäischen Ursprüngen so nah wie hier, wo das Abendland auf den Orient und Afrika traf. Griechen und Römer rangen einst mit Karthago um die Insel; die Araber machten daraus eine blühende Kulturlandschaft, die von den Normannen dann wieder für den christlichen Glauben zurückerobert wurde. Jene Eroberungswellen haben imposante materielle Spuren hinterlassen, aber auch jeweils ihren Teil zu einer ganz eigenständigen kulturellen Identität Siziliens beigetragen. Geliebt und gehasst – aber vor allem Sizilien pur ist die pulsierende Hauptstadt der Insel. Einerseits geht die Stadt im Verkehrslärm unter und erstickt in den Abgasen; blinde Fensterhöhlen und bröckelnde Fassaden erinnern beständig an den Verfall des historischen Zentrums. Andererseits besitzt Palermo unendlich viele sehenswerte Kirchen und Palazzi. Und immer aufs Neue hat die Stadt pittoreske Straßenszenen zu bieten. Den orientalisch anmutenden Bazaren folgen an der nächsten Straßenecke wieder schicke Boutiquen. Palermo ist eine Stadt zum Eintauchen. Man muss sich nur treiben lassen, um sie zu entdecken.

Christlich oder islamisch? Beides: Die Kirche S. Giovanni degli Eremiti mit ihren roten Kuppeln war unter arabischer Herrschaft eine Moschee.

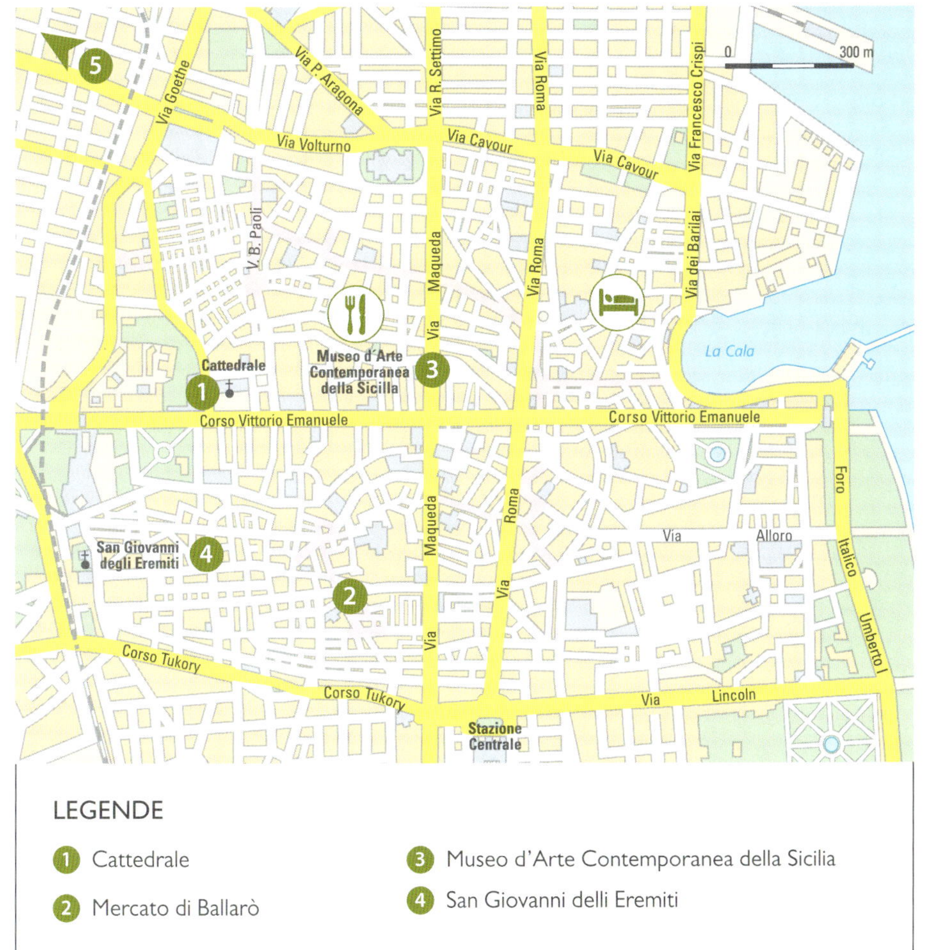

änderungen des Innenraumes, zeitgleich erhielt die Kathedrale eine unpassende Kuppel. Von kunsthistorischer Bedeutung sind die vier Porphyr-Sarkophage mit den sterblichen Überresten Rogers II. und seiner Tochter Konstanze sowie Friedrichs II. und seines Vaters Heinrich VI. Diese stehen im rechten Seitenschiff.

Corso Vittorio Emanuele, tgl. 7–19 Uhr, www.cattedrale.palermo.it

2 Mercato di Ballarò

Dass Palermo fast in Afrika liegt, wie manchmal behauptet wird, kann man bei einem Bummel über die Märkte der Stadt erleben – eine wunderbare Überforderung aller Sinne. Es duftet nach tausend Gewürzen, es schillern tausend Farben, es ist voll, und so mancher Händler verleiht der Güte seines Angebots lauthals Nachdruck. Am bekanntesten ist sicher die Vucciria, doch der Mercato di Ballarò hat seinen ursprünglichen, wilden Charakter besser erhalten können.

Rund um die Piazza del Carmine

LEGENDE

1 Cattedrale

2 Mercato di Ballarò

3 Museo d'Arte Contemporanea della Sicilia

4 San Giovanni delli Eremiti

1 Cattedrale

Die Kathedrale von Palermo ist ein Konglomerat mehrerer Stilepochen: Den Grundstein legten die Normannen im Jahr 1185. Der Chor und die Apsiden entsprechen noch weitgehend dem ursprünglichen Bau. Es erfolgten diverse Umbauten, etwa an der Fassade, die von einem auffallend schönen gotisch-katalanischen Portal geziert wird. Am einschneidendsten waren jedoch die klassizistischen Ver-

Das Wort »Traumstrand« wird oft strapaziert, doch hier passt es: im Riserva Naturale dello Zingaro.

telt mit seinen filigranen Zwillingssäulen eine märchenhafte Atmosphäre, die nur gelegentlich vom Ansturm der Besucher gestört wird.

⑤ Riserva Naturale dello Zingaro

Wer sich vom lebhaften Palermo etwas erholen möchte, ist hier richtig. In Siziliens ältestem Naturschutzgebiet wandert man auf Maultierpfaden zu zahlreichen kleinen Buchten mit kristallklarem Wasser. Als hier in den 1980er-Jahren eine Küstenstraße gebaut werden sollte, gab es heftige Proteste von Umweltschutzgruppen und Anwohnern. Zum Glück mit Erfolg! 7 km sind es von einem Ende des Naturschutzgebiets zum anderen.

Ca. 80 km westlich von Palermo, www.riserva zingaro.it, Sommer 7–21, sonst 7–18 Uhr

③ Museo d'Arte Contemporanea della Sicilia

Dies ist gewissermaßen Palermos Tate Gallery. Die in Sizilien lange vernachlässigte zeitgenössische Kunst hat damit endlich auch hier eine Heimat gefunden. Der aus dem 18. Jh. stammende Palazzo Belmonte Riso bietet den entsprechenden Rahmen für die Präsentation von Gemälden, Fotografien und Skulpturen.

Neben internationalen Wechselausstellungen wird im ersten Stock des Gebäudes die eigene Sammlung präsentiert, zu der Kunstwerke von Andrea Di Marco, Giovanni Anselmo, Carla Acardi und Pietro Consagra gehören.

Corso Vittorio Emanuele 365, Di–So 10–20, Do–Sa bis 24 Uhr, www.palazzoriso.it

④ San Giovanni delli Eremiti

Die kleine, von fünf roten Kuppeln gekrönte Kirche liegt inmitten eines wunderschönen Gartens. Der viereckige Bau ist ein faszinierendes Beispiel für die Vermischung islamischer und christlicher Architektur. So versinnbildlichen die Kuppeln das mohammedanische Universum, während der Grundriss der Kirche die Form eines lateinischen Kreuzes aufweist. Der von exotischen Pflanzen umgebene Kreuzgang aus dem 13. Jh. vermit-

🛏 BB 22

Auch in Palermo eröffnen immer mehr Privatunterkünfte. Im hektischen Zentrum ist diese komfortable Herberge mit fünf Zimmern eine Oase der Ruhe. Die Honeymoon Suite begeistert mit einer frei stehenden Badewanne.
Largo Cavalieri di Malta 22, www.bb22. it, Tel. +39 091 32 62 14, DZ ab 110 €

Anreise

Berlin:	2:40 h	✈
Frankfurt:	2:25 h	✈
München:	2:05 h	✈
Zürich:	1:55 h	✈
Wien:	2:10 h	✈

50 Malta

Der Sagenheld Odysseus, der heilige Paulus und Napoleon haben die Inseln besucht, zahllose Eroberer haben sie in Besitz genommen: Phönizier, Römer, Byzantiner, Wandalen, Araber, Normannen, Staufer, Spanier, Kreuzritter, Franzosen, Engländer – um die wichtigsten zu nennen. Seit 1964 ist Malta als Republik von Großbritannien unabhängig und heute das südlichste sowie mit Abstand kleinste Mitgliedsland der Europäischen Union. Gerade einmal 246 km² umfasst die Hauptinsel (etwa ein Viertel so groß ist die nahe gelegene, zum maltesischen Archipel gehörende Schwesterinsel Gozo). Auf kurzen Wegen lassen sich nicht nur die maltesischen Städte und Strände erkunden, sondern auch fünf Jahrtausende der Inselgeschichte: von steinzeitlichen Tempelanlagen und unterirdischen Kultstätten über mittelalterliche Altstädte, eine Kreuzritterkathedrale oder frühneuzeitliche Festungsbauten bis zu einem der bedeutendsten Nightlife-Zentren im gesamten Mittelmeerraum. Malta bietet Außergewöhnliches. Doch natürlich kann man sich auch ganz gewöhnlichen Strandvergnügungen wie dem Schwimmen, Schnorcheln, Tauchen oder Angeln widmen, selbst Möglichkeiten zum Wandern oder Mountainbiken in freier Natur gibt es auf dieser sagenhaften Insel. Nur Langeweile wird nicht aufkommen.

Mit der Stadt und ihrer imposanten Wehrhaftigkeit macht man sich am leichtesten vertraut, wenn man eine Hafenrundfahrt von Sliema aus unternimmt.

Ferry Pier, Sliema, mehrmals tgl., www.captainmorgan.com.mt

❷ Hagar Qim

Diese steinzeitliche Tempelanlage liegt besonders schön in der Natur, oberhalb der sanft zum Meer abfallenden Küste. Sie entstand in zwei Phasen um 3500 und um 2800 v. Chr. und besteht aus mehreren Räumen, die von einer gemeinsamen, freizügig geschwungenen Fassade eingefasst sind. Ihre Bauweise ist noch gut zu erkennen, sie bestand aus aufrecht stehenden Steinplatten. In den Tempelräumen gibt es verschiedene Formen von Altären, besonders auffällig sind die Blockaltäre mit ihrem typischen Punktedekor.

13 km westl. von Marsaxlokk, tgl. 9–17, Mitte April–Mitte Okt. bis 19 Uhr, www.heritagemalta.org

LEGENDE

❶ Hafenrundfahrt
❷ Hagar Qim
❸ Hypogäum
❹ St. John´s Co-Cathedral
❺ Salinen von Marsalforn

Beste Reisezeit

Etwa 80 Kirchweihfeste feiern die Malteser von Mai bis Oktober. Die Kirche wird reich mit Blumen und Lichterketten geschmückt, und neben Prozessionen gibt es Paraden, Jahrmärkte, Böllerschüsse und Feuerwerke.

❶ Hafenrundfahrt

Maltas Hauptstadt Valletta und ihre Vorstadt Floriana liegen wie ein gewaltiges Schlachtschiff auf der Sciberras-Halbinsel zwischen zwei prächtigen Naturhäfen, dem Marsamxett Harbour und dem Grand Harbour. Auf den drei Seiten zum Meer hin bilden hohe Festungsmauern eine unüberwindbar scheinende Bordwand.

 Il-Merill

In dieser ursprünglichen Taverne mit nur 32 Plätzen, nahe der Uferstraße, bereiten die herzlichen und trotzdem professionellen Inhaber v. a. frischen Fisch und maltesische Spezialitäten zu.
St. Vincent Street, Sliema, Mo–Fr 18–22, Sa 18.30–22 Uhr, www.il-merill.com, Tel. +356 21 33 21 72

Wer einen guten Gleichgewichtssinn besitzt, kann sie sogar mit dem Fahrrad befahren: die Salinen bei Marsalforn.

die Gurtbögen des Tonnengewölbes sind kostbar vergoldet. Im Gewölbe wurden die Wände mit Malereien des Italieners Mattia Preti (1613–1699) verziert.

Republic Street/St. John Street, Valletta, Mo–Fr 9.30–16.30, Sa 9.30–12.30 Uhr, www.stjohnscocathedral.com

⑤ Salinen von Marsalforn

Die ausgedehnten Becken sind von Menschenhand aus dem flachen Küstengestein gehauen und wirken, als hätte sie ein Grafiker geschaffen. Man kann über die Stege balancieren, die sie voneinander trennen, und den Anblick des von der See glatt geschliffenen, fast weißen Küstenfelsens genießen, der die Salinen im äußersten Westen begrenzt. Im Hochsommer verdunstet das Meerwasser und die zurückbleibende Salzkruste wird per Hand geerntet.

Zwischen Marsalforn und Xwieni Bay, Gozo

③ Hypogäum

Im Häusermeer des Städtchens Paola verbirgt sich eine archäologische Sensation: die einzige vollständig erhaltene neolithische Tempelanlage Europas aus der Jungsteinzeit. Zufällig wurde das Hypogäum entdeckt, eine 14 m tiefe, dreigeschossige Kulthöhle, vor etwa 5000 Jahren mit Werkzeugen wie Tierhörnern oder Steinkeilen aus dem Fels gehauen. Auf 500 m² Fläche sind 33 Kammern, Gänge, Nischen, Treppen und Hallen verteilt. Knochenfunde lassen darauf schließen, dass hier 30 000 Menschen bestattet wurden. An den zum Teil glatt polierten Wänden und Decken sind noch Reste einstiger Bemalungen mit ockerfarbenen Spiral- und Rankenmustern zu erkennen, Tempelfassaden aus Megalithen wurden im Fels nachgeahmt.

Cemetery Street, Paola, tgl. 9–16 Uhr, www.heritagemalta.org

 **Sally Port Senglea**

Mitten im historischen Arbeiterstädtchen liegt diese Pension mit drei geschmackvoll eingerichteten Zimmern. Gemeinsam steht den Gästen eine Dachterrasse mit Hafenblick zur Verfügung. Triq iz-Zweg Mini, Senglea/Isla 175, www.sallyport.com.mt, Tel. +356 99 47 87 78, DZ ab 80 €

④ St. John's Co-Cathedral

Die Barockkirche war die Hauptkirche des Johanniterordens. Kunstvoll gestaltete Grabplatten aus verschiedenfarbigem Marmor bedecken den gesamten Kirchenboden und viele Nebenräume, darauf sind Namen und Taten der 400 hier beigesetzten Ritter genannt. Die Pfeiler und Bögen der Kirche sind mit Reliefs übersät und

Anreise

Berlin:	2:55 h ✈
Frankfurt:	2:30 h ✈
München:	2:10 h ✈
Zürich:	2:15 h ✈
Wien:	2:15 h ✈

51 Split und Umgebung

Splits Stadtplanung, seit jeher pragmatisch, verbindet mühelos Antike und Mittelalter mit dem Leben von heute. Quasi ein Teil der Altstadt, die zum Welterbe zählt, ist der um 300 entstandene Diokletian-Palast, Dalmatiens bedeutendstes Relikt aus römischer Zeit. Etliche Befestigungsmauern, Tore und Gebäudeteile konnten in die spätere Architektur integriert werden. Eindrucksvoll sind die Kellergewölbe und der Peristyl, ein von korinthischen Säulen gesäumter Innenhof, der vom Glockenturm der Domnius-Kathedrale überragt wird – ein sehr stilvolles Ambiente für einen Drink im Terrassencafé. Die Kathedrale ist dem Stadtpatron Domnius (Sveti Duje) geweiht, der anno 304 unter Diokletian einer der letzten Christenverfolgung im Römischen Reich zum Opfer fiel. Seine Gebeine wurden im 6. Jahrhundert in Diokletians Mausoleum gebracht, aus dem die Kathedrale entstand. Ihr Campanile spendiert einen prima Blick auf die Stadt und ihre Bucht. Nur wenige Schritte sind es zur Riva, Splits Prachtpromenade am Wasser. Auf der Marjan-Halbinsel findet man einen Stadtwald aus Aleppo-Kiefern und die Meštrović-Galerie mit Werken des prominentesten kroatischen Bildhauers. Ausflüge in die Umgebung lohnen das bezaubernde Hafenstädtchen Trogir oder die Insel Hvar.

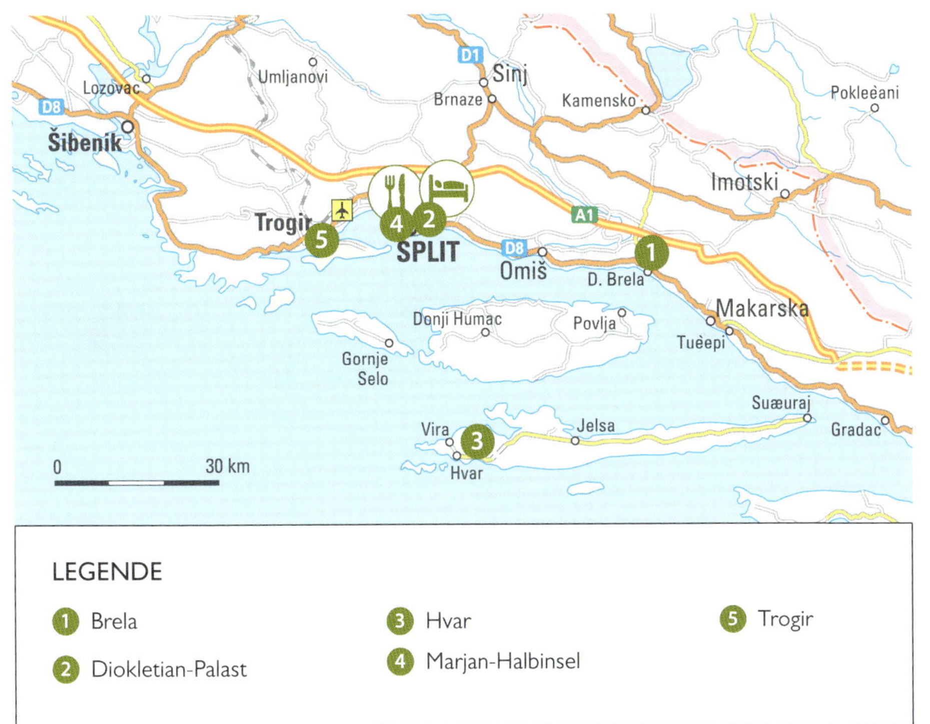

LEGENDE

1 Brela

2 Diokletian-Palast

3 Hvar

4 Marjan-Halbinsel

5 Trogir

1 Brela

Das heutige Zentrum der Küstenstadt Brela mit ihren attraktiven Kieselstränden (die bedeutendsten an der gesamten Riviera) breitet sich längs der Küste im Schutz des Biokovo-Gebirges aus. Ehemals lag die Ortschaft rund 300 m höher an den Hängen des Gebirges. Das moderne Brela ist ein Eldorado für Wassersportler. Typisch sind das milde, sonnenreiche Klima und die überdurchschnittliche Qualität des Meerwassers. Die Süßwasserquellen im Meer verleihen dem Wasser eine charakteristische Färbung. Wanderwege führen hinauf in die Felsenregionen des Biokovo-Naturparks.

30 km südöstl. von Split, www.brela.hr

2 Diokletian-Palast

Diese für den römischen Kaiser Diokletian erbaute Palastanlage, entstanden in nur 20 Jahren (zwischen 295 und 305 n. Chr.), ist heute das imposanteste Denkmal römischer Zeit in Dalmatien und wurde bereits im Jahr 1979 zum UNESCO-Welterbe erklärt. Der rechteckige Gebäudekomplex umfasste eine Größe von 180 mal 125 m und wurde als römische Villa und Festung mit Wachtürmen und wehrhaften Mauern angelegt. Überdauert haben zum Teil die äußere Befestigungsmauer mit dem Goldenen, dem Silber-, dem Eisen- und dem Messingtor sowie einige Gebäudeteile im Innern. Sehenswert sind beispielsweise die Überreste des Peristyls, eine Empfangshalle, in der sich der Kaiser seinerzeit

Konoba Varoš

Das Restaurant überzeugt einheimisches und internationales Publikum seit Jahrzehnten durch seine gepflegte Gemütlichkeit und die schmackhaften dalmatinischen Traditionsgerichte. Ban Mladenova 7, Split, tgl. 9–24 Uhr, www.konobavaros.com, Tel. +385 21 39 61 38

seinen Untertanen und offiziellen Gästen zeigte, und der von korinthischen Säulen umrahmte Innenhof.

Dioklecijanova, Split

3 Hvar

Die in einer Bucht gelegene Stadt hat es geschafft, den Charme einer klassischen dalmatinischen Hafenstadt zu bewahren. Wenn man aus Split kommt und vom

Beste Reisezeit

Im Mai/Juni sowie im September/Anfang Oktober sind die Temperaturen meist angenehm. An jedem ersten Sonntag im August wird in Sinj, im dalmatinischen Hinterland, die Sinjska Alka in Erinnerung an den Sieg über die Türken im Jahr 1715 gefeiert. Reiter treten in mittelalterlichen Kostümen beim Ringstechen gegeneinander an.

Grandiose Kulisse für Terrassen-cafés: der Diokletianpalast, wie hier an der östlichen »Porta argentea«.

 5 Trogir

Trogir, historisch auf einer künstlich angelegten Insel entstanden, ist per Brücke mit dem Festland sowie mit der Insel Čiovo verbunden. Der Name der Stadt geht auf die griechische Bezeichnung Tragurion (Siedlung am Ziegenberg) zurück. Die befestigte Siedlung wurde im 3. Jh. v. Chr. gegründet und später weiter ausgebaut. Mit ihren Kirchen, Klöstern und architektonischen Reichtümern wurde die gesamte Altstadt im Jahr 1997 als UNESCO-Welterbe eingestuft. Der von Wehrmauern umschlossene Stadtkern mit seinen Palastbauten, Kirchen und Bürgerhäusern entstand im Wesentlichen zwischen dem 13. und 17. Jh. – weite Teile des mittelalterlichen Stadtbildes wurden dennoch bewahrt. Man sollte genügend Zeit einplanen, um sich mit den Sehenswürdigkeiten (z. B. die Kathedrale oder die Festung Kamerlengo) zu beschäftigen.

Wasser aus den Blick auf Hvar genießt, kann man eine Bewunderung für das sich darbietende Panorama kaum zurückhalten. Die viertgrößte kroatische Insel wird gerne als Lavendelinsel gepriesen. Auch Salbei, Thymian, Rosmarin und andere mediterrane Kräuter gedeihen üppig in den Karstmulden.

Mit dem Schnellboot in 65 Min. ab Split, www.krilo.hr, www.tzhvar.hr

4 Marjan-Halbinsel

Es gibt mehrere Gründe, sich aus dem Getöse der Altstadt Splits zumindest einen Tag lang auf die besagte Marjan-Halbinsel zu begeben. Man findet hier Ruhe und zahllose Gelegenheiten für Spaziergänge am Meer oder durch Schatten spendende Wälder. Am besten kombiniert man dies mit einer inspirierenden Prise Kultur. Ein Besuch in der Meštrović-Galerie mit ihren monumentalen Skulpturen taugt dazu bestens. Die eigenwillige Formensprache des prominenten Bildhauers entwickelte sich im Laufe seines Lebens permanent weiter, Meštrović (1883–1962) nahm neue künstlerische Ausdrucksformen auf und vervollkommnete seine gestalterischen Techniken. Die unterschiedlichen Schaffensperioden und thematischen Vorlieben sind in der Galerie gut dokumentiert.

Meštrović-Galerie: Šetalište Ivana Meštrovića 46, Di–So 9–19, Winter Di–Sa 9–16, So 10–15 Uhr, www.mdc.hr/mestrovic

25 km westl. von Split; www.tztrogir.hr

 ## Vestibul

Auch als Villa Dobrić bezeichnetes Luxushotel innerhalb der Mauern des Diokletian-Palastes. Eine zentralere Lage kann man sich kaum vorstellen. Viel Design und Komfort sowie zuvorkommendes und kundiges Personal.
Iza Vestibula 4, Split,
www.vestibulpalace.com,
Tel. +385 21 32 93 29, DZ ab 122 €

Anreise

Berlin:	/////////	1:45 h	✈
Frankfurt:	//////	1:40 h	✈
München:	////	1:15 h	✈
Zürich:	/////	1:30 h	✈
Wien:	///////////////	7:10 h	🚗

52 Istanbul

Europas coolste Metropole liegt an seinem Rande: Istanbul lässt es krachen, strahlt aus und zieht an. Noch vor wenigen Jahren galt das ehemalige Konstantinopel, die einstige Hauptstadt der griechischen Byzantiner wie der Osmanen, als so etwas wie eine orientalische Drittweltmetropole. Heute siedeln sich Künstler aus aller Welt an. Was hat sich verändert? Die Reste und Schätze der Vergangenheit sind natürlich und zum Glück noch da: die Hagia Sophia, die alten Stadtmauern, die großen Moscheen Sinans, der Topkapı-Palast mit seinen Kleinodien. Diese klassischen Anziehungspunkte sollte man genauso wenig versäumen wie einen ausgedehnten Bummel durch die Basare und Gassen innerhalb der alten Stadtmauern. Doch zum alten Istanbul sind aufstrebende Trend- und Ausgehviertel wie Ortaköy an der Bosporusbrücke gekommen. Hier wird Istanbul zu einer Stadt der Nachtbars, Musikclubs, Luxusrestaurants, aber auch der Kreativität und Avantgarde. Die sozialen und politischen Konflikte, die mit diesem Wandel verbunden sind, hat jüngst die Protestbewegung vom Taksim-Platz verdeutlicht. Istanbul lebt seine Widersprüche und bleibt ebenso spannend wie schön.

Alte und neue Skyline: Blick vom Turm der Gerechtigkeit (Adalet Kulesi) im Topkapı-Palast.

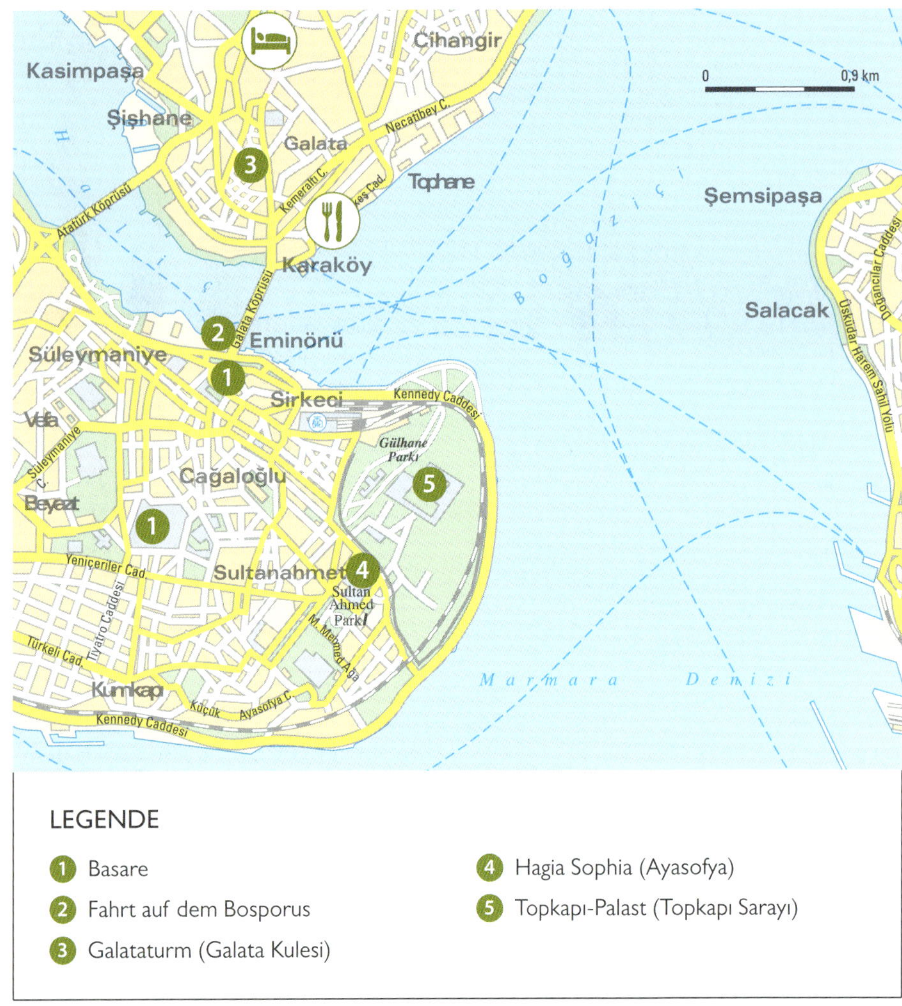

LEGENDE

1 Basare

2 Fahrt auf dem Bosporus

3 Galataturm (Galata Kulesi)

4 Hagia Sophia (Ayasofya)

5 Topkapı-Palast (Topkapı Sarayı)

1 Basare

Ein großartiges Einkaufserlebnis bieten die alten Basare, allen voran der Große oder Gedeckte Basar (Kapalı Çarşı) mit seinen gut 3000 Läden. Im Ägyptischen Basar (Mısır Çarşısı) werden in erster Linie Gewürze, getrocknete Früchte, Rinderschinken, Lokum (»Turkish delight«) und Käse verkauft. Den Händler beim Feilschen übers Ohr zu hauen, ist unmög-

lich, aber wenn man sich vorher überlegt, was man zu welchem Preis kaufen möchte, wird man bestimmt zufrieden sein.

Gedeckter Basar: u. a. Kalpakçılar Caddesi, Mo–Sa 8.30–19 Uhr, Ägyptischer Basar: u. a. Tahmis Sokak, tgl. 8–19.30 Uhr

2 Fahrt auf dem Bosporus

Eine Bosporusfahrt gehört zu jeder Istanbul-Reise. Der zwischen 700 und 3500 m breite Meeresarm trug viel zum Aufstieg der Stadt bei. In früheren Jh. siedelten erst Fischer an seinen Ufern, dann kamen zu osmanischer Zeit Sommerpaläste und Ufervillen dazu, Gotteshäuser und sorgsam angelegte Gartenlandschaften. Zum Großteil ist der Bosporus heute Stadtgebiet. Trotz Bodenspekulation und Besiedlung ist es nicht gelungen, die Schönheiten der Meerenge gänzlich zu beseitigen. Die Erlebnisfahrt führt bis ans Schwarze Meer, vorbei an spektakulären Landschaften und zahlreichen Sehenswürdigkeiten am europäischen und am anatolischen Ufer.

Ablegestelle der meisten Schiffe: Eminönü

③ Galataturm

Der Turm, der einst das Nordende der mittelalterlichen genuesischen Siedlung gegenüber Byzanz markierte, stammt aus der Mitte des 14. Jh. Der Teil oberhalb der fünften Etage (Spitzbogenfenster) scheint jedoch osmanischen Ursprungs zu sein. Einst Gefängnis und Feuerturm, ist er heute einer der besten Aussichtsplätze der Stadt: Über das Goldene Horn sieht man auf das alte Istanbul und zur anderen Seite zum Bosporus und über den Taksim-Platz.

Galata Kulesi, tgl. 9–20.30 Uhr

④ Hagia Sophia

Die Geschichte der Ayasofya ist so bewegt wie die ihrer Stadt: Schon der Gründer des neuen Roms, Konstantin, hatte hier eine Kirche erbauen lassen. Der heutige Bau stammt im Wesentlichen aus der Zeit Justinians I. (527–565). Während des byzantinischen Bilderstreits wurde er 730–843 der figürlichen Innendekoration beraubt, nach der Eroberung Konstantinopels durch die Ritter des 4. Kreuzzugs war er Sitz eines papsttreuen Patriarchen, schließlich wurde er nach der osmanischen Eroberung 1453 zur Hauptmoschee Istanbuls umgewandelt und erweitert. Die Haupthalle bietet mit ihrer riesigen, durch 40 Rippen verstärkten Kuppel ein unvergessliches architektonisches Erlebnis.

Ayasofya Meydanı, Di–So 9–17, Mitte April bis Sept. bis 19 Uhr, www.ayasofyamuzesi.gov.tr

Büyük Londra – Grand Hotel de Londres

Charmant-nostalgisches Hotel, berühmt auch durch Fatih Akıns Film »Crossing the Bridge« und ein Zeugnis seiner eigenen, seit 1892 dauernden Geschichte.
Meşrutiyet Caddesi 53,
www.londrahotel.net,
Tel. +90 212 245 06 70, DZ ab 50 €

Im Festsaal des Harems im Topkapı-Palast feierte der Sultan mit seiner Familie.

⑤ Topkapı-Palast

Als Mehmed II. 1453 Konstantinopel eroberte, lebten dort knapp 50 000 Menschen – für die Hauptstadt eines ehemaligen Weltreiches wenig. So war genug Platz für große Paläste, u. a. den »Neuen Palast«, heute Topkapı Sarayı. Zur Zeit Süleymans des Prächtigen wurde er Hauptwohnsitz des Großherrn, zeremonielles Zentrum des Reichs und Sitz des Harems. Unbezahlbare Schätze beherbergt die fast 70 ha große Anlage, die prächtigsten Räume bewohnte die Sultansmutter mit ihrem eigenen Hofstaat im Harem, wunderschön sind auch die Gartenanlagen.

Topkapı Sarayı, tgl. 9–17, Mitte Apr.–Okt. bis 19 Uhr, www.topkapisarayi.gov.tr

Cover: Abenddämmerung in Riomaggiore, die östlichste der fünf Ortschaften im Parco Nazionale delle Cinque Terre, Simone Pomata/NATURALIGHT/SIME/Schapowalow; U2 (v. l. o. im Uhrzeigersinn) H & D Zielske/JAHRESZEITEN VERLAG, Miquel Gonzalez/laif, imageBROKER/vario images, Getty Images; S. 2 (v. l.) Getty Images, Klaus Bossemeyer/JAHRESZEITEN VERLAG, H & D Zielske/JAHRESZEITEN VERLAG; S. 3 (v. l.) Prisma/Lucas Vallecillos, Maurizio Rellini/SIME/Schapowalow, Getty Images; S. 5 (v. l. o. im Uhrzeigersinn) Andreas Hub/laif, Maurizio Rellini/SIME/Schapowalow, Getty Images, Getty Images, S. 6 mauritius images/Alamy; S. 8 Irish Image Collection/vario images; S. 9 Maurizio Rellini/SIME/Schapowalow; S. 11 mauritius images/Alamy; S. 12/13 Getty Images; S. 15 Getty Images; S. 16 Getty Images; S. 18 Getty Images; S. 19 Getty Images; S. 21 Getty Images; S. 22/23 Gulliver Theis/JAHRESZEITEN VERLAG; S. 25 dpa Picture-Alliance; S. 26/27 Peter Adams/AWL Images; S. 29 Ad Nuis/Hollandse Hoogte/laif; S. 31 (v. l. o. im Uhrzeigersinn) Berthold Steinhilber/laif, Klaus Bossemeyer/JAHRESZEITEN VERLAG, mauritius images/Alamy, Andreas Teichmann/laif; S. 32 mauritius images/Alamy; S. 34 Berthold Steinhilber/laif; S. 35 Getty Images; S. 37 mauritius images/Alamy; S. 38/39 Andreas Teichmann/laif; S. 41 Martin Sasse/laif; S. 42 Karl Thomas/AWL Images; S. 44 Eric Nathan/Loop Images/laif; S. 45 imageBROKER/vario images; S. 47 Peter Hirth/laif; S. 48/49 Arthur F. Selbach/JAHRESZEITEN VERLAG; S. 51 Bildagentur Huber/Gräfenhain; S. 52/53 Klaus Bossemeyer/JAHRESZEITEN VERLAG; S. 55 Klaus Bossemeyer/JAHRESZEITEN VERLAG; S. 57 (v. l. o. im Uhrzeigersinn) imageBROKER/vario images, Arthur F. Selbach/JAHRESZEITEN VERLAG, H & D Zielske/JAHRESZEITEN VERLAG, Philip Koschel/JAHRESZEITEN VERLAG; S. 58 Pieter-Pan Rupprecht/JAHRESZEITEN VERLAG; S. 60 Getty Images; S. 61 Andreas Hub/laif; S. 63 Corbis; S. 64 H & D Zielske/JAHRESZEITEN VERLAG; S. 66 Christoph Keller/VISUM; S. 67 H & D Zielske/JAHRESZEITEN VERLAG; S. 69 Kai Nedden/laif; S. 70/71 Pierre Adenis/laif; S. 73 Philip Koschel/JAHRESZEITEN VERLAG; S. 74 Gerhard Westrich/laif; S. 76 look-foto; S. 77 Walter Schmitz/JAHRESZEITEN VERLAG; S. 79 Gregor Lengler/JAHRESZEITEN VERLAG; S. 80/81 Walter Schmitz/JAHRESZEITEN VERLAG; S. 83 Christina Körte/JAHRESZEITEN VERLAG; S. 84 Arthur F. Selbach/JAHRESZEITEN VERLAG; S. 86 Bildagentur Huber/R. Schmid; S. 87 Zürich Tourism/Martin Rütschi; S. 89 Zuerich Tourismus/Keystone/Gaetan Bally; S. 90 Bildagentur Huber/Richard Taylor; S. 92 imageBROKER/vario images; S. 93 Tourismus Salzburg GmbH; S. 95 look-foto; S. 96/97 Hertha Hurnaus; S. 99 Rene Mattes/hemis.fr/laif; S. 100 Bildagentur Huber/M. Rellini; S. 102 Francesco Iacobelli/AWL-Images; S. 103 Martina Krammer; S. 105 Corbis; S. 106/107 huber-images.de/Rellini Maurizio; S. 109 Ken Scicluna/John Warburton-Lee Photography Ltd/AWL-Images; S. 110/111 dpa Picture-Alliance/Karl Thomas; S. 113 ddp images; S. 115 (v. l. o. im Uhrzeigersinn) Miquel Gonzalez/laif, Katja Kreder/awl-images, Prisma/Lucas Vallecillos, Getty Images; S. 116/117 Getty Images; S. 119 Getty Images; S. 120 Miquel Gonzalez/laif; S. 122 Getty Images; S. 123 René Mattes/hemis.fr/laif; S. 125 Kyle Ford/Gallery Stock/laif; S. 126/127 Katja Kreder/awl-images; S. 129 Bertrand Gardel/hemis.fr/laif; S. 130 Corbis; S. 132 Karl-Heinz Raach/laif; S. 133 Getty Images; S. 135 Shutterstock/Shchipkova Elena; S. 136 huber-images.de/Taylor Richard; S. 138 Prisma/Lucas Vallecillos; S. 139 Pietro Canali/SIME/Schapowalow; S. 141 huber-images.de/Kremer Susanne; S. 142/143 Le Figaro Magazine/laif; S. 145 look-foto; S. 146/147 Getty Images; S. 149 Getty Images; S. 151 (v. l. o. im Uhrzeigersinn) Bildagentur Huber/Jan Wlodarczyk, look-foto, Getty Images, Andreas Hub/laif; S. 152/153 Bildagentur Huber/Johanna Huber; S. 155 look-foto; S. 156 Tobias Gerber/laif; S. 158 Getty Images; S. 159 Massimo Pignatelli/SIME/Schapowalow; S. 161 Getty Images; S. 162/163 Sebastiano Scattolin/SIME/Schapowalow; S. 165 look-foto; S. 166 mauritius images/Alamy; S. 168 Westend61/vario images; S. 169 Francesco Iacobelli/AWL-Images; S. 171 Maurizio Rellini/SIME/Schapowalow; S. 172/173 mauritius images/Ingo Boelter; S. 175 Pigi Cipelli/The New York Times/Redux/laif; S. 176 Bildagentur Huber/Giocoso Paolo; S. 178 Ignazio Sciacca/laif; S. 179 mauritius images/Alamy; S. 180 Andreas Hub/laif; S. 182 Bildagentur Huber/Jan Wlodarczyk; S. 184 mauritius images/age; S. 185 Walter Schmitz/JAHRESZEITEN VERLAG; S. 187 Walter Schmitz/JAHRESZEITEN VERLAG; U4 (v. l.) Getty Images, Prisma/Lucas Vallecillos, Getty Images, Klaus Bossemeyer/JAHRESZEITEN VERLAG, Maurizio Rellini/SIME/Schapowalow
Icons: Michaela Reitinger; Artco/Fotolia.com; Thierry RYO/Fotolia.com

Liebe Leserinnen und Leser,
vielen Dank, dass Sie sich für einen Titel der Marke Holiday entschieden haben. Wir freuen uns, Ihre Meinung zu diesem Reiseführer zu erfahren. Bitte schreiben Sie uns an holiday@travel-house-media.de, wenn Sie Berichtigungen und Ergänzungen haben – und natürlich auch, wenn Ihnen etwas ganz besonders gefällt.

Alle Angaben in diesem Reiseführer sind gewissenhaft geprüft. Preise, Öffnungszeiten usw. können sich aber schnell ändern. Für eventuelle Fehler übernimmt der Verlag keine Haftung.

Bei Interesse an maßgeschneiderten Produkten:
veronica.reisenegger@travel-house-media.de
Tel 089/450009912

Bei Interesse an Anzeigenschaltung:
KV Kommunalverlag GmbH & Co KG
Tel. 089/9280960
info@kommunal-verlag.de

TRAVEL HOUSE MEDIA
Postfach 86 03 66
81630 München
holiday@travel-house-media.de
www.travel-house-media.de

Ein Unternehmen der
GANSKE VERLAGSGRUPPE

Programmgeschäftsleitung
Dr. Michael Kleinjohann

Idee/Konzept
Verónica Reisenegger, Martina Krammer, Simon Pause

Projektleitung
Martina Krammer

Layout
Michaela Reitinger M-DESIGN

Redaktion
Martina Krammer, Simon Pause, Eva Stadler, Veronika Geiger

Bildredaktion
Tobias Schärtl, Nora Goth

Schlussredaktion
Dr. Anita Meschendörfer

Autoren
Peter Dorsch, Peer Pierrot, Greta Galiard, Gisela Buddée, Christian Eder, Eva Gerberding, Izabella Gawin, Marina Bohlmann-Modersohn, Ralf Nestmeyer, Rüdiger Tschacher, Annette Birschel, Annette Rübesamen, Bärbel Nückles, Bernd Wurlitzer, Charlotta Rüegger, Christa M. Andersen, Christiane Bauermeister, Christine Rettenmeier, Christoph K. Neumann, Elisabeth Katalin Grabow, Eva-Maria Kallinger, Friederike Kaiser, Georg Weindl, Hans Eckart Rübesamen, Harald Klöcker, Heidede Carstensen, Heidrun Reinhard, Heiner Labonde, Jessika Kuehn-Velten, Henner Kotte, Holger Wolandt, Isabel Gónzález Alegría, Jenny John, Katja Wündrich, Kerstin Schweighöfer, Kerstin Sucher, Klaus Bötig, Manfred Wöbcke, Michael Baumgartner, Niklaus Schmid, Nina Wacker, Pablo Santiago Chiquero, Ralf Johnen, Sascha Borrée, Simone Klein, Sonja Still, Stefanie Bisping, Sünje Carstensen, Susanne Asal, Thomas Borchert, Thomas Büser, Thomas Migge, Thomas Veszelits, Wolfgang Rössig, Wolftraud de Concini

Kartografie
Gecko-Publishing GmbH

Produktion
Anna Bäumner, Sophie Vogel

Repro
Repro Ludwig, Zell am See

Druck und Bindung
Druckhaus Kaufmann, Lahr